Der Weihrauch

Michael Pfeifer

Der Weihrauch

Geschichte | Bedeutung | Verwendung

Verlag Friedrich Pustet
Regensburg

Für Michael Scherer,
mit dem zusammen ich die ersten Schritte
in der Erforschung des Weihrauchs unternahm

Bibliografische Information der Deutschen Nationalbibliothek

Die Deutsche Nationalbibliothek verzeichnet diese Publikation in der Deutschen Nationalbibliografie; detaillierte bibliografische Daten sind im Internet über http://dnb.dnb.de abrufbar.

Überarbeitete 3. Auflage

ISBN 978-3-7917-2948-0

Einbandgestaltung: Martin Veicht, Regensburg
Covermotiv: © dpa Picture-Alliance GmbH; Fotograf: Fredrik von Erichsen
Satz: Michael Pfeifer
Druck und Bindung: Friedrich Pustet, Regensburg
Printed in Germany 2018

Diese Publikation ist auch als E-Book erhältlich:
eISBN 978-3-7917-7184-7 (pdf)

Weitere Publikationen aus unserem Programm finden Sie auf
www.verlag-pustet.de

Vorwort zur dritten Auflage

Als 1997 die erste Auflage dieses Buches erschien, glaubte ich meine bis dahin bereits fast fünfzehn Jahre währende Beschäftigung mit dem Thema abgeschlossen. Weit gefehlt! Immer wieder fielen mir neue Informationen zu, Einladungen zu Vorträgen und Ministrantentagen erweiterten den Horizont und etliche Aufsätze zur Thematik entstanden. Dem sanften Drängen des Verlages ist es zu verdanken, dass ich mich nach zwanzig Jahren nun an eine Überarbeitung des Buches machte.

Der Text wurde vollständig durchgesehen, neue Forschungen beispielsweise im Bereich Medizin und Archäologie wurden eingearbeitet und aktuelle Entwicklungen einbezogen. So entstanden die Kapitel zur Wort-Gottes-Feier und zur Ökumene völlig neu. Neuere Literatur wurde dagegen nur punktuell und nicht systematisch berücksichtigt.

Bei der abermaligen Beschäftigung mit der geschilderten Situation der 1990er Jahre fiel auf, dass sich die Sicht auf Weihrauch inzwischen verändert hat. Sicher ist es vermessen zu glauben, dieses Buch habe daran einen besonderen Anteil. Doch erschien es offenbar zur rechten Zeit. Wenn nun eine dritte Auflage vorliegt, bleibt zu hoffen, auch diese möge die Weiterentwicklung sinnenhafter liturgischer Formen befördern.

Michael Pfeifer
Pfingsten 2018

Inhalt

Einleitung

„Wenn der Priester den Weihrauch auf die glühenden Kohlen legt und das feine weiße Wölkchen leicht und duftig vor dem Altare aufsteigt, wenn er dann mit Diakon und Subdiakon hin und her geht und nach und nach der ganze Altar sich in Rauch hüllt, der köstliche Duft die weiten Hallen füllt und die bunten Lichter, die die Sonne durch die gemalten Scheiben wirft, in den Wölkchen spielen, dann weiß jeder, es ist Feiertag."[1]

Fast ein halbes Jahrtausend lang war Weihrauch zum festlichen Hochamt in der römischen Liturgie vorgeschrieben. Bei anderen Messfeiern durfte er nicht verwendet werden. Seit der Liturgiereform im Nachgang des Zweiten Vatikanischen Konzils kann Weihrauch nun bei jedem Gottesdienst Verwendung finden. Vielen gilt er jedoch nach wie vor nur als festliches Accessoire. Die zeichenhaften Dimensionen des Weihrauchs – Gebet, Verehrung und Reinigung – bleiben dagegen im Hintergrund.

Im Nachgang des Konzils wurde Liturgie oft sehr rational verstanden. Sie verarmte rituell, wurde wortlastig und weniger sinnlich. Der Weihrauch kann als Symptom dafür gelten: Er wurde selbst an Festtagen rar, zuweilen gänzlich totgesagt.

Dabei ist menschliches Handeln nie nur geistig bzw. nur leiblich, sondern immer ganzheitlich. So hat auch der Gottesdienst immer der Fülle menschlicher Ausdrucksmöglichkeiten zu entsprechen. Nur dann ist Liturgie Leben und kann in diesem wirksam werden, es schließlich ganz durchdringen.

Wie drängend das Bedürfnis nach einer spannungsreichen, aber ausgewogenen Polarität zwischen Kognitivem und Sensitivem ist, zeigt sich in zunehmender Betonung des vernachlässigten Gefühls gegenüber dem Denken. Gerade der Duftsinn spielt heute im privaten Bereich, bei Therapien sowie in zunehmendem Maße in der Wirtschaft eine besondere Rolle.[2] Angesichts solch neuer Sensibilisierung eines selbst beim Menschen ungeheuer leistungsfähigen Sinnesorgans, das zudem wie kein anderes durch seinen unmittelbaren Zusammenhang mit dem limbischen System des Körpers in sehr direkter Weise emotionale Eindrücke hervorruft, ist auch seitens der Liturgie auf die sinnliche Komponente des Gottesdienstes besonderes Augenmerk zu legen.

Es kann nicht angehen, dass unsere inzwischen immer seltener benutzten Kirchenräume muffig und nach abgestandenem Kerzenqualm riechen, während die Wohnzimmer der Menschen (und mancherorts schon die Verkaufsräume der Warenhäuser[3]) nach Sandelholz und Rosenöl duften. Genauso wenig ist es tragbar, dass der Kirchenweihrauch eher zum Husten reizt, als dass er wohlgefälliger Duft für den Herrn und für die Menschen ist.

Es geht hierbei selbstverständlich nicht um ein Kopieren profaner Entwicklungen durch die Liturgie, sondern lediglich um ein Rückbesinnen auf noch nicht zu lange verlorene Traditionen, mit deren Praxis aber bedauerlicherweise nicht selten auch das Verständnis für sie abhandenkam. In Bezug auf den Weihrauch ist es daher auch nicht damit getan, die Kirchen künftig wieder mit Wohlgeruch zu füllen und dadurch der Dimension des Duftsinnes Raum zu schaffen. Vielmehr gilt es, der reichen Motivik dieses Sinnzeichens nachzuspüren und es für die Menschen neu zu erschließen.

Unabdingbar für eine solche Beschäftigung ist vor allem eine geschichtliche Untersuchung der Ursprünge der Weihrauchverwendung innerhalb der christlichen Kirche und der Entwicklung der Weihrauchriten im Laufe der Liturgiegeschichte. Bereits bei den Quellenstudien, die einen Schwerpunkt der vorliegenden Arbeit bilden, legte die überraschende Fülle des Materials Beschränkungen auf. Eine Aktualisierung erfahren die historischen Zeugnisse durch pastoralliturgische Überlegungen. Weitgehend unberücksichtigt blieb jedoch die Situation in den nichtrömischen Kirchen des Westens.[4] Im Abschnitt über die Tagzeitenliturgie haben sich Vorarbeiten für das 1993 im Verlag Friedrich Pustet, Regensburg, erschienene Buch über gemeindliches Stundengebet niedergeschlagen.[5]

Ausgehend vom Status quo kommen im Rahmen der liturgiehistorischen Untersuchungen nach dem Rückgriff auf patristische und mittelalterliche Quellen die Rubriken des Trienter Missale und des MR 1970 zur Sprache. Nicht angestrebt wurde eine chronologisch lückenlose Übersicht. Stattdessen ruhen die Eckpfeiler auf jeweils durch Jahrhunderte voneinander getrennten Fundamenten. Zeugnisse aus dem 4./5., dem 10./11., dem 16. sowie dem 20. Jahrhundert stehen im Vordergrund.

Am Beginn einer Untersuchung, die sich mit den christlichen Weihrauchriten beschäftigt, soll aber zunächst geklärt werden, was Weihrauch eigentlich ist. Zunächst ist diese Fragestellung eine biologische, da Weihrauchharz ein pflanzliches Produkt ist. Darüber hinaus helfen Fakten über den Handel mit der wertvollen Spezerei, um die wirtschaftliche Komponente für die produzierenden Länder und den Wert des Weihrauchs richtig einschätzen zu können. Und schließlich soll die therapeutische Wirkung des Weihrauchharzes, die seit alter Zeit bekannt und neuerdings durch naturwissenschaftliche Analysen bestätigt wird, in aller gebotenen Kürze referiert werden.[6]

Erster Abschnitt

Der Weihrauch

1 | Ein pflanzliches Produkt

Weihrauch ist ein getrockneter Wundsaft von bestimmten Bäumen der Gattung Boswellia.[7] Diese Gattung, von der es etwa 25 Arten gibt, ist in Südarabien, Nordostafrika und Vorderindien heimisch. Der weitgehend einzige hierzulande erhältliche Weihrauch kommt von der Südküste der

Abb. 1: Arabischer Weihrauchbaum

arabischen Halbinsel, dem Gebiet der heutigen Staaten Jemen und Oman. Er fließt als Harz aus Bäumen der *Boswellia sacra (Boswellia carteri)* aus. Die Gewächse dieser Spezies, die zur Gattung der Burseaceen gehören, werden zwei bis drei Meter hoch und stehen stets in einem erheblichen

Abstand zueinander. Die Äste treten bereits in Bodennähe aus dem starken Stamm heraus, was den Bäumen das Aussehen von Sträuchern gibt. Die Rinde blättert in großen Stücken ab und wird schließlich im Zuge des Wachstumsprozesses abgeworfen und durch eine Neubildung ersetzt. Die im Spätherbst gebildeten 15–25 cm langen Blätter sind befilzt und stehen weit voneinander entfernt an den Zweigen oder als Büschel an deren Ende. Im Frühjahr werden weiße Blüten hervorgebracht, die sich im Frühsommer zu beerenartigen runden Steinfrüchten entwickeln. In der heißen Jahreszeit, gewöhnlich ab Mai, wird an Stamm und Ästen Rinde abgeschabt.[8] Aus diesen Wunden tritt nahezu augenblicklich eine klebrig-milchige Flüssigkeit aus, die an der Luft trocknet. Dieses Harz, das nur in geringer Menge austritt, ist minderer Qualität und wird in einem zweiten Arbeitsgang nach etwa einem Monat abgeschabt und nicht eingesammelt. Während der nächsten zwei Wochen fließt mehr Wundsaft aus den Einschnitten, der aber immer noch nicht genutzt wird. Erst mit dem dritten Abschaben beginnt die eigentliche Ernte. In den heißen Sommermonaten wird der ausgetretene Weihrauch einmal wöchentlich eingesammelt. Dabei beträgt die Ausbeute bei einem Baum mittlerer Größe jedes Mal etwa 500 Gramm. Im Oktober, mit Ende der warmen Jahreszeit, nimmt die Fließtätigkeit des Harzes ab und die Ernte wird abgeschlossen. Die Bäume werden meist erst nach ein- oder zweijähriger Ruhepause wieder zur Weihrauchgewinnung herangezogen.

2 | Droge und Arznei

Erstmals wurde in einer 1788 in Erlangen erschienenen Dissertation der Versuch einer chemischen Analyse des Weihrauchharzes unternommen.[9] 1949 entdeckte FÄHRMANN die Boswellinsäure als chemisch identifizierbaren Hauptbestandteil des Olibanumresens. Seine Gesamtanalyse der Inhaltsstoffe sieht folgendermaßen aus:

66 %	Reinharz, davon 50 % Boswellinsäure ($C_{32}H_{52}O_4$ = $C_{31}H_{51}O_2COOH$) und 50 % Olibanumresen ($C_{14}H_{22}O$)		
6 %	Ölfraktion	2–4 %	Pflanzenreste
20 %	Gummi	0,5 %	Bitterstoff[10]
6–8 %	Bassorin		

Bis 1984 waren etwa 250 Inhaltsstoffe und Pyrolysate bekannt, ohne dass man eine den Geruch prägende Verbindung gefunden hätte.[11] Seit alters als Arzneimittel bei vielfältigen Indikationen geschätzt, wird ihm vor allem beruhigende Wirkung zugeschrieben.[12] In jüngerer Zeit vermutete man, dass sich aus der Umsetzung mehrwertiger Phenole mit dem ebenfalls enthaltenen Verbenol das psychoaktive Tetrahydrocannabinol (THC) bilden könne, das als Haschischwirkstoff bekannt ist. Diese Cannabinolbildung sei sowohl im Pyrolyseprozess wie auch beim Kauen des Harzes auf enzymatischem Weg denkbar.[13] „Es ist nun keinesfalls unsere Absicht", schreiben LOHS/MARTINETZ, „damit Weihrauch beziehungsweise das Olibanumharz als irgendwie ‚gefährliche' Droge zu diskreditieren; aber es ist kulturgeschichtlich wie religionsgeschichtlich wohl doch nicht ohne Interesse, daß die Beliebtheit von Räuchermitteln, wie es das Olibanumharz war und noch ist, nicht nur auf den erwiesenen desinfizierenden, antiseptischen und antiphlogistischen Wirkungen der phenolischen Komponenten und der Terpene beruht, sondern daß auch ein den kultischen Handlungen entgegenkommender milder Rauschmitteleffekt erklärbar ist."[14]

Allerdings ist zu konstatieren, dass die einschlägigen Untersuchungen „nur von theoretischen Synthesewegen aus strukturähnlichen Ausgangsstoffen" ausgehen. Ein experimenteller Nachweis einer wie immer gearteten halluzinogenen Wirkung des Weihrauchs konnte bislang nicht erbracht werden. Und selbst wenn dies gelänge, bliebe immer noch die Frage nach Konzentration und dessen therapeutischer oder pathogener Funktion.[15]

In den letzten Jahrzehnten wurde die seit langem in der indischen Ayurveda-Medizin und der Naturheilkunde Afrikas bekannte und genutzte entzündungshemmende Wirkung des Weihrauchs auch klinisch getestet.[16]

Untersucht wurden dabei in der Regel Auszüge (einzelne wirkaktive Boswelliasäuren als Leitsubstanzen) und nicht das Gesamtprodukt (Weihrauchharz). Tübinger Pharmakologen um Hermann AMMON fanden heraus, dass der Entzündungsprozess auf molekularer Basis bekämpft wird: Die Boswelliasäuren hemmen die Bildung des Enzyms 5-Lipoxygenase.[17] Die Festlegung auf die arzneilich wirksamen Boswelliasäuren – es sind derer vier unter vierzehn natürlich vorkommenden Varianten – lässt allerdings außer Acht, dass die anderen Inhaltsstoffe des natürlichen Harzes – bis hin zu ätherischen Ölen – miteinander in Wechselwirkung stehen. Auch ist das Mengenverhältnis der vier Boswellinsäuren je nach Spezies sehr unterschiedlich.[18]

Grundsätzlich hat Weihrauch regulierenden Einfluss auf entzündliche Prozesse im Körper. Daher wurden signifikante Behandlungserfolge auch bei zahlreichen einschlägigen Krankheiten erzielt, etwa bei rheumatischen Erkrankungen (Arthrose, Morbus Bechterew, Fibromyalgie), Darmerkrankungen (Morbus Crohn, Colitis ulcerosa), Allergien (Asthma, Neurodermitis), Infektionen (Pfeiffersches Drüsenfieber, HIV, Borreliose) und anderen. Dabei zeigten sich bei Weihrauchpräparaten bessere Ergebnisse und deutlich weniger Nebenwirkungen als bei herkömmlichen Cortison- oder NSAR-Therapien. Dies ist darauf zurückzuführen, dass die Boswelliasäuren nur auf einen Teil der Entzündungskaskade (Leukotriene) wirken und andere für das immunologische Geschehen im Körper wichtige Botenstoffe (Prostaglandine) nicht tangieren.[19]

Immer wieder wird Weihrauch auch mit Krebstherapien in Verbindung gebracht. Oft sind es nämlich chronische Entzündungen, die den Weg für eine Tumorerkrankung bereiten, und der Weihrauch beeinflusst diese Entzündungsprozesse. Bei Hirntumoren kann Weihrauch Ödeme reduzieren helfen, die durch die Strahlentherapie verursacht wurden, und damit schmerzlindernd wirken.[20]

Obwohl Weihrauch jahrtausendelang als Arzneimittel eingesetzt wurde, kann er hierzulande aufgrund rechtlicher Hürden meist nur als „Nahrungsergänzungsmittel" bezogen werden. Anders als bei Medikamenten sind die Inhaltsstoffe hierbei selten präzise quantifizierbar.[21]

Dass Weihrauch also keineswegs nur in kultischen, sondern auch in medizinischen Zusammenhängen verwendet wird, schlägt eine Brücke zwischen geistlichem Heil und leiblicher Heilung. Immerhin besitzt Gesundheit heutzutage einen fast religiösen Wert.

3 | Die Weihrauchregion

3.1 Geographie – Ökologie

Weihrauchgebende Boswellia-Arten wachsen nur in einer durch Temperatur und Niederschlagsmenge eng umgrenzten Region.[22] Außer am Horn von Afrika (Äthiopien, Somalia, Eritrea, Südsudan, Uganda, Kenia) und Indien findet man sie vor allem in Südarabien, in den Küstenregionen Jemens und Omans. Die Regionen Hadramaut und Dhofar liegen im Juli und August unter Einfluss monsunaler Strömungen, deren feuchte Luftmassen sich an den Hängen des hinter der Küstenebene gelegenen Höhenzuges abregnen. An dessen flachen Nordosthängen, dem Nejd zu, liegt das Hauptverbreitungsgebiet des Weihrauchbaumes. Es deckt sich weitgehend mit dem Bereich, in dem sich die Wolken aufzulösen beginnen.

Aufgrund der trockenen Böden stehen die Bäume meist weit, oft mehrere hundert Meter auseinander. Dabei bilden sie breite und flache Wurzeln aus, da die Eindringtiefe des spärlichen Regenwassers in sandigen Böden relativ gering ist. Dichter gedeihen sie an den Hängen der Wadis, an denen durch den Einbruch des Wadibettes die mineralhaltigen Sedimentschichten terrassenartig freiliegen. Dort wird auch Weihrauch höchster Qualität geerntet.

3.2 Demographie – Ökonomie

Traditionell waren an der arbeitsintensiven Ernte vorrangig vier Personengruppen beteiligt: die Händler, die das Sammeln organisierten; die Eigentümer, die entweder selbst sammelten oder ihre Bäume an Sammler verpachteten; die Sammler, die den Weihrauch ernteten; und schließlich die Beduinen, die den Weihrauch für die Händler transportierten. Die Sammler waren monatelang in kleinen Gruppen in der Hitze des arabischen Sommers unterwegs. Hinzu kam die Gefährdung durch Raubkatzen und zahlreiche Giftschlangen.[23] Neben den Wüstenbeduinen, die mit diesem entbehrungsreichen Leben am besten vertraut sind, waren in der Saison alle in den Küstenorten verfügbaren Arbeitskräfte mit der Ernte beschäftigt. Auch Gastarbeiter aus Somalia kamen regelmäßig in

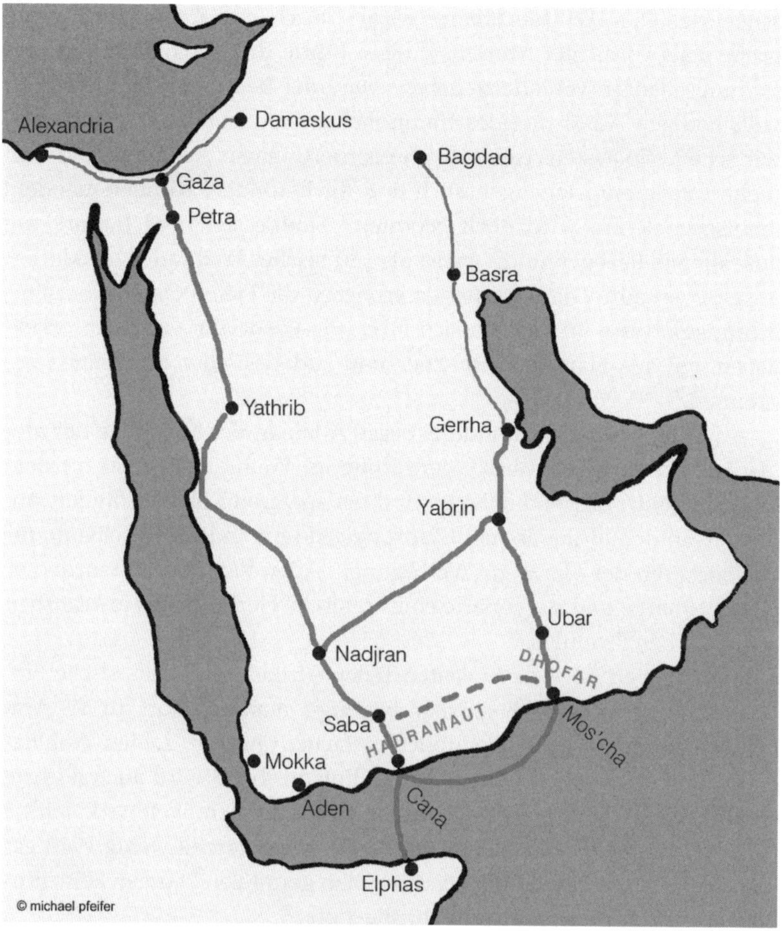

Abb. 2: Die antike Weihrauchstraße

den Sommermonaten zur Unterstützung. Neben dem aktiven Sammeln bei eigenen Bäumen oder in Gebieten der Baumbesitzer eröffnete sich den Beduinen besonders durch den Transport eine Einnahmequelle, die es ihnen ermöglichte, nicht selbst produzierte Waren einzukaufen.

Heute ist die Weihrauchwirtschaft Dhofars vollständig zum Erliegen gekommen. Der Versuch, nach dem 1975 beendeten Bürgerkrieg im Dhofar den alten Weihrauchhandel im Rahmen eines umfassenden Strukturwandels wieder zu einem dominanten Wirtschaftsfaktor zu etablieren, scheiterte. Die Weihrauchhaine waren durch die Kampfhandlungen großenteils vernichtet worden. Zudem führte die durch Mobilität und Bildungschancen veränderte Lebensweise der Beduinen schließlich zur vollständigen Auflösung des traditionellen Netzwerks der Weihrauchwirtschaft. Spätestens seit 1985 exportiert Oman keinen Weihrauch mehr. Einzig zum Eigengebrauch und für besondere Kunden aus dem arabischen Raum wird noch geerntet.[24] Stattdessen wird Importware aus Somalia bezogen und – meist als „arabischer Weihrauch" deklariert – weiterverkauft. Die Lieferungen erreichen die Häfen Omans meist als Schmugglerware und setzen sich ihrerseits wiederum zu einem erheblichen Teil aus Harzen eritreischer und sudanesischer Provenienz zusammen.[25]

Ab Mitte des 19. Jahrhunderts besaß Aden an der Südspitze der arabischen Halbinsel eine besondere Rolle im Weihrauchhandel. In dem englisch kontrollierten Freihafen und der späteren Kolonie standen, anders als in den afrikanischen Ursprungsländern, indische Fachleute für das Sortieren der Harze zur Verfügung. „Aden-Weihrauch" wurde zur Handelsmarke und suggerierte eine arabische Herkunft des in Wahrheit afrikanischen Produkts.[26]

In Äthiopien ist – wie in weiten Teilen Afrikas – der chinesische Einfluss inzwischen deutlich spürbar. Begnügte man sich dort für die Arzneiherstellung einst mit Weihrauch einfacher Qualität, zahlen Wohlhabende dort inzwischen höhere Preise. Entsprechend wird auch höchste Qualität nach China exportiert, die wiederum auf dem Weltmarkt fehlt.[27]

Auch auf die Bestandpflege der Bäume wird zurzeit wenig Wert gelegt. Vielfach wird zu häufig geerntet, man gönnt den Bäumen keine Ruhepausen oder sie werden schlicht abgeholzt.[28]

Welchen Wert der Weihrauch zu frühen Zeiten hatte, belegen Zeugnisse antiker Autoren.[29] Der Bedeutung dieses kostbaren Wirtschaftsgutes gemäß heißt der wichtigste Handelsweg im Nahen Osten auch Weihrauchstraße. Sie verband die Küsten des Indischen Ozeans mit denen des Mittelmeeres. Auf ihr legten spätestens im 10. Jahrhundert v. Chr. Karawanen in 70 bis 90 Tagen die etwa 3500 km lange Strecke zurück. Ausgangspunkt der Weihrauchstraße war die hadramautische Hauptstadt Saba.[30] Hierher wurden – zum Teil zu Schiff über die Hafenorte Mos'cha und Cana[31] – die Waren aus den Produktionsgebieten Dhofar und Hadramaut angeliefert. Die weitere Route führte über Timna, Nadjran – von wo eine Querverbindung in nordöstlicher Richtung nach Gerrha plausibel gemacht worden ist[32] – und Yathrib, dem späteren Medina, nach Petra im Land der Nabatäer. In Gaza verzweigten sich die Routen nach Alexandria und Damaskus, von wo aus der mediterrane sowie der mesopotamische Markt beliefert wurden. Der konkrete Verlauf der Handelsmagistrale ist nicht eindeutig festzulegen, da die häufig wechselnden Machtverhältnisse auf der arabischen Halbinsel Verlagerungen mit sich brachten.[33] Durch verschiedene Zölle verteuerte sich eine Kamelladung Weihrauch auf das Doppelte des Materialwertes. Aufgrund der Gewinnspannen der Karawanenführer und Zwischenhändler erhöhte sich der Preis nochmals um 200 Prozent. In Rom wurde daher ein Kilogramm Weihrauch für 13 Denare verkauft.[34]

Dass Weihrauch nicht nur in Arabien, sondern auch an der afrikanischen Küste des Roten Meeres geerntet und exportiert wurde, war wohl erst seit dem 1. Jahrhundert v. Chr. bekannt.[35] Plinius kannte ihn als „Peritikos", von der anderen Seite (des Roten Meeres) stammend.[36] Auch verlor die Weihrauchstraße an Bedeutung, seit die Römer erfolgreich die Piraterie im Roten Meer bekämpften und der Seeweg sicherer wurde. Gleichwohl wurde bis ins 18. Jahrhundert Weihrauch auch auf dem Landweg exportiert.[37]

Die wirtschaftliche Bedeutung des duftenden Harzes lässt sich auch aus ägyptischen Quellen erschließen. Die frühesten Importlisten, auf denen das Räucherharz *sntr* erscheint, datieren aus der Mitte des 3. Jahrtausends v. Chr. Bekannt ist vor allem die einzigartige Expedition der Königin Hatschepsut, die kurz nach 1500 v. Chr. Schiffe nach Punt entsandte. Von dort brachten die Händler unter anderem lebende Weihrauchbäume in ihr Heimatland mit.[38] Allerdings scheint – folgt man Gen 37,25 – auch aus dem syro-palästinischen Raum Räucherharz nach Ägypten importiert worden zu sein.[39]

4 | Der Begriff Weihrauch

Während die für Weihrauch gängige klassisch-lateinische Bezeichnung *t(h)us* vom griechischen ϑυος (thyos – Opfer, Räucherwerk) entlehnt ist, lässt sich der seit dem Mittelalter vor allem in medizinischen Rezepten nachweisbare, heute in der Naturwissenschaft gebräuchliche Name für Weihrauchharz *olibanum* auf das Altsüdarabische zurückführen.[40] Wie für das griechische λιβανος (libanos) und das hebräische לבנה (lebonah) wird für das als *liban* zu vokalisierende Nomen Weihrauch eine gemeinsemitische Wurzel *LBN* mit der Grundbedeutung *weiß* angenommen. Den Vergleichspunkt bildet hierbei die milchig-weiße Färbung des Harzes aus erster Ernte. Das altsüdarabische *liban* wird auch heute noch von regionalen Idiomen in der Bedeutung *Weihrauch* verwendet. Auch im Lateinischen begegnet *libanus* vereinzelt mit griechischer Vorlage (vgl. Sir 24,21; 39,18 [Vulg.]). Allerdings wird der Begriff häufig auf den Libanon zurückgeführt und somit missverstanden. Auch *thymiama* wird als Lehnwort aus dem Griechischen (dort: *Räucherwerk*) benutzt, um Weihrauch zu bezeichnen. Das in liturgischen Texten bis heute übliche *incensum* wird erst in später christlicher Zeit üblich.

Bedeutsam ist auch die ägyptische Bezeichnung *sntr*. Verschiedene Herleitungen werden in der Forschung diskutiert. So könnte *sntr* aus der Zusammenziehung von *stj-ntr* entstanden sein, was *Gottesduft*[41] oder *das für den Verkehr mit der Gottheit Qualifizierende*[42] bedeuten würde. W. W. Müller hat demgegenüber festgestellt, dass sich die Bedeutung über das aktive Partizip *santir – der göttlich macht* herleitet. Ob *sntr* tatsächlich mit dem botanischen Weihrauch gleichzusetzen ist, ist umstritten, doch mittlerweile als wahrscheinlich anzunehmen.[43] Im Koptischen *sonte, sante – Räucherwerk, Weihrauch* lebt die ägyptische Wurzel weiter und wurde sogar als *santaw* ins Äthiopische vermittelt.[44]

Zweiter Abschnitt

Weihrauch in Bibel und frühem Christentum

1 | Weihrauch im Alten Orient

1.1 Weihrauch im Umfeld des Alten Testaments

Überall im Alten Orient gehörten Duftstoffe zum Alltag und Räucherwerk zum Kult.[1] Es lässt sich eine unüberschaubare Vielzahl von Belegen hierfür beibringen. Allerdings ist oft nur schwer zwischen echtem Weihrauch und anderem Rauchwerk zu differenzieren, da die zumeist epigraphisch überkommenen Begriffe der antiken Sprachen häufig nicht konkreten Substanzen zugeordnet werden können.[2]

Nicht überraschend ist die Weihrauchverwendung im Ursprungsland des Harzes, in Südarabien. Die kultische Nutzung lässt sich einerseits aufgrund archäologischer Funde nachzeichnen. Räucherkästchen mit Inschriften markieren die wichtige Rolle des Räucheropfers vor allem auch im häuslichen Kult.[3] Andererseits wurden auf den zu exportierenden Weihrauch Ausfuhrzölle erhoben, die in Gestalt des Zehnts der Ware bei den Tempeln entrichtet werden mussten. Es ist daher anzunehmen, dass auch in altsüdarabischen Göttertempeln Weihrauch in nicht geringen Mengen verbrannt wurde.[4]

Frühere Zeugnisse noch erhält man aus dem alten Ägypten. Bereits aus dem 3. Jahrtausend v. Chr. sind archäologische und ikonographische Zeugnisse erhalten.[5] Dort kam dem Weihrauch eine außergewöhnliche Rolle zu. Nicht nur, dass es kaum eine kultische Handlung gab, bei der kein Rauchwerk verbrannt wurde,[6] der Weihrauch war Zeichen der Offenbarung der Gottheit, mehr noch, sein Duft verkörperte sie selbst. Bereits in den Pyramidentexten zeichnet sich eine beginnende Theologie des Weihrauchs ab. Außer zu kultischen Zwecken benutzte man in Ägypten Weihrauch als *materia medica* bei vielerlei Indikationen bzw. für den täglichen Gebrauch.[7]

In Mesopotamien scheint in ältester Zeit Weihrauch im strengen biologischen Sinne bei den Räucherungen unbekannt gewesen zu sein.[8] Meist wird dies mit den fehlenden Seehandelsbeziehungen zu Südarabien zu erklären gesucht.[9] Gleichwohl gehören Räucherungen mit einer Vielzahl von Ingredienzien in ähnlich früher Zeit wie in Ägypten selbstverständlich zum Kult.[10] Eher zu bezweifeln ist die Notiz bei Herodot, dass an einem Baalsfest allein 1000 Talente Weihrauch, etwa 26 Tonnen also, verbrannt wurden.[11] Erst in hellenistischer Zeit wird man mit Olibanumharz als Räuchermaterie rechnen dürfen.[12]

1.2 Das Räucheropfer im Alten Testament

Zahlreiche Funde von Räucherpfannen, -altären und -kästchen aus vielen Jahrhunderten, etwa seit der Wende vom zweiten zum ersten Jahrtausend (vereinzelt auch früher) aus Palästina und seiner Umgebung, legen Zeugnis ab von der weiten Verbreitung des Räucherns im altorientalischen, speziell kanaanäischen Kult.[13] Die israelitische Religion trat also in einen Kulturkreis ein, dessen Bewohnern das Räucheropfer durchaus geläufig war. Aber auch aus Ägypten wird der Exodusgemeinde der Brauch des Räucherns vertraut gewesen sein. Keineswegs ist auf so früher religionsgeschichtlicher Entwicklungsstufe unter der verwendeten Räuchermaterie aber Weihrauch im strengen Sinne zu verstehen. Der sich anschließende Durchgang durch die alttestamentlichen Texte wird daher nur einen ersten Überblick über das israelitische Räucheropfer vermitteln und innerhalb dessen die Rolle des Weihrauchs bestimmen können.

1.2.1 Der Begriff קטר (QṬR – räuchern)

Die Wurzel *QṬR* ist im gesamten semitischen Sprachraum verbreitet.[14] Verschiedene Bedeutungsnuancen in den einzelnen Idiomen ermöglichen ein besseres Verständnis ihrer Semantik.

Grundsätzlich ist mit *QṬR Rauch hervorbringen durch Brennen* gemeint. Im Arabischen kann *qaṭara tropfen* bedeuten, die Wurzel *QṬR* bezeichnet aber auch das vom Kochtopf ausgehende Duften. Ähnlich heißt *qatar* im Akkadischen *rauchen, dampfen*.[15] In Ugarit wird es möglicherweise in Verbindung zum Lebensatem gebracht.[16]

Im Alten Testament ist eine Differenzierung zwischen קטרת (qeṭoret – Rauchwerk) und לבנה (lebonah – Weihrauch) nicht möglich. So wird das Verbrennen des Opferanteils für JHWH unabhängig von der Materie stets mit dem Verb *QṬR* belegt. Es lässt sich keinerlei Einengung auf Weihrauch feststellen.[17] LXX gibt *QṬR* zwar in mehr als der Hälfte der Fälle (60 ×) mit θυμιαζειν (thymiazein) bzw. θυμιαν (thymian) wieder, doch begegnen auch Übersetzungen mit αναφερειν (anapherein, 24 ×) und θυειν (thyein, 13 ×). Erst in christlicher Tradition erfuhr das griechische θυμιαμα (thymiama) die semantische Einschränkung auf Weihrauch. Eine Analyse der Texte hat infolgedessen immer nach der Räuchermaterie zu fragen.

1.2.2 Das Räuchern von Fett

Die Räucherpraxis in vorstaatlicher Zeit am Heiligtum in Silo veranschaulicht der Text 1 Sam 2,12–17 aus dem späten 11. Jahrhundert. Daraus geht hervor, dass nach dem Schlachten des Opfertieres das Fett ausgekocht und von der Oberfläche abgeschöpft wird. Als wertvollsten Teil des Opfers lässt man es auf dem Altar in Rauch aufgehen (קטר QṬR) und übereignet es dadurch Gott.[18] Aus 1 Sam 2,27–29 erklärt sich, dass dieses Räuchern eine priesterliche Funktion war.[19] Das ausgekochte Fleisch, das

Abb. 3: Dreizack

die Priester mit einer Gabel aus dem Topf holten, stand ihnen als ihr Anteil zum Verzehr zu. Sowohl bei den klassischen Propheten des 8. Jahrhunderts als auch in der Priesterschrift wird unter der zu räuchernden Opfermaterie an Fett zu denken sein.[20]

Für die christliche Theologie ist ein nachexilischer, poetischer Text aus dem Maleachibuch bedeutsam:

> *Aber vom Aufgang der Sonne bis zu ihrem Untergang ist groß mein Name unter den Heidenvölkern. Und zwar an jedem Ort, an dem Geräuchertes (*מקטר *muqṭar) meinem Namen dargebracht wird (*מגש *muggaš), und zwar reine Opfergabe, denn groß ist mein Name unter den Heiden, spricht* JHWH *Zebaoth. (Mal 1,11)*

Die Entstehungszeit der Passage ist wohl nicht vor 475 anzusetzen.[21] Durch den Bezug von V. 11 zu VV. 7–8, denen er gegenübergestellt ist, steht außer Frage, dass es sich bei מקטר (muqṭar) keinesfalls um Weihrauch-, sondern um Ganz- oder Fettopfer handelt.[22] Die beiden im Hebräischen unverbunden nebeneinanderstehenden Partizipien מקטר (muqṭar – Geräuchertes) und מגש (muggaš – Dargebrachtes) übersetzt LXX mit θυμιαμα προσαγεται (thymiama prosagetai). Sie fasst somit מקטר (muqṭar) als das Substantiv auf, das in patristischer Literatur häufig als Weihrauch interpretiert wurde. Die Vulgata parallelisiert dagegen korrekt: *sacrificatur et offertur*. In dieser Übersetzung scheint dann auch kein Bezug mehr zum Weihrauch auf.

1.2.3 Das Räuchern mit Backwaren

Wohl kanaanäischen Ursprungs ist das Räuchern mit gesäuerten Backwaren, wie es sich in Am 4,4 f niederschlägt.[23]

Bei Jesaja begegnet der älteste Beleg für ein Räucheropfer im Jerusalemer Tempel, spricht doch der Prophet seine kritischen Worte in 1,13 über den Kult gerade jenes Ortes, an dem er auftritt. Weihrauch und andere Spezereien als Räuchermaterie anzunehmen, ist sicher unzulässig, findet sich doch für solch eine Praxis nirgendwo im Alten Testament ein Beleg aus ähnlich früher Zeit. Nimmt man Jes 6,6 zu Hilfe, wird wahrscheinlich, dass es sich auch hier um Backwaren gehandelt hat, die verkokelt wurden. Denn die Glutsteine des Altares, mit denen die Lippen des Propheten berührt werden, haben ihren Sitz im Alltag bei der Brotfladenherstellung.[24]

Als Folge der tiefgreifenden josianischen Kultreform finden sich im Anschluss daran Zeugnisse des Räucherns auch nur noch im privaten Bereich. In Jer 44 und Ez 16,19 werden Kuchen und Brot einer Gottheit geräuchert. Die Rede Jeremias zu den der Himmelskönigin opfernden Frauen zeigt diese einerseits durchaus traditionelle Opfermaterie als möglicherweise auch durch den von Frauen betreuten häuslichen Bereich motiviert.

1.2.4 Das Räuchern mit Aromata

a) Im privaten Kult

In Ez 8 finden sich Indizien für zwei neue Entwicklungen des privaten Räucherkultes. Zum einen belegt der Text (8,7–13) eine Verbindung der Räucherung zum Totenkult, stehen doch die räuchernden Ältesten „in den Kammern ihrer Ritzzeichnung", zum anderen wird hier erstmals in den Texten des Alten Testaments von einem transportablen Räuchergerät berichtet, wie es Realienfunde für diese Zeit belegen.[25] Zur Räuchermaterie fehlen Angaben in den Texten. Die Analyse der gefundenen Räuchertassen und -kästchen macht ein Räuchern mit Aromata aber wahrscheinlich.[26]

Abb. 4: Räuchertassen

Eine ähnliche Situation des privaten Kultes beschreibt der Text Jes 65,1–7 aus der zweiten Hälfte des 5. Jahrhunderts. Aus V. 3 lässt sich erheben, dass auch in der genannten Zeit mit Aromata in gebrannten Tongefäßen im Privatkult geräuchert wurde.[27]

Ähnlich kritisch wie das Jesajabuch äußert sich der Deuteronomist. Allerdings ist seine Polemik weitgehend formelhaft und aus früheren Quellen entlehnt, weshalb die Informationen aus diesen Textpassagen nicht überbewertet werden dürfen. Obwohl – wie erwähnt – nach dem Übergang des Räucherkultes auf den privaten Bereich das Verbrennen von Fett keine Rolle mehr spielte, findet sich doch in der Kritik die stereotype Verwendung von זבח (ZBḤ – schlachten) und קטר (QṬR – räuchern).[28] Während die Termini anfänglich noch auf JHWH-Opfer bezogen wurden, finden sie sich später vorwiegend in der Ablehnung von Opfern für andere Götter.[29] קטר (QṬR) bezeichnet allgemein eine besonders intensive Gottesverehrung und steht oft *pars pro toto* für alle Opferarten. Allerdings lassen sich auch Stellen innerhalb deuteronomistischer Redaktionsarbeit zeigen, an denen durch Verzicht auf זבח (ZBḤ) die Polemik den aktuellen Umständen angepasst wurde.[30] Hier lässt sich entweder an Brot oder Aromata als Räuchermaterie denken.

b) Die Einführung des Räucherns mit Aromata in den JHWH-Kult

In der Priesterschrift finden sich drei erzählende Passagen, die das Eindringen des Aromataopfers in den JHWH-Kult nachzeichnen lassen. Es handelt sich um die Geschichten von den Aaronsöhnen Nadab und Abihu in Lev 10,1–5, die der 250 Männer in Num 16 f und den davon abzuhebenden Bericht von der Rotte Korach in Num 16.[31]

Hinter der Kritik an dem fremden Feuer[32], das die Aaronsöhne in ihren Räucherpfannen[33] JHWH darbrachten, steht die Einführung eines separaten Weihrauchopfers in den offiziellen Kult. Daher ist Lev 10,1–5 als Fortsetzung der in deuteronomistischer Polemik und Ez 8,11 vorgezeichneten Linie gegen den Privaträucherkult zu sehen. Der Text wendet sich gegen einen im Volk wohl bereits sehr verbreiteten Ritus, klingt in ihm doch kein Bewusstsein für eine Neuerung an. In der Erzählung wird die Praxis dieser Darbringung innerhalb des JHWH-Kultes verworfen, in dem es einen Fremdkörper, eine Neuerung darstellt. Mit fremdem Feuer ist somit allem Anschein nach ein Feuer gemeint, das durch die Verbrennung von Räucherwerk entsteht.[34] ZWICKEL resümiert: „Lev 10,1–5 verbietet in erzählender Form, Weihrauch für den Kult auf einem Räucherkästchen zu verbrennen. Im Gegensatz zur vorexilischen Zeit geht es nun aber nicht mehr um die Verehrung fremder Götter, sondern um die Verehrung Jahwes. Offenbar wollten bestimmte Kreise den Räucherkult, wie er vorexilisch in Palästina als Fremdgötterkult praktiziert wurde und wie ihn die Bewohner Mesopotamiens anwendeten, für die Jahweverehrung übernehmen. Noch konnten sich aber die konservativen (dtr geprägten?) Priesterkreise einer derartigen Kultreform erwehren."[35]

In der Episode von der Vernichtung der Rotte Korach, die ebenfalls in nachexilische Zeit zu datieren ist, gehört das Räuchern mit Aromata zu den Priestervorrechten. Kritikpunkt ist nun nicht mehr das auf tragbaren Räucherpfannen dargebrachte Opfer im JHWH-Kult, sondern die Amtsanmaßung der Leviten gegenüber den Aaroniden. Aufgrund der Erzählung darf man für die erste Hälfte des 5. Jahrhunderts davon ausgehen, dass Aromata sich im Jerusalemer Kult durchgesetzt haben.[36]

Auch der – mit der Erzählung von der Rotte Korach in Num 16 f verwobene – Streitfall der sogenannten 250-Männer-Geschichte (niedergeschrieben um 450 v. Chr.) besteht nicht in einer Kritik am Räucherkult des Volkes. Dieser hat sich vermutlich bereits zu stark festgesetzt, was im Vergleich zur Korach-Erzählung auf einen fortgeschritteneren Stand der religionsgeschichtlichen Entwicklung schließen lässt.[37] Vielmehr soll der Kultgemeinde verwehrt werden, sich mittels der Praxis des Räucheropfers Heiligung zu verschaffen, die alleine den Priestern zukommt.[38] In der Erzählung (V. 18) wird ferner deutlich, dass in jedem Haushalt Räuchergeräte vorhanden waren. Dies dokumentieren auch die in ganz Palästina gefundenen Räucherkästchen. Die Eigentümer gestalteten sie durch Beschriftung und Verzierung und kennzeichneten sie dadurch als ihr persönliches Eigentum.[39]

Abb. 5: Räucherkästchen

Auch 2 Chr 26,16–20 geht von einem transportablen Räuchergerät aus.[40] Der Ausschluss des Usija vom Räuchern im Tempel durch die Priester verdeutlicht, dass es den Frommen prinzipiell durchaus erlaubt war, im Heiligtum Aromata darzubringen. Kultgeschichtlich entspricht der Text damit Lev 16 f bzw. Ez 8.

Den Autoren der Priesterschrift hingegen war noch sichtlich daran gelegen, den Räucherkult und die kultfähigen Personen so weit wie möglich einzuschränken. Ob nun die Ablehnung zeitgenössischer kanaanäischer Riten oder die Rückbesinnung auf ältere prophetische Kultpolemiken im Hintergrund standen, ist nicht sicher zu entscheiden.[41]

c) Weihrauch als Zutat zum Speiseopfer

Während das Aromataopfer von P weitgehend restriktiv behandelt wird, hat sich der Weihrauch im Rahmen des Speiseopfers bereits etabliert. Die älteste Nennung von לבנה (l^{e}bonah) in priesterschriftlichen Texten findet sich in Lev 2,1, das vermutlich bereits zur Vorlage von P^g gehört, und dürfte daher aus spätvorexilischer Zeit stammen.[42] Demzufolge wurde Weihrauch für unbehandelte Speiseopfer der späten Vorexils- wie auch der Exilszeit als Beigabe verwendet. Allerdings kann man diese Praxis keineswegs als ein Räucheropfer werten, vielmehr handelt es sich um ein Speiseopfer, dessen Brandgeruch durch Aromata verfeinert wurde.[43] Über diese Praxis ging man wohl bis zur Errichtung eines eigenen Räucheraltares in nachexilischer Zeit nicht hinaus. Nicht geregelt ist die Menge des Weihrauchs, der geopfert werden sollte. Offensichtlich stand dies im Belieben des Opfernden. Sicher wird es sich nicht um große Mengen gehandelt haben. Nach Neh 13,5.9 wurde Weihrauch in den Magazinen des Tempels gelagert, wo er auch erworben werden konnte. Manche Pilger brachten die Opfermaterie selbst nach Jerusalem mit, wie Jer 41,5 und CD 11,19 belegen. Dass in Lev 5,11 für das Sündopfer und in Num 5,15 für das Eifersuchtsopfer Weihrauch als Zutat ausdrücklich ausgeschlossen wird, stützt die Annahme, dass der Zusatz zum Speiseopfer üblich war. Warum der Weihrauch hier verboten wird, ist allerdings unklar. Man vermutet, dass durch das Opfer die Schuld erst offenbar werden soll, es also noch keinerlei reinigender Riten bedarf.[44] In Lev 5,11 hat der Ausschluss vermutlich soziale Gründe, handelt es sich doch um die Opfervorschriften für die Armen, die die Mittel für den relativ teuren Weihrauch nicht aufbringen konnten. Dass nach Lev 24,7 Weihrauch auf die gebackenen Schaubrote zu streuen war, stellt eine weit spätere Entwicklungsstufe dar.[45]

Kaum früher ist die Erwähnung des Weihrauchs in Jer 6,20 zu datieren. Hier haben viele Autoren – durchweg im Anschluss an Julius WELLHAUSEN – den Zeitpunkt der Einführung eines Weihrauchopfers in den JHWH-Kult gesehen.[46] Im Vergleich mit den bereits besprochenen priesterschriftlichen Texten kann man jedoch nicht von einem eigenen Weihrauchopfer ausgehen. Weihrauch ist vielmehr in vorexilischer Zeit immer *Zutat* zum Speiseopfer. Dies bestätigen auch die nichtpriesterschriftlichen Texte.[47] Erst in Ex 30,34 und 1 Chr 9,29 begegnet Weihrauch als ein eigenständiges Opfer. Entsprechend wird man daher auch in Jer 6,20 von einer Weihrauchzutat zum Speiseopfer auszugehen haben. Möglicherweise richtet sich die prophetische Polemik gegen einen erst vor kurzem eingeführten Brauch. Es wäre dann von einer Einführung des Weihrauchs in den offiziellen Kult in spätvorexilischer Zeit auszugehen.[48]

Bedeutend war für die christliche Liturgie der zweite Vers des 141. Psalmes.[49] Daher soll er hier ausführlich besprochen werden. Der Gattung nach handelt es sich um das Gebet eines Einzelnen, das durch ein anrufendes Proömium (VV. 1–2) eingeleitet wird.

In V. 2 lassen sich sowohl innerjüdische Kultgeschichte wie auch die Frage der christlichen Übernahme alttestamentlicher Terminologie bzw. Opfervorstellungen ablesen:

> תכון תפלתי קטרת לפניך
> משאת כפי מנחת־ערב׃
> κατευθυνθητω η προσευχη μου ως θυμιαμα ενωπιον σου,
> επαρσις των χειρων μου θυσια εσπερινη.
> *Dirigatur oratio mea sicut incensum in conspectu tuo:*
> *elevatio manuum mearum sacrificium vespertinum.*
> *Als Rauchopfer stehe mein Gebet vor dir,*
> *mein Händeerheben als Abendopfer.* (Ps 141,2)

Der Vers hat die Form eines chiastisch konstruierten, synonymen Parallelismus. Wie auch an anderen Stellen[50] gehören קטרת (q^eṭoret) und מנחת־ערב (minḥat-areb) zusammen und beschreiben keinesfalls zwei getrennte Opfervorgänge – etwa am Morgen und am Abend. Vielmehr ist auch hier Weihrauch als Zutat zur abendlichen Minḥa zu verstehen. Das Händeerheben ist alter Gebetsritus und bedeutet das Gebet selbst.[51] Der Vergleichspunkt zwischen Opfer und Gebet liegt sicher auch nicht in der (angestrebten) Regelmäßigkeit des Vorganges. Das Gebet soll nicht *wie* ein Opfer sein, sondern vielmehr an die Stelle des Opfers treten.[52] Es ist der eigentlich wesentliche Teil des Opfers (vgl. Ps 50), das seinerseits nur eine rituelle Unterstreichung darstellt, um die Wirksamkeit des Gebetes zu erhöhen. Das Gebet wird in die Terminologie des Opfers gefasst. Durch diese Begrifflichkeit vergewissert man sich, dass das Gebet JHWH erreicht und von ihm angenommen wird. Gebet tritt nun ersatzweise, aber vollgültig an die Stelle von Opfer und Gebet.[53] Dies kann vom Beter aber nicht einfach vorausgesetzt werden; er bittet JHWH darum. Ps 141 ist kein Begleitgebet zu einem Opfer, vielmehr bekommt das Opfer auf einmal in den Worten des Beters eine neue Gestalt. „In dem Wort liegt eine Deutung dessen beschlossen, was ‚Opfer' sein kann, nicht aber der konkreten Opferhandlung. Gleichwohl muß solches Interpretieren auch eine Rückwirkung auf das Verständnis der üblichen Opfer gehabt haben."[54]

d) Das Rauchopfer nach Ex 30

Ex 30,7 f fordert die Darbringung von duftendem Räucherwerk am Morgen und am Abend. In P wird hierzu der Hohepriester verpflichtet. Späterhin wird der Morgen- und Abendtamid zu einer allgemeinpriesterlichen Aufgabe.[55]

Bei den Tempelriten, zu denen neben dem Räuchern mit Aromata noch etliches mehr gehörte,[56] handelt es sich weniger um ein Zufriedenstellen (näherhin: Sättigen) einer anthropomorph gedachten Gottheit, wie dies in der Umwelt der Israeliten zu beobachten ist. Stattdessen werden den in ihrer Gesamtheit alle Sinne ansprechenden Riten Deutungen beigelegt, die mit der Situation des auserwählten Volkes in Einklang stehen. Auf den ersten Blick mag man in den rituellen Handlungen am Tagesbeginn und *zwischen den Abenden*[57] Bitten um die Segnung des Tages bzw. Schutz in der Nacht sehen. In Verbindung mit Num 28,3–6 lässt sich aber der Morgentamid präziser als Anamnese des Bundesschlusses am Sinai, unter Berücksichtigung von Dtn 16,3–6 das Abendopfer als tägliche Erinnerung an das Pascha auffassen.[58] Dass zu den von P vorgeschriebenen Riten das Aromataopfer gehört, erklärt sich aus der Bedeutung, die dieses in der Frömmigkeit der nachexilischen Zeit erhalten hatte.[59]

Die in Ex 30,34–38 reglementierte Herstellung sakralen Räucherwerks nennt vier aromatische Ingredienzien.[60] Dabei kann Weihrauch je nach Interpretation der Liste den vierten oder fünften Teil des Räucherpulvers ausgemacht haben. Versteht man das nach der Nennung der ersten drei Gewürze eingeschobene סמם (sammim) als Gliederung des Rezeptes in zwei Gruppen, in Gewürzkräuter und reinen Weihrauch, macht Letzterer die Hälfte des Produktes aus. Er wird dann im Verhältnis 1:1 mit den *sammim* und mit Salz gemischt.[61] Dass zu dieser Zeit Räucherwerk im Haushaltsgebrauch durchaus üblich war, bezeugt neben V. 35 auch die scharfe Sanktionierung der profanen Verwendung des beschriebenen sakralen Räucherwerks in V. 38. Umgekehrt stellt die Darbringung profaner Räuchermischungen vor JHWH ebenfalls ein Sakrileg dar.[62]

In Num 7 bringen die Stammesfürsten Israels zur Weihe des (Brandopfer-)Altares im Heiligtum je eine Schale voll Räucherwerk קטרת (qeṭoret). Dies ist sicher als eigenständiges Opfer auf dem zu weihenden Altar verbrannt worden.[63]

Die Beliebtheit des Opfers wohlriechender Räucherstoffe erfährt auch in kultischen Zusätzen zum ChrG eine besondere Hochschätzung. קטר

(QṬR) wird zum Terminus für die Gottesverehrung schlechthin.[64] In 2 Chr 2,3 wird es noch vor den Brandopfern genannt und ist in spätnachexilischer Zeit zum beliebtesten Opfer im israelitischen Kult avanciert. Dies ist eine deutliche Umwertung im Vergleich zu Lev 1–5 und lässt sich so auch nicht aus ChrG^{g} herauslesen.

In Ex 30 ist mit den Vorschriften für den Bau eines Rauchopferaltares (1–10) und der Herstellung der Rauchwerksmischung (34–38) ein letzter Entwicklungsabschnitt des israelitischen Räucheropfers erreicht. Dieser Höhepunkt ist in der nachexilischen Zeit anzusiedeln.[65]

1.2.5 Die Deutungen

Nur wenige und dann zumeist späte Stellen in der Schrift geben Aufschluss darüber, welche Deutung dem Räuchern im israelitischen Kult beigelegt wurde.

So fügen späte Redaktoren des Abschnittes Num 16 f die in nachexilischer Zeit neu aufgekommenen theologischen Deutungen ein, die der Wirklichkeitsbewältigung durch kultische Vollzüge dienen sollten. Num 17,11 f beschreibt den propitiatorischen und apotropäischen Charakter des Räucheropfers.[66] Lev 16,12 f beinhaltet die vor der direkten Gottesbegegnung schützende Funktion. Es sind dies die einzigen alttestamentlichen Stellen, die eine direkte Zweckangabe für den Weihrauch beinhalten, Lev 16,12 f zudem – sieht man einmal von poetischen Texten ab – die einzige, die Weihrauch nicht als Opfergabe beschreibt.

1.2.6 Der Rauchopferaltar

Die Frage, wann im Jerusalemer Tempel ein Rauchopferaltar aufgestellt wurde, ist nicht leicht zu beantworten.

Sicherlich handelt es sich bei dem in Jes 6,6 erwähnten Altar, von dem der Engel den Glutstein nimmt, um die Lippen des Propheten zu berühren, um einen nicht mit dem Brandopferaltar identischen Tisch. Möglicherweise ist aufgrund dieser Notiz bereits für das 8. Jahrhundert an einen Rauchopferaltar im Jerusalemer Tempel zu denken.[67]

In vorexilischer Zeit befand sich dieser Altar – folgt man 2 Kön 12,10 – rechts vom Tempeleingang. Dies war nicht zuletzt wegen der starken Rauchentwicklung der auf ihm verkokelten Materialien sinnvoll. ZWICKEL hält dafür, dass unter Josia dieser Altar – nicht zuletzt wegen der prophetischen Kritik – wieder aus dem Tempel entfernt wurde.[68]

Zur Zeit frühexilischer Restauration des Zentralopfers wurde kein eigener Räucheraltar mehr aufgestellt, sondern man verwendete zum Zweck der Fetträucherung den Brandopferaltar.[69] Auch die Priesterschrift setzt keinen eigenen Altar voraus, sondern spricht vom Verbrennen (קטר QṬR) von Teilen der Opfertiere *oben auf dem Brandopfer*[70].

Erst mit Ex 30 wird die Herstellung eines eigenen Rauchopferaltares vorgeschrieben. Der Vergleich mit von dieser Stelle abhängigen Texten[71] ermöglicht eine vorläufige Datierung der Wiedereinführung des Rauchopferaltars für das späte 5. bzw. frühe 4. Jahrhundert. Ein Blick auf die Korrespondenz zwischen der jüdischen Militärkolonie in Elephantine und dem Jerusalemer Tempel erlaubt noch eine genauere Festlegung. Die Priester des dortigen Tempels Jahwes, hier JHW (Jahu) genannt, baten in einigen Petitionen aus den Jahren 411/10 und 408/7 in Jerusalem um

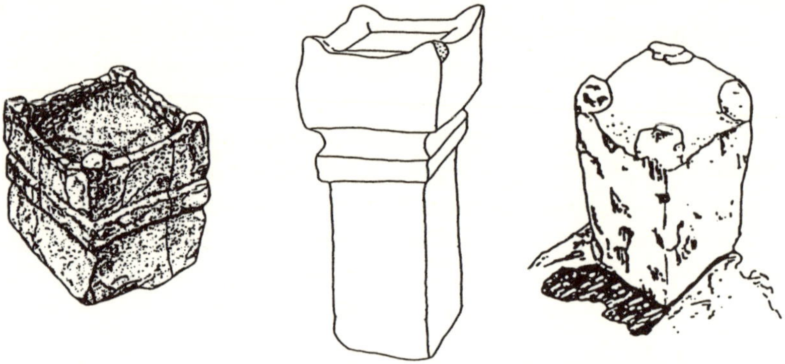

Abb. 6: Rauchopferaltäre

die Genehmigung zum Wiederaufbau ihres zerstörten Tempels, damit wieder Speise-, Weihrauch-[72] und Brandopfer auf dem Altar (und zwar einem einzigen) dargebracht werden könnten.[73] Das Antwortschreiben erlaubt den Wiederaufbau und die Darbringung von Speise- und Weihrauchopfern, von Brandopfern verlautet nichts. Wahrscheinlich sollten diese Opfer für Jerusalem vorbehalten bleiben. Daraus ergibt sich, dass die Papyri aus Elephantine älter als Ex 30 sein müssen, da sie keinen eigenen Rauchopferaltar kennen. Auch wäre nach einer Einführung eines solchen Altares im Jerusalemer Tempel kaum die Erlaubnis gegeben worden, einen vom Volk als bedeutend empfundenen Kult an anderen

Heiligtümern zu vollziehen. Dies hätte zweifellos den Zentralitätsanspruch Jerusalems unterminiert. Die Einführung des Rauchopferaltars im Tempel kann somit nicht vor 408/7 v. Chr. vor sich gegangen sein.[74]

Als Gründe für seine Aufstellung lassen sich zwei Überlegungen plausibel machen. Einerseits sollte der eine goldene Altar wohl die Vielzahl der privaten Räucherpfannen ablösen und damit die konfliktreiche Entwicklung des Räucheropfers zu einem Abschluss bringen. Andererseits entspricht der Vorgang der spätnachexilischen Tendenz, durch Überlieferung und Schriftstudium bekannte Kultgegenstände wieder im Tempel einzuführen. Im Gegensatz zu den Orakelgegenständen Ephod, Urim und Tummim, deren ursprüngliche Bedeutung unklar blieb, scheint in Bezug auf den Rauchaltar konkretes Wissen vorhanden gewesen zu sein.[75]

Eine schwierige und in der Forschung umstrittene Einzelfrage ist die Festlegung des Ortes des Räucheraltares im Tempelheiligtum. Im Gegensatz zum Brandopferaltar, der im Vorhof zu lokalisieren ist,[76] steht der goldene Altar im Innern des Heiligtums. Eindeutig legt Ex 40,26 seinen Standort vor dem Vorhang im Offenbarungszelt fest. Dies entspricht auch der jüdischen Tradition.[77] Doch Ex 40,5 gibt zur Verortung den Hinweis *vor der Lade*, also innerhalb des Allerheiligsten. Auch hierfür lassen sich weitere Belege anführen.[78] Da das Räucheropfer vom Hohepriester täglich dargebracht werden soll, ist eine Aufstellung des dafür nötigen Altares im Allerheiligsten eigentlich undenkbar; dieser Bereich wird nur am jährlichen Versöhnungstag betreten, der Vorraum des Offenbarungszeltes hingegen täglich.

Nun wird aber in Hebr 9,3 f der Räucheraltar eindeutig ins Allerheiligste verlegt. Sicher geschah dies nicht aus Unkenntnis oder Unachtsamkeit des Verfassers.[79] Es war ihm nicht daran gelegen, eine detailgetreue Inventarliste des Heiligtums zu bieten, sondern es ist ihm – wie die kontextuelle Verklammerung zeigt – vielmehr darum zu tun, „den Kontrast eines so reich ausgestatteten Heiligtums zu seiner Heilsunwirksamkeit zu verdeutlichen“[80]. Der Altar ist also durch den Autor an den seiner theologischen Funktion entsprechenden Ort versetzt worden.[81]

Dieser goldene Altar stand bis in neutestamentliche Zeit im Jerusalemer Tempel. 1 Makk 1,21 berichtet von seinem Raub durch Antiochus IV. Epiphanes im Jahr 169 v. Chr. und 4,49 f von seiner Neuanfertigung. In Lk 1,11 bringt Zacharias an ihm das Rauchopfer im Tempel dar. Und auch Josephus Flavius weiß von seinem Vorhandensein.[82]

1.2.7 Metaphorische und profane Verwendung des Weihrauchs

In Sir 24,15 sagt die Weisheit von sich, sie ströme Wohlgeruch aus, wie Galbanum, Onyx und Statke, wie Weihrauch im heiligen Zelt. Mit der Zitation dieser vier Inhaltsstoffe des in Ex 30,34 genannten Räuchergemischs beansprucht die Weisheit Teilhabe am Kult.[83]

Auch von Gott wohlgefälligen Menschen wird gesagt, dass sie Duft verströmen wie Weihrauch. Aber nicht nur im übertragenen Sinne duften Menschen nach Weihrauch. An ihm erfreut man auch zu Hause seine Sinne. Mit ihm beräuchert man sich Haar, Bart und Kleidung.[84]

Aromata dienen vor allem bei der Vorbereitung auf den Geschlechtsverkehr. Nach Spr 7,17 beduftet die Dirne ihr Bett.[85] Der König duftet an seinem Hochzeitstag von Myrrhe, Aloë und Kassia (vgl. Ps 45,9). Bei den Persern wurden die Haremsmädchen durch eine einjährige regelrechte Aroma-Kur vorbereitet (vgl. Est 2,12).

Im Hohelied sieht der junge Mann die Sänfte seiner Liebsten nahen mit Säulen von Myrrhe und Weihrauch umwölkt.[86] Er schwärmt seinerseits vom Duft seiner Freundin.[87] Weihrauchberg und Myrrhehügel werden zu Metaphern für ihre Brüste.[88]

Auch Eigennamen verweisen auf die Beliebtheit von Räucherstoffen bei den biblischen Völkern. So heißt beispielsweise die Nebenfrau Abrahams Q^{e}turah – die mit Räucherduft Umwölkte. Diese wohl sekundäre Bildung ordnet die nachfolgenden Namen den arabischen Stämmen zu.[89]

Aufgrund ihres außerordentlichen Wertes wurden Aromata schließlich auch als Staatsgeschenk eingesetzt.[90]

2 | Weihrauch im mediterranen Raum

2.1 Griechenland

Im Griechenland der Zeit Homers war der Weihrauch unbekannt. Vorwiegend einheimische Substanzen, z. B. Lorbeer, wurden zu Räucherungen verwendet, und diese Praxis hielt sich in manchen Kulten, wie etwa beim Delphischen Orakel. Vermutlich waren es die Phönizier, die das Harz seit dem 7. Jahrhundert v. Chr. zu den Griechen brachten. Zunächst scheint der Weihrauch als Gabe für die Göttin Aphrodite benutzt worden zu sein.[1] Die Parallele zur kanaanäischen Astarte wie zu vielen Liebeszauberpraktiken der späteren Zeit ist unverkennbar. Auch bei Hochzeitszeremonien, im Zusammenhang mit der Wahrsagerei und im Rahmen von Mysterienkulten wurde nicht selten Weihrauch verbrannt.[2] Die Harzkörnchen wurden mit Daumen, Zeige- und Mittelfinger ergriffen und ins Feuer bzw. auf die Kohlen geworfen. Dieser Ritus spielte dann auch im Zusammenhang mit den im Kaiserkult begründeten Christenverfolgungen eine Rolle.

Der erste Herrscher, dem nachweislich Weihrauch dargebracht wurde, war Alexander der Große.[3] In der folgenden Zeit begegnen vermehrt Zeugnisse, die jedoch zumeist auf das griechische Asien beschränkt bleiben, die Region, in der auch in römischer Zeit der Kaiserkult besonders hoch im Kurs stand.

2.2 Rom

Für Rom ist mit der Einführung des Weihrauchs etwa im 3. Jahrhundert v. Chr. zu rechnen. Großer Beliebtheit erfreute er sich im öffentlichen wie privaten Kult. Bereits mit ein klein wenig Weihrauch konnte man eine Gottheit geneigt machen, eine Bitte zu erfüllen. Umgekehrt glaubte man auch, die Götter seien auf den Duftrauch der Opfer als Nahrung angewiesen. Das Rauchopfer wurde meist zusammen mit einer Weinspende (ebenfalls in das Feuer) durchgeführt. Diese Praxis entwickelte sich gar zum klassischen Voropfer bei den Römern.[4]

Immense Weihrauchmengen wurden für Begräbnisfeierlichkeiten aufgewendet. Fünfzig Pfund des wertvollen Harzes als Beigabe waren bei der Einäscherung eines Adeligen nichts Außergewöhnliches. Eher zu bezweifeln ist wohl die Überlieferung, Nero habe mehr als eine Jahresernte Arabiens für die Leichenfeier seiner Frau Poppea Sabina aufgewendet. Darüber hinaus wurde auch bei festlichen Gelagen kontinuierlich Weihrauch verbrannt, um eine duftende Atmosphäre zu erzeugen.

Bereits in der republikanischen Epoche gab es Ehrungen besonders verdienter, lebender Personen durch Weihrauch. In aller Regel galt das Weihrauchopfer aber nur Göttern und vergöttlichten Personen. Diese Praxis wurde dann in der Kaiserzeit den Imperatoren nach ihrem Tod beigelegt bzw. von ihnen noch zu Lebzeiten übernommen. Typische Opfer waren im römischen Kaiserkult Weihrauchopfer und Libation. *Ture et vino supplicare* ist ein feststehender Terminus in der antiken Literatur.[5] Bezüglich der Verbreitung dieses Kultes bestand, wie erwähnt, ein eindeutiges Ost-West-Gefälle. In Rom selbst befleißigte man sich dahingehend höchster Zurückhaltung. Besonders intensiv wurde die Kaiserverehrung an der südwestlichen kleinasiatischen Küste betrieben.[6]

2.3 Weihrauch im Neuen Testament

2.3.1 Weihrauch als Geschenk der Magier und in der Offenbarung

Weihrauch[7] kann man als eines der drei ersten Weihnachtsgeschenke bezeichnen. Nach Mt 2,11 brachten die Magier dem Kind in der Krippe Gold, Weihrauch und Myrrhe als Gaben dar. Geschenke – die kostbarsten, die eben zu erhalten waren[8] – gehören ebenso zur Huldigung vor einem Herrscher wie die im gleichen Vers beschriebene Proskynese. Aufgrund von Weihrauch (und Myrrhe) hat man häufig Arabien als Herkunftsland der Magier angenommen. Demgegenüber ist zu bedenken, dass durch die Handelsverbindungen um die Zeitenwende der arabische Weihrauch im ganzen Mittelmeergebiet erhältlich war, ein solcher Rückschluss sich also nicht plausibel machen lässt.[9]

Die Huldigung der Magier wurde in der Tradition oft als Erfüllung der Prophetie in Jes 60,6 gesehen. Sie stünde dann für die eschatologische Wallfahrt der Völker nach Zion.[10] Weihrauch und Gold sind an dieser Stelle nebeneinander genannt. Alle drei Gaben aus Mt 2,11 begegnen aber nirgendwo im Alten Testament im Zusammenhang. In der Auslegungsgeschichte spielten sie bald jedoch eine bedeutende Rolle. So wurde Gold als Geschenk für Christus als König verstanden,[11] Myrrhe seit Irenäus und Origenes auf den Tod Jesu bezogen und deshalb ihm als dem Menschen dargebrachtes Geschenk gesehen.[12] Der Weihrauch schließlich galt als Geschenk für Christus als Gott, lässt aber auch durch seine primär kultische Konnotation schon Christi hohepriesterliche Funktion anklingen.[13] Im Mittelalter ist dieser Deutungsdreiklang selbstverständlich geworden, wenn beispielsweise Adam von St. Viktor in seiner *Sequentia in epiphania Domini* dichtet:

Tria dona reges ferunt	*Drei Geschenke bringen die Könige.*
Stella duce regem quaerunt	*Sterngeführt suchen sie den König,*
Per quem certi semper erunt	*durch den sie immer sicher sind*
De superno lumine:	*des höchsten Lichts.*
Auro regem venerantes	*Durch Gold den König sie verehren,*
Ture Deum designantes	*durch Weihrauch Gott sie bezeichnen,*
Myrrha mortem memorantes	*durch Myrrhe den Tod sie erinnern:*
Sacro docti flamine.	*gelehrt von heiligem Hauch (= Geist).*[14]

Es ist überdies wahrscheinlich gemacht worden, dass es sich bei den Geschenken der Magier um drei statt zwei Aromata gehandelt habe. Gold sei durch ein im Arabischen begründetes Missverständnis in den Text geraten. Ebenso wie Gold wird nämlich im Altsüdarabischen auch eine bestimmte Räucherspezies mit dem gleichen Wortstamm *DḤB* bezeichnet.[15]

Derjenige der drei Weisen, der den Weihrauch nach Betlehem brachte, soll der Überlieferung nach aus Mayfa'at in Südarabien stammen. Zudem weiß die Legende, dass die drei Könige in Sessania Adrumentorium im heutigen Hadramaut begraben worden seien, von wo Kaiserin Helena ihre Gebeine nach Konstantinopel überführt habe. Über Mailand kamen sie schließlich nach Köln.[16]

Im Neuen Testament ist noch an anderer Stelle vom Weihrauch die Rede. In Kapitel 5 und 8 der Apokalypse des Sehers von Patmos finden sich Hinweise auf das Verständnis des Weihrauchs in neutestamentlicher Zeit.[17] So bringen Engel nach biblischer Auffassung nicht nur Gottes Botschaft in die Welt, sondern sie tragen auch umgekehrt die Bitten der Menschen vor seinen Thron.[18] Das Aufsteigen des inständigen Gebetes wird in Offb 8,3–5 im Bild des Weihrauchs gefasst.[19] Ob im Unterschied zur übrigen jüdischen und christlichen Literatur dieser Zeit an mehr als einen himmlischen Altar zu denken ist, ist nicht eindeutig zu beantworten. V. 3 scheint aber die Bewegung des Engels von einem Altar zum anderen zu beinhalten.[20]

Diese Textstelle spielt in der christlichen Liturgie im Zusammenhang mit der Deutung des Weihrauchgebrauches eine wichtige Rolle und wird noch öfter zur Sprache kommen. Aus ihr allerdings eine liturgische Räucherung in den Gemeinden am Ende des ersten christlichen Jahrhunderts ablesen zu wollen, erscheint mir unzulässig.[21]

2.3.2 Der Duft als Metapher bei Paulus

Zwar ist im Neuen Testament nur an den bereits genannten Stellen von Weihrauch die Rede. In den Zusammenhang eines Symbolverständnisses des duftenden Räucherharzes gehören aber auch Stellen aus dem Corpus Paulinum, die sich des Duftes als Metapher bedienen.

Die beiden hier relevanten Termini οσμη (osmê) und ευωδια (euôdia) – so in 2 Kor 2,14–16 – sind kultischer Sprache entnommen. Zugrunde liegt die Vorstellung vom Opferrauch bzw. -duft, der Nahrung für die Gottheit ist[22] – eine anthropomorphe Gottesvorstellung, die auch noch in Gen 8,21 nachklingt. LXX übersetzt die betreffenden Stellen stets mit οσμη ευωδιας (osmê euôdias), was nunmehr bezeichnet, dass das Opfer von Gott wohlgefällig angenommen wird.[23] Im Neuen Testament wird οσμη nur in Joh 12,3 in seiner ursprünglichen, auch in antiken Zeugnissen belegten Bedeutung als Duft von kostbarem Öl gebraucht. Sonst erscheinen οσμη ευωδιας stets in übertragener Bedeutung. So ist für Paulus in Phil 4,18 die finanzielle Unterstützung durch die Gemeinde in Philippi dem Herrn ein solcher *Duft des Wohlgefallens*. In Eph 5,2 wendet er den Ausdruck auf Christus und sein Versöhnungsopfer an.

In 2 Kor 2,14–16 wird der Duft ebenfalls christologisch verstanden:

> *Dank aber Gott, der immer uns in Christus im Triumphzug umherführt (θριαμβευοντι thriambeuonti) und den Geruch (οσμην osmên) seiner Erkenntnis durch uns offenbart an jedem Ort, denn wir sind Christi Wohlgeruch (ευωδια euôdia) für Gott unter denen, die gerettet werden, und unter denen, die verlorengehen, den einen Geruch (οσμη osmê) vom Tod zum Tod, den anderen aber Geruch (οσμη osmê) vom Leben zum Leben.*

Θριαμβευειν (thriambeuein) ist zweifellos dem römischen Kulturkreis entlehnt und spielt als eine Nachbildung des lateinischen *triumphare* auf die antiken Triumphzüge an. Mit der Duftterminologie greift Paulus auf einen nicht nur im Alten Testament, sondern auch im zeitgenössischen Frühjudentum verbreiteten Begriff zurück, der „den Bezug zum eigentlichen Opfer weithin, aber nicht gänzlich verloren hat“[24]. Ob eine Verbindung zwischen θριαμβευειν und ευωδια möglich ist und unter ευωδια der in den Triumphzügen mitgetragene Weihrauchduft zu verstehen ist, scheint fraglich. Immerhin wird dies von etlichen Exegeten vertreten.[25]

Gott offenbart durch den Apostel den Duft seiner Erkenntnis. Dadurch wird der Apostel zum Wohlgeruch Christi für Gott. Im Bild des Duftes wird die lebenschaffende Epiphanie Gottes ausgedrückt. Gleichzeitig zeigen sich auch Anklänge an das Verkündigungsverständnis des Apostels, das einem eschatologischen Opfervollzug vergleichbar ist, dessen Wohlgeruch nur ευωδια Χριστου (euôdia Christou) sein kann.[26] Das Zeugnis der Christen erfordert des Weiteren eine Entscheidung auf Leben und Tod hin (vgl. Dtn 30,19), zwischen Lebensduft und Todesgeruch.[27]

3 | Ablehnung des Weihrauchs durch das frühe Christentum

3.1 Opfer und Kultkritik

Um die Ablehnung des kultischen Gebrauchs von Weihrauch durch die frühe Christenheit einordnen zu können, bedarf es einer Analyse ihres Verhältnisses zu Opfer und Kult im Allgemeinen.

3.1.1 Die prophetische Kultkritik

Schon die israelitischen Propheten haben nicht jeden Kult grundsätzlich verworfen, sondern sie haben sich in ihren Polemiken nur gegen ein bestimmtes Kultverhalten gewandt und letztendlich versucht, den Kult zu reformieren. Ihre Polemiken richten sich häufig gegen neue Sitten, man hat also durchaus zwischen legitimen und illegitimen kultischen Akten zu unterscheiden gewusst und nicht den Kult als Ganzen abgelehnt.[1]

Kennzeichnend ist für die Propheten die Verknüpfung von Ritus und Ethos. Dabei ist zu bedenken, dass die Logien der Propheten nie als allgemeingültige Lehrsätze gemeint waren, sondern immer in eine konkrete Situation hinein gesprochen wurden. In einer bestimmten geschichtlichen Stunde sollte die Forderung JHWHS nach der Zuwendung zum anderen im Leben der Gemeinschaft vertreten werden. „Ein Kult, der diese Forderung ausschloß, mußte verworfen werden; von ‚dem' Kultus ist bei den Propheten gar nicht die Rede."[2]

Auf diesem Hintergrund sind auch die weihrauchkritischen Texte im Jesaja- und Jeremiabuch zu lesen. So findet sich in Jer 6,20 eine Aufzählung gängiger Opferpraktiken, die für sich genommen wertlos dastehen vor Gott. Deutlicher wird dies noch in Jes 43,23[3]: JHWH fordert nicht Opferrituale, sondern sündloses Leben, er macht seinem Volk keine Arbeit mit dem Kult, stattdessen beschäftigt es ihn mit seinen Verfehlungen. Weihrauch wird also in prophetischen Texten nicht wegen seiner selbst abgelehnt. Vielmehr erfährt er nur im Zusammenhang mit allgemeiner Opferpraxis Kritik, die ihrerseits nur deshalb der Ablehnung verfällt, weil sie der vom Gesetz vorgegebenen sozialen Komponente entbehrt.

Von einer Tendenz zur reinen Innerlichkeit oder „Spiritualisierung" des Kultes durch die Propheten kann nicht die Rede sein. Diese Einschätzung wurde im späteren Judentum mindestens bis zur Zerstörung des

Tempels vertreten. Philo von Alexandrien beispielsweise wendet sich sowohl gegen ein bloß ritualistisches Vollziehen der vorgeschriebenen Handlungen als auch gegen ein rein geistiges Verständnis, das des wirklichen Vollzugs entbehre. Stattdessen solle man, beim unerlässlichen Festhalten an äußeren Bräuchen, sich gleichzeitig um ein tieferes Verstehen derselben mühen.[4]

3.1.2 Jesus

Auch Jesus stand den mosaischen Opfervorschriften positiv gegenüber. Beispielhaft veranschaulicht dies der Bericht von der Heilung des Aussätzigen, den er auffordert, sich den Priestern zu zeigen und das vorgeschriebene Reinigungsopfer darzubringen.[5] Der Nachsatz εις μαρτυριον αυτοις (eis martyrion autois) ist möglicherweise als ein Erweis für die Gesetzestreue Jesu zu sehen. Jesus ist kein Gegner des Opfers. Allerdings betrachtet er den Kult als etwas dem Untergang Geweihtes, und dies nicht wegen eines wie immer gearteten Ritualismus, sondern wegen seiner Zugehörigkeit zur alten Bundesordnung.[6]

Im Anschluss an die israelitischen Propheten kritisiert auch Jesus die Überbewertung des Kultes und seine Trennung vom menschlichen Handeln. Wie sie fordert er nicht das ersatzlose Streichen der Opfer, sondern vielmehr eine Umgewichtung auf die Seite der Barmherzigkeit, eine Höherbewertung der Barmherzigkeit.[7] Opfer im jesuanischen Sinn ist ein ganzheitliches Tun, bei dem der Gang zum Altar nicht von der Versöhnung mit dem anderen getrennt werden kann.[8] Die Gemeinschaft mit dem Bruder wird als Bestandteil des Opfers zum Zeichen der Gemeinschaft mit Gott. An den Worten Jesu ist somit keine Verwerfung des Opfers zu entdecken, keine Ablehnung oder abstrakte Kritik. Gemeint ist vielmehr eine Betonung der Prioritäten und das Tadeln konkreter Unbarmherzigkeit. Dies entspricht durchaus jüdischer Überlieferung.[9]

3.1.3 Opfer und geistiges Opfer

Im antiken Mittelmeerraum war der Rhythmus des Lebens von religiösen Festen geprägt. Auch Sieges- oder Leichenfeiern fügten sich selbstverständlich in die sakrale Umgebung ein. Selbst im Haus gab es einen familiären Kult. Religion und Leben waren nicht trennbar. Und keine dieser Religionen, Mysterien oder Kulte kam selbstverständlich ohne Opfer aus. Römer, Griechen und selbst Juden[10] glichen sich darin. Vergleichbar war auch die Kritik an der Opferpraxis. Wie bei den jüdischen Propheten finden sich kultkritische Texte auch bei antiken Philosophen.[11] Das geht so weit, dass Opfern schon als Sakrileg verstanden werden kann:

Das ist eine Art Sakrileg, wenn du zu Gott betest,
Weihrauch (als Opfer) anzuzünden oder ähnliches zu tun.[12]

Während in Israel aufgrund der prophetischen Kritik eine zunehmende „Spiritualisierung" des Kultes zu beobachten ist,[13] führen die philosophischen Gedanken in Griechenland nach einer ähnlichen – bereits früher erreichten – Zwischenstufe schließlich zum gänzlichen Versinken des Götterkultes.[14]

Das junge Christentum bewegt sich in eigentümlicher Weise zwischen einer Weitertradierung jüdischer Riten und einem deutlichen Bruch mit denselben; es sucht seinen Weg zwischen Kontinuität und Diskontinuität. So sehr beispielsweise die Feier des Sabbats neben dem Sonntag, das Gebet im Tempel und in den Synagogen gepflegt werden,[15] so sehr steht auch die Gemeinde Jesu unter dem Eindruck seiner Reden über Tempel und Opfer. Jesusglaube und Geistaussendung wurden für die Jüngergemeinde zum entscheidenden Grund für eine Abkehr vom Tempelkult.[16] Mehr noch: Geht man mit Maßstäben der Religionsphänomenologie an das Neue Testament heran und fragt nach heiligen Orten, Riten und Gegenständen, ist eine auffällige Kultlosigkeit, ja Sakralfeindlichkeit des christlichen Lebens zu konstatieren.[17]

Für die Ausbildung eines christlichen Opferbegriffs ist vor allem das Selbstverständnis Jesu von seinem Tod als Lösepreis für die Vielen von Bedeutung. Aufgrund dessen konnte die christliche Gemeinde nun verkünden, dass das entscheidende Opfer nicht mehr im Tempel dargebracht wird, sondern dass es mit einer letzten Gültigkeit und Wirkkraft von Jesus selbst am Kreuz vollzogen worden ist.[18] Paulus hat dies aufgegriffen im Wort von Jesus als dem Sühnort (ιλαστηϱιον hilastêrion). Versöhnung geschieht nicht mehr verborgen im Tempelinnern, sondern offen vor aller Augen auf Golgota;[19] damit steht Kreuz gegen Bundeslade. Dies setzt aber die Ablösung der Jesusglaubensbewegung vom Tempel voraus. Erst damit wurde die Rede vom Sühneopfer Christi möglich.[20]

Nach außen hin markiert den Bruch mit dem Tempel der Streit der Hebräer mit den Hellenisten um Stephanus, dem bei seiner Verhaftung vorgeworfen wird, er höre nicht auf, „Worte zu reden gegen den heiligen Ort"[21]. Als Grieche tut sich Stephanus leichter als die Judenchristen, konsequent das Kreuz gegen den Tempel aufzurichten.

Die Abkehr vom Tempel bedeutet zunächst eine Ablehnung des Jerusalemer Kultes, beinhaltet aber nicht automatisch eine Abkehr vom Opfer an sich oder das alleinige Bestehen auf *geistige Opfer*. Paulus verneint die Heilsnotwendigkeit des Gesetzes und lehnt damit auch Opfer ab. Doch findet sich kultische Terminologie auch an exponierter Stelle seines Römerbriefes. Er mahnt dort die Brüder, τα σωματα υμων (ta sômata hymôn – ihre Leiber) und damit sich selber als Ganzes als lebendiges und heiliges Opfer darzubringen.[22] Die Ganzheit, auf die der orientalische Begriff Leiber zielt, beinhaltet auch eine Heiligung und Verlebendigung des Alltags. Das Opfern ist nicht auf eine gottesdienstliche Versammlung beschränkt, sondern durchzieht das ganze Leben des ganzen Menschen, das durch ebendiese Haltung zum wohlgefälligen Opfer wird.[23] Ausgesagt ist hier nicht eine ethische Paränese in kultischer Terminologie, sondern die Zuordnung christlichen Lebens zum einmaligen Opfer Christi. Erst durch das Erbarmen Gottes, das sich im Kreuz Christi zeigt, kann Rechtfertigung geschehen, die Antwort im dankenden Opfer sinnvoll macht.

Diese Perspektive nimmt auch der erste Petrusbrief (1 Petr 2,4 f) ein. Das Opfer, das die Gläubigen in ihrer Gesamtheit als ein heiliges Priestertum darbringen, ist nur durch diesen fundamentalen Bezug auch Christi einzigartiges Opfer. Christologische wie ekklesiologische Sicht gehören unbedingt zum Opfer dazu.[24]
Christus und sein Opfer ist Herz und Mitte aller Opfertheologie seiner Gemeinde. Im Bezug auf dieses eine und einmalige Opfer kann Opfer werden, was auf den ersten Blick keine im religionsgeschichtlichen Sinne kultische Relevanz hat: das Opfer des Alltags, des Lobpreises oder der Hilfeleistung[25].

So sehr sich die frühe Christenheit vom Kultbetrieb des Jerusalemer Tempels absetzte, ja absetzen musste, um der Rede von Christus als dem endgültigen Erlöser gerecht zu werden, so wenig lehnt es das Opfer an sich ab. Auch ist Opfer nicht nur geistiges Opfer, sondern schließt durchaus auch eine kultische Verehrung Gottes ein, ist doch für die Christen auch der Kult ein Tun im Geiste. Es ist daher zu berücksichtigen, dass Opfer und geistiges Opfer im Christentum zusammenfallen und keine Gegensätze darstellen, die polemisch verstärkt werden könnten.[26]

3.2 Die ersten Jahrhunderte

Trotz einer prinzipiellen Offenheit für das Opfer und damit sowohl für den Kult wie auch für die Spiritualität begegnen in der alten Kirche viele Sentenzen, die die Ablehnung des Weihrauchs zum Inhalt haben.

Die christlichen Versammlungen entwickelten sich formal aus der jüdischen Haus- und Synagogenliturgie. Schriftlesung und Herrenmahl, aus denen der frühchristliche Gottesdienst bestand, bedurften – solange sie in Privathäusern stattfanden – keines ausladenden Rituals. „Denn während den Gebräuchen der Juden der innere Sinn später beigefügt wird, ähnlich wie die Allegoriker der Griechen den Mythen und Kultzeremonien einen tieferen Sinn beilegen, wird im Christentum nicht ein neuer Sinn in alte Riten getragen, sondern der neue Ritus ist gleich von Anfang an Träger des neuen Geistes."[27] Damit ist aber auch gesagt, dass der Ritus von Anfang an eine neue Gestalt erhielt. Eine Übernahme ritueller Elemente des zweiten Tempels kann für die Hausliturgie mit Sicherheit noch nicht in Anspruch genommen werden.[28] Für die vorkonstantinische Zeit ist die Quellenlage zu dürftig, um eine umfassende Antwort auf diese Fragestellung geben zu können.

In den Augen seiner Umgebung konnte das Christentum, das auf den ersten Blick ganz auf Kultbilder, Altäre und Opfer zu verzichten schien, demnach gar keine Religion sein. Die Masse der entstehenden apologetischen Schriften lässt auf entsprechend vielfältige, scharfe und nicht selten auch völlig aus der Luft gegriffene Vorwürfe der griechischen und lateinischen Welt schließen. Eindeutig sind bei ebendiesen christlichen Apologeten in der Frage der Kultfreiheit Bezüge zu Prophetenbüchern des Alten Testaments, speziell zur Frage des Weihrauchs zusätzlich auch Zitate aus der Apokalypse und den Psalmen nachweisbar, die Weihrauch figurativ deuten. Dies soll im Folgenden an einigen Beispielen dargestellt werden.

Der pseudepigraphe Barnabasbrief, entstanden um 130, beginnt seine Kultpolemik in Kapitel 2 mit einer Aufzählung von Opfern, unter denen der Weihrauch fehlt:

> *Er hat uns nämlich durch alle Propheten kundgetan, daß er weder Schlachtopfer, noch Brandopfer, noch Opfergaben braucht.*[29]

An diesen Vers schließt sich zunächst die ausführliche Zitation von Jes 1,11–13 an, einer klassisch kultkritischen Stelle. Speise- und Weihrauchopfer werden dadurch noch in obige Liste eingefügt, die als Ganze nach dem Gesetz Christi keine Gültigkeit mehr hat. Neben seinem Opfer kann kein von Menschen dargebrachtes bestehen.[30]

Mit einem Mischzitat aus Jer 7,22.23a und Sach 8,17a fährt der Verfasser der Epistel fort und schließt mit einer Sentenz, die sich, um den Gedanken des Wohlgeruchs erweitert, eng an Ps 51,19 anlehnt:

> *Opfer ist für den Herrn ein zerknirschtes Herz; wohlriechender Duft (οσμη ευωδιας osmê euôdias) ist für den Herrn ein Herz, das seinen Bildner preist.*[31]

Sicherlich ist die hier intendierte Ablehnung des Opferns auf den alttestamentarischen Kult und nicht auf den Ritus religiösen Feierns im Allgemeinen und der neuen Gemeinde im Besonderen zu beziehen. Allerdings war mit der Hinfälligkeit des Tempels gegenüber dem Opfer Christi auch die Neugestaltung der liturgischen Feiern notwendig geworden.[32] Die Ablehnung naturaler Opfergaben ist daher deutlich ausgedrückt. Andernfalls wäre eine solche Polemik undenkbar gewesen.

Um die Mitte des 2. Jahrhunderts bestreitet Justin († 165) in seiner *Apologie*, dass die Christen Atheisten seien, nur weil sie auf Brandopfer, Libation und Weihrauchstreuen verzichteten:

> *Blut und Weinspende und Rauchwerk sind nicht nötig, wie wir gelehrt wurden; Gebet und Dank opfern wir für viele.*[33]

In der zweiten Hälfte dieses Jahrhunderts entsteht die Schrift *Legatio pro Christianis* des Athenagoras. Darin heißt es:

> *Der Schöpfer und Vater dieser Welt braucht weder Blut noch Opferduft, noch Duft von Blüten und Weihrauch. Er selbst ist der vollkommene Duft; er benötigt nichts weiter.*[34]

Eine typische Argumentation der Apologeten überträgt Athenagoras hier auf den Duft. Der alles geschaffen hat, bedarf nicht unseres Opfers, er ist die Fülle, die alles in sich vereinigt. Nichts gibt es, das er nicht schon hätte. Es hat demnach keinen Sinn, ihm Materielles darzubringen. Dieses Motiv der Bedürfnislosigkeit Gottes hat das Urchristentum vom hellenistischen Judentum übernommen, das seinerseits diesen Gedanken aus der griechischen Aufklärung bezog.[35]

Ähnlich wie der Verfasser des Barnabasbriefes und Justin baut Irenäus, der um 200 seine Bücher *Gegen die Häresien* verfasst, seine Argumentation auf Prophetenworten auf. Die bereits auf Seite 42 behandelten Passagen Jer 6,20 und Jes 43,23 f kommen bei ihm neben vielen anderen zu Wort.[36]

Ähnlichen Gedanken begegnet man wiederholt bei Tertullian (160–220). Meist nimmt er jedoch nicht ausdrücklich auf Schrifttexte Bezug, sondern führt die paraphrasierten Gedanken derselben weiter.[37] In seiner apologetischen Schrift ist zu lesen:

> *[Ich bin es] der ihm darbringt ein fetteres und größeres Opfer, wie Gott selbst es aufgetragen hat: ein Gebet, das aus keuschem Fleisch, sündloser Seele und frommem Herzen ausgeht; nicht Weihrauchkörner, Tränen eines arabischen Baumes, die nur ein Ass kosten, nicht zwei Tropfen Libationswein, nicht das Blut eines klapprigen, lebensmüden Opferstieres.*[38]

Allerdings berichtet Tertullian auch von einigen Formen der Weihrauchverwendung durch Christen in dieser frühen Zeit. Doch auch bei ihm gibt es eine scharfe Abgrenzung zum Kult:

> *Aber es kommt darauf an, wie ich die Dinge gebrauche. Denn auch ich schlachte mir ein Hähnchen, wie Sokrates dem Äskulap, und wenn mich der Geruch eines Ortes stört, entzünde ich etwas aus Arabien, aber nicht nach demselben Ritus, in derselben Haltung (eodem habitu) und demselben Aufwand, wie das vor Götzenbildern geschieht.*[39]

Entscheidend ist für ihn der *habitus*, in dem er etwas tut. Auch wenn er auf die gleiche Weise wie ein Göttergläubiger Weihrauch entzündet, bedeutet es ihm doch etwas anderes als jenem. Weihrauch gehört für ihn regulär so wesentlich zum Götterkult, dass ihm selbst der Beruf des Spezereihändlers als unchristlich vorkommt.[40]

Clemens von Alexandrien fragt in seiner Schrift *Pædagogos*, die vor 218 entstand, worin denn nun das wahre Rauchopfer bestehe, wenn Gott ein materielles ablehnt:

> *Wie soll ich ihn also bekränzen oder mit Salbe bestreichen? Was soll ich dem Herrn als Rauchopfer darbringen? Ein süßer Duft ist für den Herrn ein Herz, das ihn verherrlicht. Dies sind die Kränze und Opfer, dies sind die duftenden Parfüme und Blumen für Gott.*[41]

An anderer Stelle erklärt er das aus vielen Teilen bestehende Räucherwerk aus Ex 30,34 f als vielstimmiges Gebet, das Menschen vieler Völker und Sprachen im Lobe Gottes eint.[42] Immateriell deutet er auch das Feuer, das den Weihrauch des Gebetes statt geschlachteter Tiere in Rauch aufgehen lässt.

Den gleichen Gedanken begegnet man bei Origenes († 253/4):

> *Sie sehen nicht, dass wir Altäre haben: Das Herz eines jeden Gerechten halten wir für einen Altar, von dem wahre und geistige wohlriechende Räucherwerke emporsteigen, nämlich die Gebete, die aus reinem Herzen kommen.*[43]

Gebet als Räucherwerk zu verstehen, gestattet ihm vor allem der Rückgriff auf Ps 141,2 sowie Offb 5,8, der sich die zitierte Stelle anschließt.

Ähnlich formuliert er in einer seiner Homilien: Der Weihrauch, den Gott von uns fordert, sei nicht der aus Arabien, sondern Gebet, ein reines Herz und ein beständiger Geist.[44]

Der kurze Durchgang durch die Schriften der Väter der ersten drei Jahrhunderte, der selbstverständlich nur exemplarischen Zeugnissen Raum bieten konnte, macht ihre Einmütigkeit deutlich. Nirgendwo in den Schriften findet sich ein Beleg dafür, dass Weihrauch in der frühchristlichen Liturgie Verwendung fand.

Von der deutlichen Ablehnung heraus auf einen tatsächlichen Gebrauch rückschließen zu wollen, scheint mir unzulässig. Die vorgetragenen Kritiken sind Florilegien prophetischer Kultkritik und entsprechen damit der formelhaften deuteronomistischen Argumentationsweise. Wäre eine tatsächliche Weihrauchverwendung durch die Väter abgelehnt worden, hätte die Kritik, um wirkungsvoll zu sein, sich auf den momentanen Ritus selbst und nicht auf seine alttestamentarischen Vorbilder beziehen müssen. Weihrauch als kultisches Element ist demnach für die ersten drei Jahrhunderte mit hoher Sicherheit auszuschließen.[45]

3.3 Das Verfolgungstrauma

Ein entscheidender weiterer Grund für die ablehnende Haltung der Väter in Bezug auf Weihrauch ist, mehr noch als in der Ablehnung allen Opferkultes ihrer Umgebung, in den Erinnerungen zu sehen, die sich für sie selbst mit dem Weihrauchopfer verbanden. Für den antiken Menschen bildeten Staat und Religion ein unauflösbares Ganzes. Diese Verbindung wurde für die Christen bald zur entscheidenden Gewissensfrage: Zeigten sie ihre staatliche Loyalität durch Teilnahme am öffentlichen Kult der offiziellen Religion? Verehrten sie die Götter, die den Erhalt des Staates garantieren sollten, durch *supplicatio*? Erwiesen sie sich als treue Bürger?

Der klassische Beleg früher Christenverfolgung ist ein Briefwechsel zwischen dem Statthalter Plinius und Kaiser Trajan aus dem Jahr 112/113. Plinius fragt darin an, wie er mit den Christen in der von ihm verwalteten Provinz Bithynien verfahren solle. Seine bisherige Praxis, die er seinem Kaiser zur Beurteilung vorlegt, beschreibt er folgendermaßen:

> *Ich habe sie gefragt, ob sie Christen seien. Die das zugaben, habe ich ein weiteres und ein drittes Mal unter Androhung von Strafe gefragt; die dabei verharrten, befahl ich abzuführen. Denn ich hatte keine Zweifel: Was es auch sein mochte, das sie bekannten, es musste sicher als Starrsinn und unbeugsame Widersetzlichkeit bestraft werden. (…)*
>
> *Diejenigen, die bestritten, dass sie Christen seien oder gewesen seien, glaubte ich außer Verfolgung setzen zu müssen, da sie nach meinem Beispiel die Götter anriefen und vor Deinem Bilde, das ich zu diesem Zweck mit den Götterbildern hatte bringen lassen, mit Weihrauch und Wein opferten (ture ac vino supplicarent), außerdem Christus schmähten, wozu wirkliche Christen angeblich nicht gezwungen werden können. (…)*
>
> *Alle diese bezeugten Deinem Bilde und den Götterbildern ihre Verehrung und schmähten Christus.*[46]

Christen, die sich zu ihrem Christsein bekennen, werden verurteilt, jene aber, die es leugnen und dies durch ihr Tun beglaubigten, außer Verfolgung gesetzt. Der Grund zur Verurteilung liegt jedoch nicht in der Verweigerung der *supplicatio* als Abkehr vom Götterglauben, sondern in der *unbeugsamen Halsstarrigkeit* selbst, die suspekt erschien. Der Opfertest, der auch früher schon gegenüber Juden üblich war,[47] dient lediglich als Beweismittel, das gemäß der Beschreibung aus mehreren Schritten besteht, deren erster die Anrufung der Götter darstellt. Hierauf folgt das Opfer vor deren und des Kaisers Bild, das Plinius extra zu diesem Zweck aufstellen lässt, an das sich – in diesem speziellen Fall – noch eine Schmähung Christi anschließt. Dies sind Dinge, zu denen wirkliche Christen angeblich nicht gezwungen werden können, wie Plinius weiß.

Trajan seinerseits bestätigt die Praxis seines Statthalters und antwortet:

> *Aufspüren soll man sie nicht; werden sie angezeigt und überführt, sind sie zu bestrafen, aber so, dass derjenige, der bestreitet, Christ zu sein, und der das durch eine bestimmte Handlung bekräftigt – das heißt: durch Anbeten unserer Götter (id est supplicando dis nostris) –, auch dann, wenn seine Vergangenheit verdächtig ist, Gnade wegen reuiger Umkehr erlangt.*[48]

Bemerkenswert ist, dass Trajan in seinem Antwortschreiben nur von *dis nostris* spricht und nicht erwähnt, dass er erwartet, die *supplicationes* hätten auch vor seinem Bild stattzufinden. Möglicherweise lässt sich daraus eine Missbilligung der Haltung des Plinius heraushören. Obschon der Kaiserkult in der zweiten Hälfte des 1. Jahrhunderts durchaus und vor allem in Kleinasien weit verbreitet gewesen sein muss, befanden sich doch in der Regel keine Kaiserbilder unter den Schwurgöttern.[49]

Entsprechend Trajans Entscheid wurde fortan im ganzen Reich mit den Christen verfahren. Zwar begann keine planmäßige Verfolgung, aber die Betroffenen konnten auch nicht mit Nachsicht rechnen, wenn sie nicht durch Teilnahme am Staatskult ihre Loyalität unter Beweis stellten. Von dieser ersten Verfolgung, von der Plinius berichtet, ist, obwohl er von einer *maximo periclitantium numero,* einer großen Zahl von Angeklagten, spricht, kein anderes Zeugnis überliefert.

Anders bei den großen Verfolgungen des 3. Jahrhunderts, die zwar ihrer zeitlichen Ausdehnung wegen kaum beachtet werden müssten, die aber dennoch eine Existenzbedrohung für die Kirche darstellten.

Um die Kräfte des von außen und innen bedrohten Staates[50] wieder zu konzentrieren, war ein einheitliches Bekenntnis zum Staatskult nötig. Kaiser Decius ergriff schon im Jahr seiner Thronbesteigung (249) die ersten Maßnahmen gegen das Christentum als einer subversiven Religion und ging gezielt gegen die Hierarchie vor. Wahrscheinlich zum ersten Jahrestag seines Regierungsantritts erließ er einen allgemeinen Opferbefehl, den es in dieser Form noch nicht gegeben hatte. In vergleichbaren

Situationen waren sonst nur Repräsentanten einer Gruppe zum Opfer aufgerufen worden. Auch diese *supplicationes* hatten eine feste Ordnung. Zunächst erfolgte eine Trank- und Weihrauchspende, an die sich das Tragen von Kränzen anschloss. Den Abschluss bildete die Teilnahme am Opfermahl.[51]

Über die Teilnahme an solchen Opferfeiern, die keineswegs nur für Christen obligatorisch war, stellten die Behörden Bestätigungen aus. Mehr als 50 dieser *libelli* genannten Papyrusblätter, sämtlich aus der Zeit zwischen dem 12. und 15. Juli 250 datierend, sind, im ägyptischen Wüstensand konserviert, überkommen. In ihnen bittet der Opfernde mit einer standardisierten Formel um die Bestätigung seines soeben vor den Augen der Beamten geleisteten Opfers sowie seiner nie abgerissenen Opferpraxis, was der Beamte mit Datum und Unterschrift beglaubigt. Hier ein Beispiel für den gleichlautenden Teil der Texte:

> *Ich habe immer den Göttern unablässig geopfert als auch Frömmigkeit erwiesen, und nun habe ich in eurer Anwesenheit Trankopfer dargebracht und geopfert sowie von dem Opferfleisch gekostet und bitte euch, mir dies zu bestätigen.*[52]

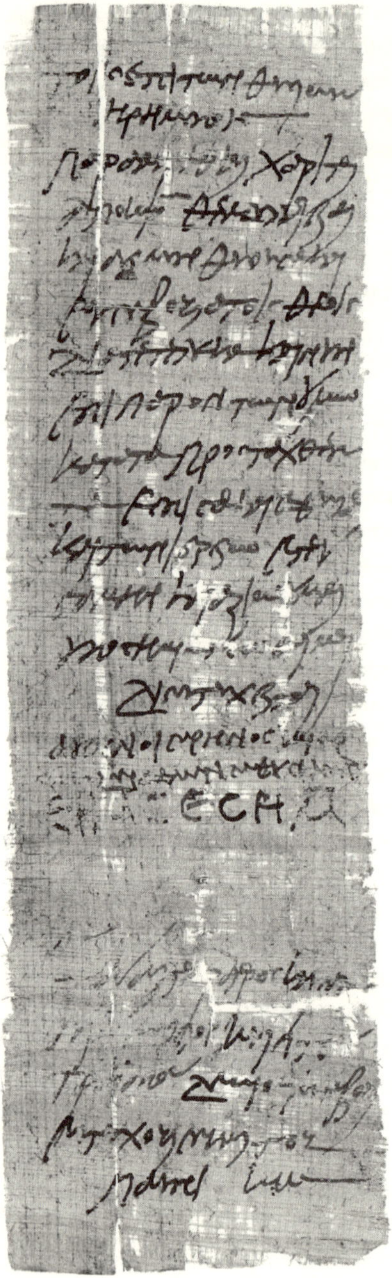

Abb. 7: Opferbescheinigung

Es mag überraschen, dass die *libelli* allesamt das Weihrauchopfer mit keinem Wort erwähnen. Dies liegt an der für den römischen Kult charakteristischen Verbindung von *libatio* und *thurificatio*, die die konstituierenden Handlungen sowohl im täglichen privaten Hauskult wie auch im Kaiserkult und in anderen öffentlichen Opfern darstellen.[53] Im Allgemeinen wurde die *supplicatio* von beiden Seiten als klare Absage an das Christentum betrachtet.[54] Unwahrscheinlich ist, dass zwischen ihren einzelnen Elementen Unterschiede gemacht wurden und die Weihrauchspende z. B. weniger gewichtig eingeschätzt wurde als die Teilnahme am Opfermahl. Dies wird auch dadurch belegt, dass die Glaubensrenegaten einfach kurz *thurificati* genannt wurden. Auch wenn die ägyptischen Papyri davon schweigen, ist von einer Weihrauchspende im Rahmen des Opfertests auszugehen.[55]

Die Haltung der Christen zum Weihrauch hatte sich infolge der Erlebnisse der Verfolgung verfestigt. Eine bleibende, „zumindest literarische Erinnerung" an diese Zeit noch über die Konstantinische Wende hinaus nimmt EMMINGHAUS[56] an. Nicht zuletzt deswegen ist nirgendwo in den ersten drei Jahrhunderten ein positives Zeugnis für konkrete kultische Verwendung des Weihrauchs in der christlichen Liturgie auszumachen.

3.4 Postkonstantinische Zeit

Auch im 4. Jahrhundert erhält man von den Theologen noch die gleiche Auskunft. Johannes Chrysostomus erklärt in einer Homilie zu Joh 4,24 zum Beispiel, dass Körperloses nicht mit Geschaffenem verehrt werden kann:

> *In der Wahrheit nämlich ist es nötig, zu verehren. Früher gab es ein Vorbild: Beschneidung, Ganzopfer, Brandopfer, Schlachtungen und Weihrauch. Sie existieren nun nicht länger, sondern das Ganze ist Wahrheit.*[57]

Und Augustinus schreibt zu Psalm 50 in seinen Kommentaren:

> *Bringe Gott ein Opfer des Lobes dar. Wir sind ohne Sorge; deshalb gehen wir nicht nach Arabien, um Weihrauch zu erstehen, verlangen nicht nach der Warenladung des habgierigen Händlers: Ein Lobopfer erwartet Gott von uns.*[58]

Weihrauch wird also auch weiterhin als etwas gesehen, das zusammen mit allen anderen materiellen Opfern von Gott abgelehnt wird. Gebet und Lobpreis sind das Einzige, das vor ihm zählt. Infolgedessen wird der Begriff Weihrauch auch immateriell-spirituell gedeutet. Als Opfergabe bleibt er verpönt und wird sogar verboten.[59] Noch im Laufe dieses 4. Jahrhunderts sollte sich das ändern.

4 | Erste Hinweise auf Weihrauch in der Liturgie

Mit der gesellschaftlichen Anerkennung und Entwicklung zur Staatsreligion infolge der Konstantinischen Wende geht eine erste Anreicherung des christlichen Gottesdienstes mit kultischen Elementen einher. Diese „Kultifizierung" geschieht sicher auch aus Gründen „missionarischer Akkommodation"[1]. Die Basis bieten dabei sowohl allgemeinreligiöse Vorstellungen als auch das kaiserliche Hofzeremoniell.

Zwei unterschiedliche Wurzeln der liturgischen Verwendung des Weihrauchs sind daher anzunehmen und deutlich auseinanderzuhalten: einerseits Weihrauch als (Opfer-)Gabe und andererseits als Ehrenzeichen. Sie lassen sich plakativ in eine östliche und eine westliche Praxis trennen, obwohl von Anfang an eine geographische wie auch semantische Vermischung anzutreffen ist.[2]

4.1 Weihrauch als Gabe

Das erste sichere Zeugnis liturgischer Weihrauchverwendung stammt aus dem Osten. Ephräm der Syrer (306–373) verfasst, vermutlich im Jahr 363, ein Gedicht auf Abraham, den noch amtierenden Bischof von Nisibis. In seiner Lobrede erwähnt er ausführlich dessen Verdienste. Es heißt da:

Dein Fasten werde zur Waffenrüstung für unser Land,
dein Gebet zum Schild für unsere Stadt.
Dein Weihrauchopfer erwerbe die Versöhnung,
gepriesen sei, der deine Opfer geheiligt hat.[3]

Ohne Zweifel werden hier kultische Funktionen aufgezählt. Gebet und Fasten sind selbstverständlich für den Vollzug christlichen Lebens. Versteht man unter *Opfer* die Darbringung der Eucharistie, was sehr wahrscheinlich ist,[4] kann man nicht umhin, auch *Weihrauchopfer* kultisch zu interpretieren. Dass Ephräm mit der liturgischen Weihrauchverwendung vertraut war, verdeutlicht auch ein Seitenblick auf sein Testament, in dem er die Hinterbliebenen anweist, statt ihm, dem Toten, den Wohlgeruch des Weihrauchs besser Gott zu schenken.[5] Zudem ist als bemerkenswert festzuhalten, dass das Rauchopfer bereits hier Gebetscharakter hat. Weihrauch wird nicht als Selbstzweck verwendet, sondern es soll etwas damit erreicht werden. Das anabatisch-katabatische Element eines jeden Gottesdienstes tritt deutlich zutage. Der Mensch schenkt Weihrauch und erwartet von Gott dafür die Versöhnung. Darauf wird später (Seite 57 und 148) noch zurückzukommen sein.

Zunächst jedoch gilt es, sich anderen Zeugnissen zuzuwenden, die in der Folgezeit von der Weihrauchverwendung berichten.

Es war bereits die Rede von Johannes Chrysostomus. Schon dort war zu vermuten, dass dem Bischof die Weihrauchverwendung in der Kirche zumindest in Form einer Beduftung des Raumes bekannt gewesen sein müsse. Aus seinen um 390 in Antiochia gehaltenen Matthäushomilien lässt sich das schließen:

> *Jetzt haben wir den sichtbaren Weihrauch weggelegt. Haben wir nicht viel darangesetzt, dass die sichtbare Unreinheit rein wird und verschwindet.*[6]

Etwa zeitgleich entstanden die Apostolischen Konstitutionen, in denen Weihrauch ebenfalls vorkommt. Doch sind diese Belege für sich betrachtet nicht eindeutig genug, um von ihnen auf reale Räucherungen schließen zu können; θυμιαμα (thymiama) kann – wie im folgenden Text – auch figurativ gebraucht sein:

> *Die Witwen und Waisen sollen von euch nach Art des Opferaltares gehalten werden, die Jungfrauen nach Art von Rauchfaß und Räucherwerk geehrt sein.*[7]

Diesem Vers gehen innerhalb der Mahnrede, der er entnommen ist, weitere Vergleiche voraus, z. B. den Diakon, die Diakonisse oder die Presbyter betreffend, die wie Christus, der Heilige Geist oder die Apostel zu ehren seien. Anders als bei diesen wird für Witwen und Waisen mit dem Altar und für die Jungfrauen mit dem Weihrauch Greifbares als Vergleich in Anspruch genommen. Nichts deutet darauf hin, dass diese Dinge den Adressaten nicht aus dem Alltag vertraut wären. Dennoch schweigen die Apostolischen Konstitutionen in ihren liturgischen Kapiteln[8] von einer Räucherpraxis. Darüber hinaus findet sich die Erwähnung von Jungfrauen noch nicht in den (nur in der lateinischen Übersetzung erhaltenen) Vorlagen des Textes, sondern ist nur in einer späteren griechischen Fassung zu lesen.

Durch die Verbindung der einzelnen Zeugnisse erhält man auf die eingangs gestellte Frage ein einigermaßen gesichertes Datum. Spätestens um 350 ist von der Weihrauchverwendung in der christlichen Liturgie (des Ostens) auszugehen.

Im Westen fließen die Zeugnisse aus dieser Zeit weniger reichlich. An Ambrosius, dem großen Mailänder Bischof († 397), und seinem Kommentar zu Lk 1,11 kommt man allerdings nicht vorbei.

> *Und, ach, dass doch uns, die wir auch auf dem Altar opfern und das Opfer darbringen, ein Engel assistieren, ja sogar sich selbst sehen lassen möge.*[9]

Ähnlich wie dem Zacharias im Evangelium möge also auch uns, wenn wir Opfer darbringen, ein Engel zur Seite stehen. Ambrosius benutzt den Begriff *adolere* ohne den Zusatz *incensum*. Nur in dieser Verbindung entspricht er aber dem Terminus *beräuchern* der Vulgata.[10] Verbrennen von dem Altar gemäßen Opfern lässt allerdings im christlichen Umfeld kaum Spielraum, um an etwas anderes als Weihrauch zu denken. Wirft man einen Blick in Ambrosius' Schrift *De Joseph*,[11] wird so wahrscheinlich, dass *adolere altaria* auch an der vorgenannten Stelle im Sinne des Weihrauchs des Gebetes gebraucht ist. Dennoch gehen viele davon aus, dass der Text ein Beleg für die kultische Räucherung am Altar sei.[12]

Bereits im Rahmen der Beschäftigung mit Ephräm war zu erkennen, dass der Weihrauch nicht als Selbstzweck, sondern als sichtbarer Ausdruck des Gebetes, ja als Gabe für Gott verwendet wurde, die – unterstützt von begleitenden Gebeten – ihrerseits den Menschen etwas bei Gott erwirke. Auch anhand der Entwicklung früher Darbringungsgebete lässt sich dies aufzeigen.[13]

Deren ursprüngliche Form besteht lediglich in der Bitte, Gott möge den Weihrauch annehmen. Sie wird ausgestaltet durch die Erinnerung an alttestamentliche Figuren. Unter ihnen befinden sich Gottesmänner wie Aaron, Samuel (manchmal auch Salomo), Zacharias, ebenso Abel, Noah, Abraham und andere, von deren Rauchopfer die Schrift berichtet. Eine dritte Form begegnet in dem Gebet, der Weihrauch möge emporgetragen werden vor Gott auf seinen himmlischen Altar. Manche Texte erweitern sie noch durch die Bitte um die Gegengabe des Heiligen Geistes oder der Versöhnung.

Die Verbindung von Weihrauchdarbringung und der Eucharistie wird bereits in Did 14,1 deutlich:

Wenn ihr am Herrentag zusammenkommt, brecht das Brot und sagt Dank, nachdem ihr zuvor eure Übertretungen bekannt habt, damit euer Opfer rein sei. Keiner, der einen Streit mit seinem Nächsten hat, komme mit euch zusammen, bis sie sich wieder ausgesöhnt haben, damit euer Opfer nicht unrein wird. Über dieses ist vom Herrn gesagt worden: „An jedem Ort und zu jeder Zeit (ist) mir ein heiliges Opfer darzubringen, denn ich bin ein großer König, spricht der Herr, und mein Name wird bei den Heiden bewundert."[14]

Nach WENGST ist unter Brotbrechung und Danksagung nicht das Herrenmahl synoptischer und paulinischer Tradition zu verstehen. Es handelt sich vielmehr um ein aus hellenistisch-jüdischer Tradition entlehntes, „leicht verchristlichtes ... Mahl, das von der Gemeinde am Sonntag gefeiert wird"[15] und hier übrigens erstmals als *eucharistia* bezeichnet wird. Dennoch entspricht auch die patristische Auslegungstradition von Mal 1,11 – das hier in V. 3 und auch oft verkürzt, nämlich unter Auslassung gerade des Weihrauchs, zitiert wird[16] – durchaus der Beziehung zur Eucharistie. Während GAMBER[17] dafürhält, dass eine frühzeitige Zitation von Mal 1,11 in der Anaphora eine tatsächliche Weihrauchverwendung in der Liturgie hervorrief oder zumindest begünstigte, favorisiert LIETZMANN den umgekehrten Vorgang. „Nicht über Brot und Wein, die ja doch vor aller Augen liegen bleiben, hat der Priester in alter Zeit das Gebet gesprochen, daß Gott sie empornehmen möge vor sich auf seinen himmlischen Altar, sondern über die Wolken des Weihrauchs, die aus dem Rauchfaß aufstiegen und sichtbarlich emporwallten zur himmlischen Wohnung des Höchsten."[18] Von dort gelangte die Formulierung in die Darbringungsgebete über Brot und Wein.[19]

4.2 Weihrauch als Ehrenzeichen

Als sich nach der Konstantinischen Wende die Kirche alsbald in der Rolle einer Staatsreligion sah, veränderte sich neben einer stärkeren Kultorientierung auch der Status der Amtsträger. Aus dem Jahre 442 ist ein Erlass erhalten, der Bischöfen, aber auch Priestern und Diakonen den Titel *illustres* zubilligt.[20] Mit ihm wurden Angehörige der höchsten Beamtenklasse belegt. Da die Bischöfe aber bereits 318 das Privileg höchstrichterlicher Entscheidungen in bestimmten Prozessen übertragen bekamen, ist bereits in dieser Zeit ein Führen des *illustres*-Titels anzunehmen.[21]

Auch die sogenannte Konstantinische Schenkung führt die Verleihung solcher Privilegien und Ehrenrechte an die Bischöfe auf Kaiser Konstantin zurück. Zwar ist die Donatio Constantini erst zwischen 757 und 767 in Rom entstanden, doch schuf der Fälscher nur die „nachträgliche juristische Qualifikation und Konsolidierung eines faktisch schon vorhandenen Zustands“[22], er war „Fälscher … nur in formaler, nicht auch in materieller Beziehung“[23]. In dem Dokument stellt der Autor den römischen Bischof an Macht und Würde dem Kaiser gleich, ja ordnet ihn diesem sogar über. Das hat zur Folge, „daß der Papst grundsätzlich über alle kaiserlichen Rangzeichen und Ehrenrechte verfügen muß, die zur ‚processio imperialis culminis‘, zum repräsentativen Aufzug der kaiserlichen Majestät, gehören“[24]. Im Einzelnen bestanden diese Auszeichnungen zum Beispiel in Rangzeichen am Gewand, Schuhen, Mütze, dem Farbenkanon, der Begleitung durch Kerzen und Weihrauch[25], der Benutzung von Thron und Baldachin. Möglicherweise wurden diese Insignien anfänglich nur bei profanen Auftritten (z. B. als Richter) verwendet und fanden dann Anwendung in allen Bereichen des öffentlichen Aufzugs. Später überdauerte nur die Sekundärentwicklung im liturgischen Bereich.

Die Liturgie im Jerusalem des 4. Jahrhunderts wurde ausführlich durch die Pilgerin Aetheria beschrieben. In ihrer Darstellung des sonntäglichen Morgengottesdienstes in der Jerusalemer Grabeskirche heißt es:

> *Wenn also diese drei Psalmen gesprochen und die drei Orationen geschehen sind, siehe, dann werden Weihrauchfässer hereingebracht in die Anastasis-Grotte, damit die ganze Anastasis-Basilika von Duft erfüllt werde. Und dann ergreift der Bischof, wo er steht, innerhalb der Altarschranken, das Evangeliar und geht zur Tür und liest die Auferstehung des Herrn – der Bischof selbst.*[26]

Obschon Aetheria die Jerusalemer Liturgie ausführlich beschreibt, ist diese Passage aus der Schilderung des Morgengottesdienstes die einzige Stelle, an der sie Weihrauch erwähnt. Dies lässt zwei mögliche Schlussfolgerungen zu: Entweder gab es sonst in der Liturgie tatsächlich keinen Weihrauch oder Aetheria hebt hier nur einen von ihrer eigenen Erfahrung abweichenden Gebrauch hervor. Die singuläre Verwendung im Morgengottesdienst hätte vermutlich eine ausführlichere Behandlung des Themas angezeigt sein lassen. Stattdessen liegt wohl eine für die Berichterstatterin außergewöhnliche liturgische Praxis vor, in deren Zu-

Abb. 8: Bischof Maximian mit Evangeliar und Rauchfass als Insignien

sammenhang auch die Erwähnung des Weihrauchs wichtig wurde. Das eigentlich Bemerkenswerte bestand für Aetheria aber, dem *episcopus ipse* nach zu urteilen, darin, dass, anders als in der eucharistischen Liturgie, in der grundsätzlich der Diakon das Evangelium verkündet, hier der Bischof selbst die Auferstehungsperikope vorträgt.[27] In der Messe sind auch bereits in dieser Zeit im Osten Kerzen verwendet worden,[28] die hier nicht erwähnt werden. Daher ist einzusehen, dass es sich bei dem beschriebenen Ablauf nicht, wie es auf den ersten Blick scheinen mag, um eine allgemein auf das Evangelium bezogene Weihrauchverwendung handelt. Vielmehr steht er in direkter Beziehung zur Auferstehungsperikope[29] und ihrem Verkünder. Letztendlich ist Weihrauch hier Insignie des Bischofs.[30]

Im westlichen Reichsgebiet findet sich kein so früher literarischer Beleg. Ein Mosaik aus Ravenna lässt jedoch darauf schließen, dass auch hier spätestens im 6. Jahrhundert Weihrauch als Ehrenzeichen vor den Bischöfen hergetragen worden ist.

Am Apsisgewände in San Vitale sind Kaiser Justinian und Bischof Maximian zu sehen, der in der Mitte des 6. Jahrhunderts Bischof von Ravenna war. Beide sind mit Repräsentanten ihres Gefolges dargestellt: der Kaiser mit Soldaten und Adeligen, der Bischof mit zwei Klerikern, die zu seiner Linken stehend Evangeliar und Weihrauchfass tragen. Der Zeitpunkt der Einführung dieser beiden Insignien in das bischöfliche Zeremoniell war im Westen also im 6. Jahrhundert bereits abgeschlossen. Vielfach wird ein noch früherer Termin angenommen.[31]

Obwohl Weihrauch und Kerzen bei liturgisch-prozessionalen Auftritten in späterer Zeit ebenso wie bei den Vorbildern aus dem Hofzeremoniell fast immer nebeneinander auftreten, ist in den beiden angeführten Zeugnissen vom Weihrauch alleine die Rede. Atchley meint, dies sei auch die ursprüngliche Form.[32] Als Beleg führt er einen frühen römischen Ordo an, der vorschreibt, dass der Pontifex am Kirchenportal von Klerikern und Begleitern mit Weihrauch empfangen werden soll.[33]

Innerhalb der Messliturgie ist diese ursprüngliche Form dann aber bereits 200 Jahre zuvor in OR I verwischt; es werden Weihrauch *und* Kerzen getragen.[34] Wie es zu dem Gebrauch von Weihrauch und Kerzen nebeneinander kommt, wird bei der Betrachtung der Riten der Evangelienprozession noch zur Sprache kommen.

Die Schlüssel zur Frage, wie Weihrauch in die christliche Liturgie gelangte, sind nun zur Hand. Die Verwendung geht einerseits zurück auf die Praxis des Rauchopfers sowie andererseits auf einen Reinigungsritus, der nunmehr, in Unkenntnis seiner Wurzeln, als Ehrenzeichen verstanden wird.[35] Beide aufgezeigten Ursprünge zeichnen ihre eigenen Entwicklungslinien. Ihnen gilt es im Folgenden anhand der römischen Liturgie nachzugehen. Seitenblicke dieser historischen und als solche mehr genetischen als systematischen Untersuchung führen immer wieder in orientalische Riten.

Dritter Abschnitt

Liturgiegeschichte

1 | Die Weihrauchriten der Messe

1.1 Die Einzugsprozession

1.1.1 Situation

Zu Beginn der Messfeier treten, wenn sich die Gemeinde versammelt hat, der Priester und alle, die einen besonderen Dienst versehen, an den Altar. Vor dem Kreuzträger, der von Kerzen begleitet wird, geht der Thuriferar mit dem Weihrauchfass. Es folgen die übrigen Mitwirkenden, dann der Diakon bzw. Lektor mit dem Evangeliar, schließlich der Priester, der der Feier vorsteht. Dieser selbst legt vor Beginn des Einzugs Weihrauch ein.[1] Diese Ordnung der Einzugsprozession wird sinngemäß auch auf den Einzug zu anderen liturgischen Feiern zu übertragen sein.

1.1.2 Entwicklung

Die Ordnung der Einzugsprozession, wie sie im Rom des 7. Jahrhunderts stattfand, beschreibt der bereits erwähnte Ordo Romanus I.

> *Der Subdiakon trägt das goldene Rauchgefäß und bringt den Weihrauch vor die Tür, um sich vor dem Pontifex aufzustellen. Dann geht der Subdiakon mit dem Rauchgefäß ihm [dem Pontifex] voran und sendet den Weihrauch empor. Auch die sieben Akolythen, … die sieben entzündete Kerzenleuchter tragen, gehen vor dem Pontifex bis zu dem Altar.*[2]

Das goldene Rauchfass wird unmittelbar vor dem Pontifex getragen. Der Weihrauch lässt sich aufgrund dieser Reihenfolge leicht als besonderes Attribut des römischen Bischofs erkennen.

Dass Weihrauch und Kerzen ursprünglich alleinige Insignien des Pontifex waren und nicht von einem beliebigen Bischof übernommen werden durften, wird noch deutlicher durch eine Ergänzung für den Fall, dass der Pontifex verhindert ist. Dann gehen die Subdiakone mit Kerzen und Weihrauch nämlich nicht dem Bischof, sondern den Diakonen voraus.[3]

Gleichwohl wird schon zu dieser Zeit auf Kerzen und Weihrauch nicht völlig verzichtet, nur weil der Pontifex nicht anwesend ist, sie werden eben nur an anderer Stelle in der Prozession mitgetragen. Die Entwicklung des Weihrauchs zum von Personen unabhängigen liturgischen Symbol ist schon absehbar. Grundsätzlich kann man folgende Entwicklung annehmen: Zuerst wurde Weihrauch ausschließlich für den Pontifex verwendet, in einer zweiten Stufe dann – unter Adaption nichtrömischer Ordines[4] – für jeden Bischof. Die Fortsetzung dieses Prozesses bildete, da vom Bischof geleitete Gottesdienste eher die Ausnahme als die Regel wurden, die Übertragung der Insignien auf die jeweiligen Vorsteher der Liturgie. Der Abschluss der Entwicklung findet sich später in der Inzensierung aller anwesenden Kleriker sowie des Volkes.

Im OR IV ist der Einzug ähnlich beschrieben wie im OR I, es kommen aber noch andere Dienste hinzu. Die sieben kerzentragenden Akolythen und der Subdiakon mit dem Rauchfass gehen vor dem Pontifex her.[5]

Wohl kurz vor 900 entsteht im Rheinland als Übertragung der originär römischen Liturgie des OR I auf den fränkischen Raum der OR V.[6] Dieser beschreibt die Prozessionsordnung beim Einzug folgendermaßen:

> *Dann gehen die Ministri mit dem Rauchgefäß und mit nicht mehr als drei Rauchfässern ihm [dem Bischof] voraus und senden Weihrauch empor. Sieben Akolythen tragen sieben Kerzenleuchter, die außerhalb der Kirche angezündet werden, und gehen vor dem Pontifex bis zum Chor. Hinter den Rauchfässern wird das Evangeliar nahe beim Bischof getragen.*[7]

Es lässt sich leicht erkennen, dass trotz aller nachweisbaren Nähe zum ersten römischen Ordo einige eigene Gebräuche in der Bearbeitung ihren Niederschlag finden. Als Rauchfassträger werden hier *ministri* statt des Subdiakons genannt; überhaupt können es mehrere Gefäße sein. Die Einschärfung *nicht mehr als drei* lässt die Vermutung zu, dass eben auch da und dort eine noch größere Zahl Verwendung fand. *Timiaterium* ist der originär römische Begriff, dem als Ergänzung *thuribulum* als gallikanischer Ausdruck für das Räuchergefäß angefügt wurde, ohne das römische Wort zu eliminieren. Neu ist auch, dass nicht nur das Rauchfass, sondern auch das Evangeliar vor dem Bischof getragen wird, womit diesem – es ist hier erstmals in den römischen Ordines bezeugt – beide

Insignien zugeordnet werden, die auf dem im vorangegangenen Kapitel beschriebenen Mosaik dargestellt sind.

OR VI beschreibt, dass vor dem Einzug der Pontifex selbst den ihm geneigten Hauptes gereichten Weihrauch einlegt. Auch in diesem Ordo schreitet der Thuriferar im Prozessionszug unmittelbar vor dem Pontifex zum Altar.[8] Eine detaillierte Beschreibung der Einzugsordnung findet man im OR IX. Um 900 im alemannischen Raum entstanden,[9] basiert er klar auf OR V.

Die Prozession beginnt, wobei natürlich Akolythen mit zwei Rauchfässern vorausgehen. Denen folgen sieben oder fünf oder drei Akolythen mit Leuchtern, gemäß der Zahl der Diakone oder Subdiakone. Darauf folgen in ähnlicher Weise je zwei Diakone, von denen zwei den Pontifex auf beiden Seiten stützend führen sollen, der Erzdiakon selbstverständlich auf der Rechten, d. h. er wird das Evangelium lesen, und ein anderer zur Linken. Nachdem sie beim Psallierchor angelangt sind, sollen die Subdiakone sich gleich auf ihre Plätze im Chor begeben. Die Diakone aber und die Akolythen, die Kerzenleuchter und Rauchfässer tragen, sollen sich zu beiden Seiten des Pontifex aufstellen. Auch die zwei Akolythen, die Rauchfässer tragen, sollen geteilt stehen vor der Reihe der Presbyter.[10]

Den Thuriferaren folgen Kerzenträger, Subdiakone und Diakone. Der Weihrauch wird also hier nicht direkt vor dem Pontifex getragen. Neben der Einzugsordnung ist auch die Aufstellung vor dem Altar beschrieben. Die Fassträger teilen sich vor dem Altar links und rechts. Vielleicht begründet sich dadurch die Verwendung von zwei Gefäßen. Erstmalig erfährt man in diesem Ordo auch, dass die Fässer nach dem Gloria wieder reponiert werden.[11]

Als Ehrenzeichen wird Weihrauch auch im profanen Bereich weiter benutzt. Von Päpsten wird das Privileg sogar ausdrücklich an weltliche Führer verliehen.[12]

In der byzantinischen Liturgie erfährt der Einzug von Anfang an reiche rituelle Ausgestaltung. Ignatius von Antiochien gilt er als Konstituierung der Gemeinde als neutestamentliche Gebets- und Opfergemeinschaft.[13] Bereits in der zweiten Hälfte des 5. Jahrhunderts sind der Gesang des Trishagion, Gebet und Inzens der ganzen Kirche zu den Einzugsriten zu zählen.[14] Dies scheint spätestens im 5. und 6. Jahrhundert auch für die gewöhnliche Liturgie zu gelten.[15] Der sogenannte kleine Einzug, der heute nicht mehr am Beginn der Liturgie, sondern unmittelbar vor dem Wortgottesdienst stattfindet,[16] ist noch immer der Zeitpunkt des Eintritts des Bischofs in die liturgische Handlung; bis dahin hielt er sich an seinem Sitz im Kirchenschiff auf. Evangeliar, Weihrauch und Kerzen sind nur seine Begleitung. Wenn kein Bischof anwesend ist, wurden in der Prozession, quasi in Stellvertretung, seine Insignien mitgetragen. Heute wird beim kleinen Einzug kein Weihrauch mehr verwendet. Die Inzensation am ursprünglichen Beginn der Liturgie ist nun einerseits auf deren tatsächlichen Anfang verlagert, andererseits – aufgrund der Bedeutungsverschiebung von der Insignie des Bischofs zum Ehrenzeichen des Evangeliars – in der Altarinzens beim Halleluja zu finden.

Im Trienter Missale ist nichts über einen Weihrauchritus beim Einzug in die Kirche gesagt. Hartmann lehnt in seinem *Repertorium Rituum* einen solchen sogar ab: „Da die Rubriken des Missale von der Auflegung des Inzens in der Sakristei keine Erwähnung tun und auch in Rom diese Praxis nicht besteht, so ist sie zu unterlassen. (Nur dem Bischof ist dieselbe vor Ausgang aus dem Secretarium vorgeschrieben.)“[17] Gängige Praxis im Trienter Ritus war dennoch das Tragen des Weihrauchfasses an der Spitze des Zuges vor den Akolythen. Vom Ursprung des bischöflichen Ehrenzeichens ist nichts mehr zu spüren. Vielmehr hat es die Verselbständigung erfahren, die bereits seit OR II zu erwarten war. Der Weihrauch wird nicht mehr in der Weise auf den Herrn bezogen, als dieser in der Person des Vorstehers vor seine Gemeinde tritt, sondern er gilt dem materiellen Bild – also dem Kreuz oder z. B. in der Osternacht auch der Osterkerze –, das hereingetragen wird. Das MR 1970 schließlich übernimmt die Ordnung des Trienter Pontifikaleinzugs für alle Messen.

1.1.3 Deutung und Perspektiven

Die Deutung des Mittragens von Weihrauch ist für den Westen aufgrund der besprochenen Prozessionsordnungen der römischen Ordines eindeutig auf eine Insignie festzulegen. Im Osten dagegen herrscht das vielgestaltige Element einer Raumbeduftung vor. Das Beräuchern der ganzen Kirche diente einmal ganz praktisch der Luftverbesserung, grenzt aber auch den heiligen Raum ab von der Welt draußen, der feurige Ring hat apotropäischen Charakter. Sicher gehört auch noch die orientalische Vorstellung von der Gottesepiphanie, die durch ein Dufterlebnis begleitet wird, in diesen Zusammenhang.

Um dem Weihrauchritus beim Einzug heute Raum zur Entfaltung zu geben, wäre zu wünschen, dass die Aufgabenträger im Gottesdienst auf langem Wege durch die Kirche zum Altar ziehen. Schon allein für die Symbolik des in seine Gemeinde einziehenden Herrn ist dies wichtig.[18] Darüber hinaus ist dies momentan immer noch der einzige Moment, zu dem der Weihrauch bei der Messe wirklich in die Nähe der Gemeinde gebracht wird. Ein Rest der altkirchlichen Raumbeduftung, vielleicht irgendwann auch einmal verbunden mit dem Weihrauchgebet, wie es am Beginn der byzantinischen Liturgie begegnet[19] als einer Mystagogie, könnte so über den Duftsinn eine besondere Atmosphäre schaffen.

Auch die Prozessionsordnung verdient dabei Beachtung. Wird beim Einzug kein Kreuz mitgetragen[20], sollte der Fassträger nicht an der Spitze des Zuges, sondern vor dem Diakon mit dem Evangeliar bzw. – falls auch dieses fehlt – vor dem Vorsteher gehen.

1.2 Die Weihrauchriten beim Evangelium

Weihrauch fand im Zusammenhang mit der Verkündung des Evangeliums reiche und unterschiedliche Verwendung. Neben der Entwicklung der verschiedenen Riten, der Prozession zum Ambo, Beräucherung von Altar und Evangeliar sowie des Zelebranten, des Verkündigers und der ganzen Gemeinde, ist im vorliegenden Kapitel auch von Rückentwicklungen zu berichten.

1.2.1 Situation

Unter den Riten, die die Verkündigung des Evangeliums vorbereiten, nimmt der Weihrauch einen besonderen Platz ein. Zunächst wird er im feierlichen Zug zum Verkündigungsort mitgetragen. Der Diakon (bzw. ein anderer Verkünder des Evangeliums) holt das Evangeliar am Altar ab und geht zum Ambo. Ministranten mit Kerzen und Weihrauch begleiten es. Dort angekommen, wird das Evangeliar nach dem Eröffnungsgruß und der Ankündigung in drei Zügen vom Verkünder inzensiert. Bereits zum Halleluja wird der Weihrauch vom Priester eingelegt. Dies geschieht entweder an den Sedilien oder – wenn keine Prozession stattfindet – direkt am Ambo.[21]

1.2.2 Entwicklung

Der früheste römische Ordo aus dem 7. Jahrhundert beschreibt die Evangelienprozession folgendermaßen:

> *Der Diakon kommt an den Altar, und nachdem er das Evangeliar geküsst hat, erhebt er das Buch mit seinen Händen. Zwei Subdiakone gehen vor ihm her, das Räuchergefäß aus der Hand des subdiaconus sequens entgegennehmend, und senden Weihrauch empor. Vor sich haben sie zwei Akolythen, die Kerzenleuchter tragen; am Ambo angekommen teilen sich die Akolythen.*[22]

Die Prozession eröffnen Kerzenträger. Dem Diakon, der das Evangeliar erhoben hat, geht unmittelbar der Thuriferar voran.

Eine interessante Parallele findet man bei den öffentlichen (Gerichts-) Sessionen der römischen Kaiser: In der Basilika wurde ein *liber mandatorum,* begleitet von Fackeln, feierlich hereingetragen und auf einem Tisch vor dem Thron zwischen Kerzen ausgelegt. Weihrauch wurde nicht verwendet, dieser war dem Kaiser alleine vorbehalten.[23] Lässt sich daraus schließen, dass sich die Weihrauchverwendung beim Evangelium auch aus der Personenehrung entwickelte? Der Brauch, das Evangelium in der Mitte der Aula feierlich zu inthronisieren, begegnet auch bei Kirchenversammlungen.

Sein Vorbild hat der Ritus der Evangelienprozession augenscheinlich im Einzug am Beginn der Messe. Atchley vergleicht ihn mit dem kleinen Einzug am Beginn des Wortgottesdienstes der byzantinischen Liturgie.[24] Es wurde bereits verdeutlicht, dass aus dem Einzug des Bischofs am Beginn der Liturgie ein Einzug des Evangeliars zur Eröffnung des Wortgottesdienstes wurde. „Es ist leicht zu sehen", schreibt Atchley weiter, „daß im Lauf der Zeit, als Kleine Einzüge aus der Notwendigkeit heraus öfter ohne als mit Bischof stattfanden, die Idee aufkam, daß die Lichter und der Weihrauch ein Ehrenzeichen des Evangeliars seien."[25] Wiederum sieht man sich einer Bedeutungsverschiebung der Weihrauchspende gegenüber. Statt Personen gilt der Inzens nun dem Logos selbst.

In Rom scheint im Gegensatz zum Osten[26] auch an dieser Stelle zunächst nur Weihrauch verwendet worden zu sein. Atchley führt als einen Beleg die Osternachtsfeier an, in der nachweislich seit der Zeit des OR I bis in die Zeit des Missales Pauls VI. zum Evangelium keine Kerzen getragen wurden.[27]

Zwei unterschiedliche liturgische Praktiken begegnen in der Frühzeit: Im Osten sowie im gallikanischen Bereich werden ausschließlich Kerzen[28], in Rom nur Weihrauch verwendet. Um die spätere in allen Teilkirchen gleichermaßen übliche Verwendung von Kerzen und Weihrauch nebeneinander zu erklären, sind wechselseitige Entlehnungen anzunehmen.[29] Schon im OR I, also noch im 7. Jahrhundert, findet ja diese Symbiose von Weihrauch und Kerzen ihren Niederschlag.

787 bestimmt das 7. ökumenische Konzil in Nikaia, dass den Bildern (Christi, Mariens, der Engel und Heiligen) Verehrung, nicht aber Anbetung zuteilwerde, die allein der göttlichen Natur zukommt:

> *... wie man der Darstellung des ... Kreuzes, den heiligen Evangelien und den übrigen heiligen geweihten Gegenständen Weihrauch und Lichter zu ihrer Verehrung darbringt, wie es auch bei den Alten fromme Gewohnheit gewesen ist.*[30]

Die abschließende Formulierung macht deutlich, dass über die Benutzung von Weihrauch und Kerzen beim Evangelium bereits vor diesem Konzil allgemeiner Konsens bestand. Es hätte sonst nicht als Beispiel für die Ikonenverehrung dienen können. In der folgenden Zeit schlossen sich viele Lokalsynoden im Osten und Westen den Beschlüssen von Nikaia an.

Weihrauch und Kerzen werden also dem Evangeliar vorangetragen, so beschreibt es auch der zu Beginn zitierte OR I. Verkünder, Vorsteher oder andere Kleriker erhalten das Buch zum Kuss, werden nach den ältesten römischen Ordines jedoch nicht inzensiert. In Rom gab es ursprünglich nur feststehende Rauchfässer oder solche, die in Prozessionen mitgetragen wurden. Die Inzensierung ist erst eine Frucht karolingischer Liturgieentwicklung.[31]

Im OR V wird der Ritus aus OR I übernommen und ausgeführt: Die Weihrauchträger steigen vor dem Diakon den Ambo empor und auf der anderen Seite wieder hinab, wo sie an der untersten Stufe stehen bleiben.[32] Das Evangeliar wird auch hier nicht beräuchert, allerdings schreibt der Ordo eine Inzensation des Klerus und der Gemeinde vor.

> *Wenn der Diakon vom Ambo herabsteigt, übernimmt der Subdiakon das Evangeliar, das er, es vor seiner Brust haltend, über das Gewand emporhebt. Zuerst muss es der Bischof oder der Presbyter küssen, dann alle Kleriker den Rängen nach und auch das Volk. Dann werden die Rauchfässer durch den Altarraum getragen und zu den Nasen der Menschen gebracht, die mit der Hand den Rauch zum Gesicht hinziehen.*[33]

Alle Anwesenden verehren zunächst das Evangeliar durch Kuss. Der Anweisung *den Rängen nach* des OR I wird nun noch die präzisere Ausführungsbestimmung beigegeben. Auch der nun folgende Weihrauchritus gilt allen. Während des Credo werden Rauchfässer durch den Altarraum und durchs Kirchenschiff getragen. Statt eine Beräucherung passiv entgegenzunehmen, ziehen die Gläubigen den Duft der vorüberziehenden Rauchfässer aktiv mit der Hand zur Nase hin. Dieser einmalige Ritus hat verschiedenartige Deutungen erfahren. Die einen meinen, dies sei der erste Nachweis einer Personeninzens. Andere ziehen eine Deutung vor, die im ganzen Mittelalter nachweisbar ist. Der Duft des Evangeliums Christi, der in Gestalt guter Werke der Predigt Jesu und den heutigen Verkündigern des Evangeliums vorausgeht, soll sich überall verbreiten.[34]

Ähnliches impliziert auch der kurz nach OR V im alemannischen Raum entstandene OR IX:

> *Einer von den Akolythen, die die Fässer tragen, soll sich aufmachen zum Weihrauchräuchern rings um den Altar, für den Bischof, die Presbyter und Diakone und den ganzen Klerus; ein anderer aber soll sich zum Volk aufmachen. Neben dem Lesepult aber stehe der Subdiakon bereit, der die Lesung gelesen hatte, damit er, wenn das Evangelium verkündet worden ist, vom Diakon das Evangeliar empfängt und herbeibringt, damit es der Bischof küsst; nachdem sie geküsst haben, bringe man auch Weihrauch herbei (exibeatur ei et incensorium).*[35]

Hier werden zunächst Altar, Klerus und Volk inzensiert. Das verehrende Küssen des Evangeliars ist auf den Bischof beschränkt. Ebenso wird auch nur er in besonderer Weise beräuchert, wobei unklar bleibt, ob die Inzensierung nach, während oder gar vor dem Kuss erfolgt.

Eindeutiger ist die Formulierung im alemannischen OR X. Der Bischof wird zunächst inzensiert und küsst anschließend das Evangeliar. Während der Predigt küssen die Kleriker das Evangeliar. Weder sie noch das Volk werden aber in den Weihrauchritus einbezogen.[36] Nach anderen Missalien dieser Zeit wird den übrigen Klerikern im Chor vor dem Buchkuss ebenfalls Weihrauch entgegengebracht. „In diesen Fällen", schließt Atchley daraus, „scheint der Weihrauch auf die selbe Weise gebraucht zu werden wie bei der Evangelienprozession: zur Verehrung der Evangelien und nicht zur Beräucherung des Chores."[37]

Zeichnet man kurz die bisher aufgezeigten Entwicklungslinien der dem Evangelium sich anschließenden Riten nach, so ergibt sich folgendes Bild: Anfänglich bestand die Verehrung des Evangeliars in einem Kuss, den alle Anwesenden entboten.[38] Später hat dann, stellvertretend für das Evangeliar, der Weihrauchduft Wertschätzung erfahren, was aufgrund der angeführten Stelle aus dem 2. Korintherbrief und der damit zusammenhängenden Deutungen verständlich wird. Bischof, Klerus und alle Anwesenden nehmen Duft entgegen. Zusätzlich zu dieser allgemeinen Inzensation begegnet man in OR IX,20 bereits einer Rückentwicklung. Auch Durand[39] kennt nach dem Evangelium nur noch die Beräucherung des Zelebranten, nicht aber die der ganzen Gemeinde. Diese reduzierte Form überdauerte bis zur Liturgiereform Pauls VI.[40] Auch Zeugnisse einer Beräucherung des Diakons sind erhalten, so vor der Verkündung (Mailand 12. Jahrhundert) oder danach (Siena um 1213).[41]

Seit dem 11. Jahrhundert findet sich in den Liturgieerklärungen noch eine weitere wichtige Deutung der Personeninzens beim Evangelium. Sie scheint in dieser Zeit im Entstehen begriffen zu sein und hat auf das Verständnis der Personeninzens großen Einfluss genommen.

> *Mit dem Duft seiner himmlischen Eingebung entflamme und erfülle der Herr unsere Herzen, damit die Lehren seines Evangeliums gehört und vollbracht werden.*[42]

Es handelt sich um eine Gebetsaufforderung, die sich des Weihrauchs als Symbol bedient. Wahrscheinlich ist ein solcher Gedankengang auch durch Ps 141,2 und Offb 5,8 vorbereitet worden.

Erst im 13. Jahrhundert erfährt man, dass vor der Lectio das Evangeliar eigens inzensiert wird. Sicard erwähnt dies um 1215 in seiner Schrift *Mitrale*.[43] Ebenso erscheint es im Missale des Dominikanergenerals Humbert aus der Mitte des 13. Jahrhunderts.[44] Durand hingegen kennt einen solchen Brauch nicht.

Mancherorts wird vor der Verkündigung auch der Altar statt des Evangeliars inzensiert.[45] Möglicherweise liegt hier eine Entwicklung vor, die sich in der byzantinischen Liturgie erst später vollzog. Heute inzensiert dort nämlich der Diakon beim Halleluja den Altar, auf dem das Evangeliar liegt, sodann den Altarraum, die Ikonostase, die Gläubigen und den Priester. Die Liturgieformulare bieten für das Halleluja stets nur zwei Psalmverse, die eine so ausführliche Inzens nicht überbrücken könnten. Anzunehmen ist nicht zuletzt deshalb, dass ein großer Weihrauchritus an dieser Stelle nicht vorgesehen war.[46] Stattdessen ist leicht vorstellbar, dass eine Inzens des Evangeliars auf den darunter befindlichen Altar ausgeweitet wurde. Eine ähnliche Entwicklung ist auch im Westen wahrscheinlich. Hier führt es dann zu einer Verselbständigung der Altarinzens und ihrer Duplizierung nach der Lectio, dort zur Inzens des ganzen Raumes.

Beide Elemente, deren Entwicklungsstadien im Vorangegangenen nachgespürt wurde, Evangeliarinzens durch den Verkündiger vor der Lesung und Zelebranteninzens (meist ebenfalls durch diesen) danach, behält das MR 1570 für die Missa sollemnis bei. Der Zelebrant legt Inzens ein[47] und segnet ihn dabei mit den Worten: *Ab illo benedicaris, in cujus honore cremaberis. Amen. – Sei von dem gesegnet, in dessen Gottesdienst du verbrannt wirst. Amen.* Am Vorleseort inzensiert der Diakon das Evangeliar dreimal.[48] Nach der Lectio trägt der Subdiakon das aufgeschlagene Evangeliar zum Zelebranten, der den Beginn der Perikope küsst. „Darauf wird der Priester vom Diakon inzensiert“, heißt es weiter im Ritus servandus.[49] Verehrt wird das Evangeliar durch Beräucherung und Kuss. Die abschließende Inzensation des Zelebranten ist im Sinne einer Gebetsaufforderung zu verstehen.

Im MR 1970 entfiel die Zelebranteninzens nach dem Evangelium. Die Restaurierung der Evangelienprozession, die durch die Besinnung auf die Trennung von Altar und Verkündigungsort möglich wurde, lässt wieder die Nähe zum Einzug deutlich werden. Die AEM bietet eine Verständnishilfe für den Gebrauch von Weihrauch beim Evangelium, die sich auch aus dem nachfolgenden Ritus der Inzensation des Evangeliars[50] erschließt: „Außerdem werden dem Evangelienbuch selbst Zeichen der Verehrung erwiesen“, heißt es dort.[51] Weihrauch ist hier also anders als beim beschriebenen Ritus der Personeninzens ein Zeichen der Verehrung.

1.2.3 Perspektiven

Wird das Evangelium durch den festlichen Gesang des Halleluja inmitten der Gemeinde begrüßt, entsteht eine erwartungsvolle Gespanntheit. Der Gruß am Beginn der Lectio und ihre Ankündigung setzen sie fort, wenn sie wirklicher Zuruf und Eröffnung sind. Wird dann erst das Evangeliar beräuchert, entsteht eine Stille, gewissermaßen ein Spannungsloch, in das noch dazu das Klappern der Rauchfassketten einschlägt. Gerade bei einer gesungenen Ankündigung und einem ebensolchen Vortrag der Perikope wirkt diese Räucherpause schnell unangemessen und störend. Zu überlegen ist in diesem Falle, ob das Evangeliar nicht – wie im Osten üblich – noch vor der Prozession, während des Halleluja, auf dem Altar liegend inzensiert werden sollte. Möglich wäre auch, das Evangeliar nach der Ankunft der Prozession am Ambo dort noch vor der Ankündigung zu inzensieren.

Umgekehrt ist es vielerorts üblich, das Evangeliar nach der Verkündigung geöffnet auf den Altar oder einen anderen „Ort des Buches" zu legen. Dabei wiederholt die Gemeinde meist das eröffnende Halleluja. Eine abschließende Inzens des inthronisierten Evangeliars wäre in diesem Zusammenhang ebenfalls denkbar.

Eine ausladende Evangelienprozession werden die räumlichen Verhältnisse vieler Kirchen kaum zulassen. Dennoch sollte man auch dort überlegen, ob nicht durch ein feierliches Herbeitragen des Evangeliars, begleitet von Kerzen und Weihrauch, dann und wann besondere Akzente gesetzt werden könnten. Es wäre auch an eine Prozession durch die ganze Kirche zu denken, welche begleitet würde vom Gesang eines Hallelujapsalms[52] oder einer Sequenz. Deutlich sichtbar würde darin die Parallele zum Einzug: Dort kommt der Herr in seine Gemeinde, hier tritt er vor sie und spricht zu ihr.

1.3 Die Gabeninzens

1.3.1 Situation

Nach dem Bereiten von Brot und Wein am Altar können die Gaben inzensiert werden. Der Diakon ist dabei dem Priester behilflich.[53] Nach AEM soll mit diesem Ritus angedeutet werden, „dass die Gabe der Kirche und ihr Gebet wie Weihrauch vor das Angesicht Gottes emporsteigen"[54].

1.3.2 Entwicklung

Im zweiten Viertel des 9. Jahrhunderts befand sich Amalar von Metz zu einer Studienreise in Rom und beschrieb den Ritus dort in allen Einzelheiten. In seinem *Liber officialis* erwähnt er ausdrücklich, dass in römischen Kirchen nach dem Evangelium kein Weihrauch auf dem Altar dargebracht wird, offenbar im Unterschied zu seiner eigenen Gewohnheit.[55]

Auch der *Micrologus* gestattet Weihrauch wohl zum Evangelium, nicht aber an nämlicher Stelle, obwohl es viele, ja alle täten.[56] Ebenso wenig berichten die frühen römischen Ordines von einem solchen Ritus.

Zeugnisse erhält man demgegenüber aus Gallien. Hinkmar von Reims schreibt 852 seinen Priestern den Besitz eines Rauchfasses vor, damit sie „zur Zeit, da das Evangelium gelesen wird, und am Ende der Opferung über den Gaben Weihrauch" auflegen.[57]

Im gallikanisch beeinflussten OR V findet sich dann, als Zutat zum zugrunde liegenden OR I, die Erwähnung:

Nach der Opferung wird Weihrauch über dem Altar aufgelegt.[58]

Zwar heißt es hier *super altare,* doch ist damit nicht eine Beräucherung des Altares gemeint, was mit dem Begriff *in circuitu* bezeichnet wird. Auch im OR X, der ebenfalls nicht als ein stadtrömischer anzusehen ist, wird nach der Opferung Weihrauch verwendet.[59]

Es wird deutlich, dass die Beräucherung der Opfergaben – wie ja auch alle übrigen aktiven Inzensierungen, die über ein Vorantragen oder Aufstellen von Rauchfässern hinausgehen – ein Ritus fränkisch-germanischer Prägung ist. Connolly vermutet diese Praxis bereits im 6. Jahrhundert.[60] Nur in Rom selbst konnte sie wohl lange nicht Fuß fassen und wurde sogar explizit, z. B. durch den *Micrologus,* abgelehnt. Möglicherweise kann man dort erst im 12. Jahrhundert mit einer Gabeninzens rechnen.[61]

Die Herkunft des Ritus ist nicht eindeutig zu klären. Vielleicht entstand auch diese Beräucherung ursprünglich aus einem Prozessionsritus. In der altgallikanischen Liturgie fand die Opferbereitung vor der Messe statt.[62] Zu Beginn der Eucharistie wurden die Gaben feierlich hereingebracht. In diesem Zug wurde der Weihrauch den Gaben vorausgetragen.[63] Nach der Ankunft am Altar hätte dann noch eine zusätzliche Beräucherung stattgefunden.[64] Möglicherweise rührt er aber auch aus den Altarweihbräuchen derselben Region her, was die Opfercharakteristik und die Durchführung dieses Ritus einzig durch den Zelebranten erklärte.

Auch in Bezug auf den Zeitpunkt des Ritus lassen sich unterschiedliche Entwicklungsstränge ausmachen. In den mittelalterlichen Sakramentaren findet er sich entweder als Abschluss der Opferung oder – zusammen mit der Handwaschung – als Einschub vor dem letzten Darbringungsgebet *Suscipe, sancta Trinitas.*[65] Seit dem 14. Jahrhundert begegnen in Rom die Gebete des Opferungsritus in der Reihenfolge, in der sie schließlich von Trient rezipiert wurden.[66]

Der dort festgelegte Ritus hat selbstverständlich seine Vorbilder. Der Zelebrant legt wie in OR X selbst den ihm dargereichten Weihrauch ein.[67] Auch die Beräucherung *in modum crucis et coronae* ist schon sehr früh zu finden. Gedeutet wird sie im Mittelalter auf die Passion und die Erlösungstat Christi, wobei *corona* für den Siegeskranz steht.[68] In späteren Ausgaben des MR heißt es stattdessen nur: *in modum crucis, et ter circum*. Eine instruktive Abbildung, die diesen Ausdruck veranschaulichen

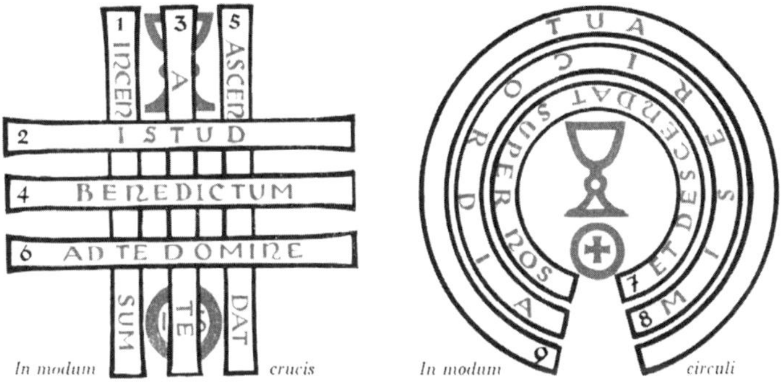

Abb. 9: Inzensieren der bereiteten Gaben nach dem MR 1570

hilft, ist zumeist mit abgedruckt. In die Skizze ist auch die Aufteilung des Begleitgebetes auf die einzelnen Duktus und deren Richtungen eingetragen.

Auch nach dem neuen Ritus werden die bereiteten Gaben und der Altar vom Zelebranten unter Assistenz des Diakons inzensiert.

1.3.3 Deutung und Perspektiven

Wie bereits erwähnt, greift das Messbuch zur Deutung der Gabeninzens auf Ps 141,2 zurück,[69] der früher zur Altarinzens gesprochen wurde. Der Opfergedanke des tridentinischen Begleitgebetes zur Gabeninzens *Incensum istud* ist völlig eliminiert.[70] Damit entfiel aber auch ein wichtiger innerliturgischer Hinweis auf die kata- und anabatische Struktur des Gottesdienstes. Die Bezüge zwischen Ritus und Deutung werden nicht mehr unmittelbar während des Vollzugs – etwa durch Begleitgebete – hergestellt, sondern bleiben einer theoretischen Einführung vorbehalten.

Einfachheit der Riten kann also auch deren Unverständlichkeit fördern. Die Interpretation der Gabeninzens als Zeichen des Gebetes ist denkbar allgemein und daher wenig hilfreich.[71]

Bei dem besprochenen Ritus handelt es sich um einen Teil der Bereitung der Gaben. Außer durch lobpreisendes Emporheben werden Brot und Wein auch durch die Beräucherung dem alltäglichen Gebrauch entzogen und als besondere Gaben bezeichnet. Gerade das Inzensieren in Kreisform deutet dies an. Es ist ein apotropäischer Ritus, denn ein Kreis grenzt das Draußen vom Drinnen ab. Kreuz und Kreis sind zudem der Inbegriff des Segens.[72]

Demgegenüber hatte schon Guardini für ein anderes Verständnis der Gabeninzens plädiert: Kostbarer Duft deutet das erlösende Opfer. Der Weihrauch sei Zeichen für „Liebe, die brennt und durch den Tod geht"[73]. Doch auch dieses Verständnis ist schwer in die Gabenbereitung der erneuerten Liturgie zu integrieren.

Zwar werden heute keine Vorschriften mehr zum Wie des Beräucherns der Gaben gemacht, doch sind die Formen des MR 1570 noch häufig zu beobachten.[74] Da das kreuzförmige Inzensieren kaum als bloße „Bezeichnung",[75] sondern eher als Segen verstanden werden wird, ist der Kreisbewegung bei der Beräucherung der Gaben eher der Vorzug zu geben. Ob es drei Kreise sein müssen und in welche Richtung sie ausgeführt werden, sei dahingestellt.[76] Damit unterschiede sich das Inzensieren auch von der gewöhnlichen Art des Schwingens in mehreren Zügen. In jedem Fall sollte der Unterschied zwischen den beiden Räucherakten Gaben- und Altarinzens deutlich sichtbar sein.

1.4 Die Altarinzens

1.4.1 Situation

Innerhalb der Messe wird der Altar zweimal inzensiert: am Beginn des Gottesdienstes unmittelbar nach dem Einzug und am Beginn der Eucharistiefeier nach dem Herbeibringen und Bereiten der Gaben. Auch in die Tagzeitenliturgie ist die Beräucherung des Altares vorgesehen.[77] Im Unterschied zu anderen Inzensriten ist die Art und Weise der Altarinzens präzise beschrieben:

> *a) Ist der Altar von der Wand getrennt, umschreitet ihn der Priester;*
> *b) ist er von der Wand nicht getrennt, inzensiert der Priester zuerst die rechte, dann die linke Seite.*
> *Ist das Kreuz auf dem Altar oder in dessen Nähe, wird es zuerst inzensiert; befindet sich das Kreuz hinter dem Altar, inzensiert es der Priester, wenn er vor ihm vorbeigeht. (AEM 236)*

Gegenüber dem umfangreichen Regelwerk, das der Ritus servandus des MR 1570 bot, sind die beiden in Frage kommenden Möglichkeiten nun übersichtlich skizziert.

1.4.2 Entwicklung

„Während die römische Weise [der Liturgie] nur das Mittragen von Weihrauch beim Einzug des Papstes und beim Gang zur Lesung des Evangeliums kannte, tritt auf gallischem Boden im Hochamt sogleich eine mehrfache Beräucherung ein: es wird mit dem geschwungenen Rauchfaß der Altar nach fester Ordnung umschritten."[78] Was JUNGMANN hier in seinem Standardwerk *Missarium sollemnia* zusammenfassend skizziert, gilt es im Folgenden näher zu beleuchten. Man wird dabei erkennen, dass die Altarinzens nach dem Einzug ebenso wie die im Anschluss an die Gabenbereitung ihren Ursprung im Ritus der Altarweihe hat, der auf fränkischem Boden besondere Ausgestaltung erfuhr.

Der Schlüssel zu solcher „Dramatisierung" der Liturgie durch die Franken liegt in einer Relecture des Alten Testaments. Christliche Riten wurden durch jüdische Details, wie sie vor allem in den Büchern Exodus, Levitikus und Numeri beschrieben sind, angereichert. Beispiele hierfür sind Errungenschaften wie das Ewige Licht (Ex 27,20 f), die Salbung bei der Priesterweihe (Ex 29,7; 30,30), das Rationale der Bischöfe

(Ex 28,15–28) und auch die Menora (Ex 25,31–37), die anfänglich vorwiegend im Zusammenhang mit dem Chor zum Einsatz gelangte. Auf diese Weise wurden auch Anregungen für den Gebrauch des Weihrauchs zusammen mit seinen alttestamentlichen Deutungen in die christliche Liturgie übernommen.

Anschaulich wird dies im Falle einer Rubrik zur Altarweihe, die dem gelasianischen Sakramentar entnommen ist.[79] Die wörtlichen Übereinstimmungen mit dem in der rechten Spalte zum Vergleich angegebenen Vulgatatext sind unterstrichen.

Primitius enim ponis super cornua altaris digito tuo vinum cum aqua mixtum.	*Sumptum que de sanguine vituli, pones super cornua altaris digito tuo. (Ex 29,12)*
Et asperges altare septem vicibus,	*Cumque aspersisset altare septem vicibus, unxit illud. (Lev 8,11)*
reliquum autem fundes ad basem,	*Reliquum autem sanguinem fundes iuxta basim eius. (Ex 29,12)*
et offeres incensum super altare,	*Et offeres incensum super altare. (Ex 29,13)*
odorem suavissimum Domino.	*Odorem suavissimum Domino. (Ex 29,18)*

Aus einem Florilegium zur Altarweihe des jüdischen Heiligtums leiten die fränkischen Ritualisten also liturgische Vorschriften für die christliche Altarweihe ab. In allen konstitutiven Teilen – mit Ausnahme der Salbung, die in dieser Region erst später als das Weihrauchopfer, wohl aber mit Blick auf die nämlichen Stellen, eingeführt wurde – entspricht der Ritus der alttestamentlichen Vorgabe. Mit diesem wird auch die theologische Charakterisierung als Opfer *(offere)* übernommen. Diese Deutung wurde zwar in der Mitte des 9. Jahrhunderts schrittweise von symbolischen Deutungen verdrängt,[80] blieb aber in begleitenden Texten latent vorhanden. Das Weihrauchweihegebet zur Gabenbereitung im MR 1570 zitiert beispielsweise auch den Vers *Dominus in odorem suavitatis accipere.*

Für die Zeit der frühen Kirche konnte nachgewiesen werden, dass die Praxis der Deutung vorgängig war, dem Weihrauchverwenden also eine Nachgestaltung der Inzensgebete als Segens- und Deuteworte folgte. Für den hier zu betrachtenden Fall gilt jedoch das Umgekehrte. Erst als zeichenhafte Ausgestaltung der alttestamentlichen Texte, die als Ritualanweisung verwendet wurden, kam es zum Weihrauchopfer auf dem christlichen Altar im Rahmen seiner Weihe. Diese Entwicklung belegt ein mehrteiliges Weihegebet, das sich im genannten gelasianischen Missale im Anschluss an die oben besprochene Rubrik findet. Es bezeichnet Weihrauch als eine geistige Opfergabe auf dem neuen Altar. Dieses Gebet scheint älter als die voraufgehende Rubrik zu sein, da es noch nicht von der materiellen Verwendung von Weihrauch ausgeht:

Das Erbarmen Gottes, des allmächtigen Vaters, geliebte Brüder, laßt uns herabrufen, damit er diesem Altar, der für die geistigen Opfergaben (sacrificiis spiritalibus) zu weihen ist – durch den Dienst unserer Stimme erweicht – durch diese Benediktion heilige; daß er auf ihm die Gaben seiner Diener, die sie im Eifer ihrer Frömmigkeit niederlegen, immer für würdig erachte zu segnen und zu heiligen; und, besänftigt durch den geistigen Weihrauch (et spiritali placatus incenso), als Hörender bereitwillig seiner bittenden Familie helfe.[81]

Auch zwei Jahrhunderte zuvor hört man bei der Altarweihe zwar mancherorts von Salbung, nicht aber vom Entzünden von Weihrauch.[82] In England scheint jedoch bereits vor 700 ein Weihrauchritus bei der Altarweihe üblich gewesen zu sein. In einem Pœnitentiale aus der Zeit Erzbischof Theodors (668–690) liest man:

Der Weihrauch des Herrn werde entzündet am Geburtstag der Heiligen zur Verehrung des Tages, weil sie selbst so wie die Lilien den wohlgefälligen Duft gegeben haben und die Kirche Gottes besprengt haben so wie das Gotteshaus zuerst (primitius) beim Altar mit Weihrauch besprengt wird.[83]

Primitius scheint sich hier auf die früher stattgefundene Altarweihe zu beziehen.[84]

Wenngleich eine Datierung der Einführung eines Weihrauchopfers in den Ritus der Altarweihe wegen der großen regionalen Unterschiede schwerfällt, so ist doch anzunehmen, dass ein solches spätestens am Ende des 7. Jahrhunderts üblich geworden war. Allerdings bezieht sich alles vorher Gesagte nur auf ein Weihrauchopfer auf dem Altar. Wann erstmals eine Räucherung rings um denselben eingeführt wird, liegt noch weiter im Dunkeln. Die Manuskripte des ausgehenden 8. und beginnenden 9. Jahrhunderts reden allerdings davon, dass während der Salbung des Altars (im Anschluss an das Weihrauchopfer) derselbe von allen Seiten inzensiert wird. *Incensum in circuitu* ist dafür Terminus technicus. Dies geschieht im Rahmen der Weihe nicht nur einmal, sondern wird vervielfältigt. Im Trienter Ritus gar sind fünf solcher Räucherungen durch den Bischof vorgesehen, dazwischen reicht er einem Priester das Rauchfass, der beständig rings um den Altar inzensiert.[85]

In dieser Zeit standen beim Neubau von Kirchen immer seltener Reliquien in Form unzerteilter Heiligenleiber zur Verfügung. Die alte Praxis, Altäre über Märtyrergräbern zu errichten, wurde darum mehr und mehr abgelöst durch eine symbolische Beisetzung von Reliquien unter der Mensa des Altares. Diese Reliquien wurden in feierlicher Prozession, in der Kreuz, Kerzen und Weihrauch mitgeführt wurden, in die Kirche hereingetragen. Alle Riten konservierten die Idee eines Triumphalbegräbnisses, zu dem auch die Salbung und Beräucherung des Sarkophages gehörte, den in diesem Fall ja der Altar selbst darstellte.

Aus der römischen Feier der Reliquienübertragung gelangten das Gebet *Aufer a nobis* und aus dem gallikanischen Kirchweihritus Ps 43 mit der Antiphon *Introibo ad altare Dei* schon zu fränkischer Zeit an den Beginn der Messe. Für sich allein ist dies natürlich kein Nachweis für die Hineinnahme auch des Weihrauchs aus diesen Feiern in den Eröffnungsritus der Messliturgie. Vielerorts wurde auch außer dem Mittragen des Rauchfasses beim Einzug keine Beräucherung des Altars vorgenommen. In Laon hielt sich diese Praxis beispielsweise bis ins Missale von 1773.[86] Andernorts war die Altarinzens nur an ausgezeichneten Festen vorgesehen, wiewohl Weihrauch auch an anderen Tagen beim Einzug mitgetragen wurde.[87]

Im OR X – in der ersten Hälfte des 10. Jahrhunderts entstanden – findet man dann die wohl früheste Erwähnung einer Altarinzens unmittelbar nach dem Einzug, noch bevor der Bischof und sein Klerus dem Altar Reverenz erweisen. Allerdings geht aus dem Kontext nicht zweifelsfrei hervor, worauf *coram illo* zu beziehen ist: auf den Altar, das Evangeliar oder, was wohl am unwahrscheinlichsten ist, den Subdiakon:

> *An den Orten, an denen es üblich ist: (…) Ein Dienstträger mit einem Rauchfass geht dem Subdiakon, der das Evangelium trägt, zum Altar voraus, wobei er den Weihrauch bei jenem hineinlegt (coram illo incensum ponens), das Evangeliar auf den Altar legt und sich umdreht. Andernorts aber wird der Weihrauch nicht zum Altar gebracht, ehe nicht die Opfergaben daraufgelegt sind.*[88]

Auch andere Zeugnisse aus dem ausgehenden 10. Jahrhundert sind zu finden.[89] Rom selbst übernimmt den Ritus der Altarinzens vermutlich erst im 12. Jahrhundert. Mabillon druckt einen Ordo ab, der, entstanden um 1130, eine entsprechende Rubrik enthält.[90]

In den Ordines Romani scheint der Weihrauch innerhalb der Messe jedoch zuerst in anderem Zusammenhang aufzutreten. Nach der Gabenbereitung stellt der Zelebrant ihn *super altare*[91] bzw. *offerat illud altari*[92]. Beide Male ist dies ein Ritus, der dem Zelebranten selbst obliegt; er gehört zur Opferbereitung von Brot und Wein. Auch ist nicht die Rede von einem Räuchern *in circuitu*. An anderer Stelle hingegen hört man von dieser Umkreisung des Altars durch einen niederrangigen Kleriker. So inzensiert in OR IX,19 ein Akolyth nach dem Evangelium rings um den Altar.

Diese beiden Räucherakte muss man auch bei ihrer unmittelbaren Aufeinanderfolge auseinanderhalten. Berichte über Weihrauchanwendung nach der Gabenbereitung dürfen nicht automatisch als Altarinzens aufgefasst werden; hierzu besteht keinerlei Anlass. Einerseits handelt es sich in seiner ursprünglichen Bedeutung um ein Weihrauchopfer, das wie bei seiner Weihe auf dem Altar dargebracht wird. Innerhalb der Messe gehört es zur Opferbereitung und obliegt dem Zelebranten. Die nachfolgende Räucherung *in circuitu* gilt dem Altar als solchem, entstammt ausschließlich seinem Weiheritus und wird anfänglich nicht vom Zelebranten selbst ausgeführt. Beide Riten wurden in unterschiedlicher Weise rezipiert, wobei – auch dies ein Beleg für die unabhängige Herkunft der Gabeninzens – dieselbe die allgemeinste Geltung von allen Inzensationen in den liturgischen Büchern des Mittelalters hatte.

Auch im MR 1570 treten Gaben- und Altarinzens nacheinander auf, Letztere begleitet vom typischen Deutewort aus Psalm 141 *Dirigatur*. Dieser Vers wurde früher zu jedweder Altarberäucherung auch beim Einzug zur Messe und während des Canticums in der Stundenliturgie gesprochen.[93] Durand hingegen sagt ausdrücklich, dass zur Altarinzens am Beginn, anders als bei der Gabenbereitung, kein Gebet gesprochen wird.[94] Dies ist auch die Situation im Trienter Missale.

Seit der Gotik, in der Retabel, entstehend aus auf die Mensa gestellten Reliquienschreinen in Verbindung mit Apsisgemälden oder -mosaiken, den immer mehr an die Ostwand rückenden Altar unumschreitbar machten, wurden nur noch die erreichbaren Seiten inzensiert. Einzig bei der Weihe war das Beräuchern ringsum vorgeschrieben. Ansonsten wurde es auch dann nur rudimentär ausgeführt, wenn es in seiner Vollform möglich gewesen wäre. Einige besonders bezeichnete Züge zu den Leuchtern hin gelten in dieser ritualisierten Form der unerreichbaren Rückseite des Altars. Skizzen in liturgischen Handbüchern oder im Messbuch selbst veranschaulichen die Altarinzens nach den Regeln des MR 1570, die bis

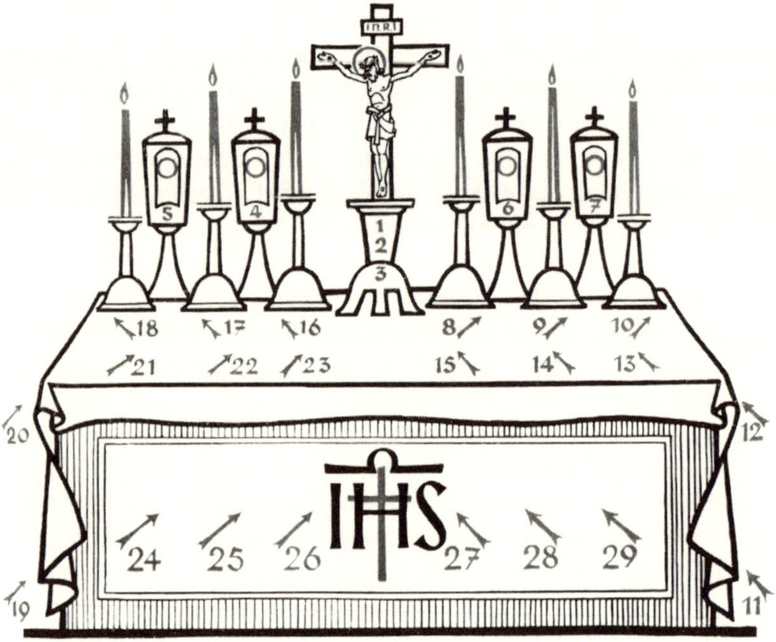

Abb. 10: Inzensieren des Altares

zu 29 Züge vorsahen. Das Kreuz auf dem Altar wird immer zuerst inzensiert. Sodann folgen Bilder oder Reliquien der Heiligen, die sich auf dem Altar befinden, dann Mensa und Stipes.

Heiligung und Ehrung eines gesalbten Heiligtums,[95] vor allem aber lustrative Momente spielen bei der Deutung des Vorganges eine Rolle. Diese war schon im Mittelalter vorherrschend:

> *Außer aus mystischem Grund, werde der Altar auch beräuchert, damit von ihm alle Nichtigkeit des Dämons vertrieben werde. Der Rauch nämlich vermag, wie man glaubt, Dämonen zu vertreiben.*[96]

Bei Durand[97] findet man die gleichen Worte. Nach einer ausführlichen und großangelegten Lustration bei der Weihe wird der Altar jeweils zu Beginn der Messe und ihres eucharistischen Teils gereinigt. Auch dies kann Hinweis darauf sein, dass die Altarinzens nach der Gabenbereitung jünger ist als der Weihrauchritus unmittelbar vorher. Angezeigt wäre doch eine Reinigung des Altares, bevor er in den Handlungsmittelpunkt rückt. Stattdessen wird sie erst nach der Gabenbereitung vollzogen. Es wird ihre Duplizierung gefördert haben, dass Weihrauch schon über den Gaben verbrannt wurde.

1.4.3 Deutung und Perspektiven

Heute wird die Altarinzens als Ehrung Christi selbst verstanden, als dessen Symbol der Heilige Tisch gilt.[98] Schon THALHOFER/EISENHOFER formulieren in diesem Sinne: „Mit seiner unsichtbaren Gegenwart hat sich der majestätische Gott mittels der Weihe an jeden konsekrierten Altar in geheimnisvoller Weise gebunden. (…) Jeder konsekrierte Altar ist Stätte der besonderen Gegenwart Gottes."[99] EMMINGHAUS schließlich schreibt in seiner fast sieben Jahrzehnte später erschienenen Messerklärung in Bezugnahme auf AEM 235: „Durch die Betonung der Kreuzesberäucherung – das Kreuz ist als Symbol Christi noch eindrucksvoller begreifbar als der Altar – wird der christologische Bezug der Rauchspende am Altar nochmals besonders hervorgehoben."[100] AEM 51 deutet sowohl die Altarinzens nach der Bereitung als auch die der Gaben in Anlehnung an Ps 141,2. Die Altarinzens wird hier nicht mehr als eigener Ritus gewertet.

Man wird zugeben müssen, dass die Typologie des Altares als Symbol Christi (heutzutage) schwer zu vermitteln ist. Den Heiligen Tisch (wie ihn unter durchgängiger Vermeidung des Begriffes Altar die Ostkirche bezeichnet), auf dem Christus gegenwärtig wird, selbst als dessen Symbol zu verstehen, liegt sicher nicht auf der Hand. Sollte man daher nicht besser eine lustrative Bedeutung favorisieren? Doch auch hier muss dann ungeklärt bleiben, weshalb der Altar (zum zweiten Mal) erst nach der Darbringung der Gaben und nicht schon vor deren Herbeibringen purifiziert werden sollte.

Mir scheint daher aus pastoralen Gründen die in AEM 51 gegebene Deutung die heute angemessenste. Weihrauch ist ein Zeichen des Gebetes. Wie er im Zentrum der Versammlung, am Altar also, aufsteigt, so steige auch unser Gebet auf zu Gott. Dies ist zu Beginn des Gottesdienstes als ein vorbereitender, sammelnder Ritus sicher ein eingängiges Zeichen. Bei der Gabenbereitung wird dieses Gebet noch intensiver: Mit den Gaben legen wir uns selbst auf den Altar, um von ihm verwandelt zu werden. Der Weihrauch ist die zeichenhafte Mahnung *Empor die Herzen!* Er schließt somit das reinigende und das verehrende Element in Bezug auf den Menschen zusammen. Er weckt die Haltung des Gebets, durch das der Herr verherrlicht wird.

1.5 Die Personeninzens

1.5.1 Situation

Nach der Beräucherung des Altares wird die anwesende Gemeinde in ihrer hierarchischen Gliederung inzensiert. Während das Messbuch in den Rubriken keinen Zweifel daran lässt, dass, wenn Weihrauch verwendet wird, auch das Element der Personeninzens zum Tragen kommt, ist es in seiner Allgemeinen Einführung in dieser Hinsicht etwas missverständlich:

> *Auch der Priester und das Volk können inzensiert werden vom Diakon oder einem anderen Bediensteten, nachdem die Gaben und der Altar inzensiert wurden.*[101]

Ein nochmaliges *können* lässt die Personeninzens nach vollzogener Beräucherung von Gaben und Altar fakultativ erscheinen. Wahrscheinlich ist die AEM aber nicht auf diese Weise zu verstehen. Auch die amtliche deutsche Übersetzung lässt diesen Schluss nicht ohne weiteres zu. Vielmehr bleiben auch heute Gaben-, Altar- und Personeninzens[102] in dieser Reihenfolge bestehen.

1.5.2 Entwicklung

Ein Ursprung der Inzensierung von Personen ist möglicherweise in der alten Tradition der Parfümierung des ganzen Kirchenraumes zu sehen, wie sie schon im Antiochia des 4. Jahrhunderts bekannt war.[103] Im Westen findet man ähnliches Denken, doch erst Jahrhunderte später.[104]

Zuvor begegnet man bereits einem weiteren Entwicklungsschritt im postevangeliaren Ritus des OR V. Die Parfümierung des Raumes ist nun schon symbolisch auf den Duft des Evangeliums Christi gedeutet. Die Anwesenden ziehen den Duft zu sich hin, der den an ihnen vorübergetragenen Rauchfässern entsteigt.[105]

Im OR IX, also um 900, erfährt man von einer *gestatio incensoriorum* zu allen und in spezieller Weise zum Bischof. Noch eindrücklicher ist die Formulierung im OR X, in dem der Bischof den Duft des Weihrauchs entgegennimmt *(acceptat odore incensi)*. Nach wie vor kommt es also bei der Beräucherung auf den *Geruch* des Weihrauchs an, der dem Beräucherten entgegengebracht wird. Die aufgezeigte Entwicklungslinie geht also von der allgemeinen – in erster Linie pragmatisch zu verstehenden und dem orientalischen Lebensgefühl naheliegenden – Parfümierung des Raumes aus, in dem sich eine große Anzahl Menschen zum Gottesdienst versammelt hat. Sie führt weiter zu einer spiritualisierten Deutung des Vorganges. Über andere Deutungsbezüge, z. B. den Vers *Dirigatur*, kommt dann die Mahnung zum Gebet in den Blick, die für diesen Ritus – nun speziell nach der Gabenbereitung – seit dem Mittelalter in Anspruch genommen wird.

Eine weitere Linie ist von der Verwendung des Weihrauchs in Prozessionen her zu zeichnen. Heute will der Vorgang solcher „passiver Inzensation" des Vorantragens von Rauchfässern grundverschieden erscheinen von der „aktiven Beräucherung", bei der das Fass geschwungen wird. Doch belehrt schon der Blick auf OR V eines Besseren. Das Vorübertragen des Räuchergefäßes und das Zufächeln des Duftes durch die Empfänger bilden das fehlende Glied in der Kette. Grundsätzlich ist zu sagen, dass im Gehen das Vorantragen genügt, um den Nachfolgenden in eine Wolke des Duftes zu hüllen. Im Stehen hingegen muss man dafür sorgen, dass der Rauch auf den Empfänger zutreibt. Dies ist durch ein Schwenken des Fasses zu ereichen.

Mit dieser praktischen Verwandtschaft der Riten geht auch eine solche der Deutungen einher. Die Personeninzens wird nicht zuletzt als Ehrung verstanden werden müssen. Die komplizierten Vorschriften des vorkonziliaren Caeremoniale hierzu lassen keinen anderen Schluss zu. Nach dem Zelebranten, auf den die Inzens beim Introitus und nach dem Evangelium beschränkt bleibt, den anwesenden Klerikern, dem Chor und den *ministri* sowie weltlichen Amtsträgern wird an dieser Stelle auch das Volk inzensiert.[106] Thalhofer/Eisenhofer verstehen die Personeninzens als einen „cultus latreuticus indirectus"[107]. In seinen Geschöpfen, die durch die Taufe Tempel des Heiligen Geistes geworden sind,[108] wird der Schöpfer selbst geehrt. Dass Laien als Glieder des mystischen Leibes Christi geehrt werden, wird deutlicher noch bei Lechner, der sich in seiner Liturgieerklärung auf 1 Petr 2,9 bezieht.

Ganz zu vernachlässigen ist letzten Endes auch nicht die lustrative Bedeutung eigentlich jeder Räucherung. Veranschaulicht wird dies wiederum durch einen Seitenblick auf die byzantinische Liturgie. Analog zum Beginn der Liturgie der Katechumenen steht nach dem Hereintragen der bereiteten Gaben am Beginn der Liturgie der Gläubigen ebenfalls ein großer Weihrauchritus. Während der Diakon den Altar, das Allerheiligste, die Ikonostase und den ganzen Kirchenraum inzensiert, rezitiert er Ps 50. Das Gebet um Reinigung von Sünden findet seine Entsprechung im Vorgang der Inzensierung.[109]

Das Weihrauchgebet am Beginn der Liturgie schließlich deutet das Resultat dieser umfassenden Beräucherung:

> *Im Grab warst Du mit dem Leibe, mit Deiner Seele als Gott in der Unterwelt, im Paradies mit dem Schächer, saßest auch auf dem Thron mit Vater und Geist und erfüllest alles, Unendlicher!*[110]

Insbesondere der letzte Vers zeigt, dass die Inzens des Altares, des Raumes, der Heiligen und der Menschen die Gegenwart des Allumfassenden in seiner Gemeinde zum Ausdruck bringen will. Mir scheint, hierauf lassen sich alle oben angeführten Deutungen zurückführen,[111] der *cultus latreuticus indirectus* ebenso wie die Ehrung im Sinne von 1 Petr 2,9. In der Gegenwart des Herrn ist auch die Reinigung und der Drang zum Gebet selbstverständlich. Die Inzensierung aller am Gottesdienst beteiligten Personen ist insofern ein Rest einer Beräucherung des ganzen Kirchenraumes.

1.5.3 Perspektiven

In vielen Gemeinden ist zu bemerken, dass die Inzens von Priester und Gemeinde entfällt. Sicherlich rührt dies von einem Unbehagen her, jemanden, sei es den Vorsteher oder auch den einzelnen Gläubigen in der Gemeinde, mit Weihrauch zu ehren.

Daher ist es sinnvoll, den Horizont von 1 Petr 2,9 erneut in den Blick zu nehmen, um auf dieser Basis das Verständnis unserer Gemeinden von ihrem Anteil am königlichen Priestertum zu vertiefen. Wichtig wäre in diesem Zusammenhang, dass Priester und Volk[112] nicht von verschiedenen Aufgabenträgern (Diakon/Ministranten) und nicht nach verschiedenen Regeln (Anzahl der Züge mit dem Rauchfass) inzensiert werden. Sprechender ist das Zeichen auch, wenn der Duft (wie der des Öls der Königssalbung) auch unmittelbar erfahrbar wird. Auch früher lag ja hier die Betonung, wenn es hieß, dass der Zelebrant *acceptat odore incensi*. Zu wünschen wäre anstelle einiger Schwingbewegungen des Rauchfasses von den Altarstufen aus, dass das Fass durch die Bankreihen getragen wird.

1.6 Weihrauch bei der Eucharistieverehrung

1.6.1 Situation

Noch vor kurzem erschien es so, als sei Weihrauch zur Verehrung des in Brot und Wein gegenwärtigen Herrn nicht nur selbstverständlich, sondern gar originär. Inzwischen sind jedoch sakramentale Andachten bzw. Prozessionen seltener geworden. Sie sind nicht mehr einziger oder auch nur hauptsächlicher Anlass der Weihrauchverwendung. In der Tat hat man es hierbei – wie allgemein mit der Sakramentsfrömmigkeit – mit einer relativ späten, hochmittelalterlichen Entwicklung zu tun. So kommt die Elevation der verwandelten Gaben innerhalb der Messe erst am Ende des 12. Jahrhunderts auf.[113] Gleichwohl haben diese vergleichsweise neuen Riten bis heute eminent prägende Auswirkungen auf die Frömmigkeit.

1.6.2 Vorbilder

Um die Mitte des 11. Jahrhunderts erfährt man aus Cluny und anderen Reformklöstern, dass die Eucharistie mittels Kniebeuge und Weihrauch verehrt wird.[114] Von Canterbury stammt ein Beleg aus dem Jahre 1084. Dort wird die gewandelte Hostie am Karfreitag zunächst am Aufbewahrungsort, dem Heiligen Grab, inzensiert, zum Altar getragen und dort abermals inzensiert.[115] Ähnliches hört man aus Mainz. Auch dort werden die bedeckten vorgeweihten Gaben am Karfreitag auf dem Altar beräuchert.[116] Bis in unser Jahrhundert hinein war es üblich, bei der Prozession der vorgeweihten Gaben am Karfreitag Weihrauch mitzuführen.[117] Auch wenn die Weihrauchspende dem Altarsakrament gilt, meint man, ein mimetisches Element festzustellen, nimmt doch die Übertragung der Gaben in der Karfreitagsliturgie die Stelle der Gabenbereitung ein, zu deren Abschluss auch sonst geräuchert wird.

1.6.3 Weihrauch bei der Elevation in der Messe

Das wohl früheste Zeugnis[118] einer Inzensierung der gewandelten Gaben bei ihrer Erhebung innerhalb des Messkanons ist im Missale Humberts von 1256 zu finden.[119] Ein Weihrauchfass wird hier zur Wandlung benutzt. Eine Inzensierung bei der Elevation findet allerdings keine ausdrückliche Erwähnung. Doch bereits im Jahr 1312 schärft ein karmelitisches Ordinale ein:

Kniend inzensiert der Rauchfassträger den Priester in dessen Rücken dem Sakrament zugewandt in feierlichen Doppelzügen. Dennoch vermeide er, dass der Rauch so beschaffen bzw. groß sei, dass er die Sicht auf das Sakrament verhindere oder den Priester sonstwie beeinträchtige.[120]

Weihrauch wurde zur Elevation also schon vor diesem Zeitpunkt verwendet, hatte sich doch bereits Missbrauch eingeschlichen. Der Schau, ebenjener in der Gotik sich verstärkenden Sakramentsfrömmigkeit, sollte dieses Zeichen der Verehrung nun unter keinen Umständen Abbruch tun. Wie wenig sich die *thuriferari* schon jener Zeit an eine solche Mahnung hielten, zeigt die Wiederholung der Mahnung im Ordo von 1532. Dichte Weihrauchwolken vor dem Allerheiligsten scheinen jedoch gerade der ursprünglichen Intention zu entsprechen. Gilt Weihrauch heute nur noch als Zeichen der Verehrung, könnte er – ausgelöst durch eine ritenbezogene Relecture des Alten Testaments – entsprechend Lev 16,12 f als Schutz vor direkter Gottesbegegnung gegolten haben.

Im 14. Jahrhundert schließlich häufen sich die Belege. Browe berichtet von einer Vorschrift aus Subiaco, zur Elevation zu räuchern.[121] Martène gibt einen Ordo wieder, in dem zwei *clericuli* vom Sanctus bis zur Priesterkommunion ununterbrochen zum Altar gewandt kniend inzensieren.[122] Auch in Rom findet der Weihrauch zur Wandlung am Ende des 14. Jahrhunderts Eingang, allerdings wird ausschließlich bei der Elevation inzensiert.[123]

Das pianische Missale hat in der Folgezeit großen Einfluss auf die weite Verbreitung dieses Ritus. Trotz allem ist er nicht allerorten anzutreffen. Die Missalien aus Köln von 1626 und Nismes von 1831 enthalten diese Rubrik nicht. In Lyon war eine Inzens zur Elevation bis zur Liturgiereform des II. Vaticanums nicht üblich.[124] Im MR 1570 fehlt ein Segenswort über den Weihrauch bei der Elevation. Dies ist allgemeine Regel, wenn das Altarsakrament inzensiert wird. Der allerreinste Leib des Herrn hat keine Reinigung mehr nötig. Reinigung ist hier nicht am Platz. Weihrauch ist in diesem Fall eindeutig Zeichen der Verehrung.

Heute spricht die AEM nur in ihrem Weihrauchabschnitt von einer Verwendung zur Elevation.[125] In der Beschreibung des Messritus selbst fehlt jede Erwähnung. Betrachtet man die innere Dynamik des Hochgebets, die durch die rituelle Gestaltung der Einsetzungsworte eine faktische Unterbrechung erfährt, wäre es zu begrüßen, nicht bei diesen, sondern erst zur Elevation während der Schlussdoxologie zu inzensieren. Nimmt man zudem das Sanctus als Zitat der Jesaja-Vision (Jes 6) ernst, bei der der Tempel von Rauch erfüllt und der Mund des Propheten durch glühende Kohlen gereinigt wirde, empfiehlt sich auch die Inzens zu diesem Zeitpunkt.

1.6.4 Weihrauch bei der Eucharistieverehrung außerhalb der Messe

Die einmal hergestellte Verbindung zwischen Allerheiligstem und Weihrauch wurde wie selbstverständlich auf andere öffentliche Anlässe übertragen, bei denen eine *expositio sanctissimi* stattfand, so auf Andachten und theophorische Prozessionen.

Sowohl für Andachten wie auch für Prozessionen war nach tridentinischem Ritus die zweimalige Inzensierung vorgeschrieben, und zwar zum Beginn der Aussetzung bzw. vor dem Aufnehmen der Monstranz vom Altar sowie vor dem Segen. Aus den gleichen Gründen wie bei der Elevation in der Messe entfällt auch hier ein Segensspruch über den Weihrauch.

Bei Aussetzungen in einer Kirche gab es für den genauen Zeitpunkt der ersten Räucherung unter den Rubrizisten zwei verschiedene Meinungen. Entweder wurde die Monstranz vor oder eben erst nach ihrer Exposition auf dem Thron des Altares inzensiert. Letzteres wurde, da es dem römischen Brauch entsprach, von der Ritenkongregation dekretiert.[126] Die zweite Inzensierung fand während der Strophe *Genitori* des Hymnus *Pange lingua* statt, dessen letzte beiden Strophen an dieser Stelle vorgeschrieben waren. Auch hier begegnete analog die Praxis, dass die Monstranz entweder noch auf dem Thron befindlich oder bereits auf dem Altar stehend inzensiert wurde.[127] Für eine Prozession galten die beiden Inzensationen selbstverständlich jedes Mal, wenn an einem Altar unterwegs haltgemacht wurde.

Zum – heute noch geübten – Brauch, das Sakrament während des Segens zu inzensieren, schreibt Hartmann: Dies „ist weder im Caerem. Ep. noch im Rituale Rom. noch in der Instructio Clementina vorgeschrieben und ist deshalb … zu unterlassen"[128]. Gleichwohl gibt er eine Rubrik an für Orte, an denen es Gewohnheit ist. Verständlich ist diese Praxis auf dem Hintergrund der Inzensierung des Sakraments bei der Elevation innerhalb der Messe.

Auch nach der Liturgiereform Pauls VI. gilt die Weihrauchverwendung als Regel für die Aussetzung des Allerheiligsten in einer Monstranz. Auch wenn ein anderes Aufbewahrungsgefäß benutzt wird, kann Weihrauch Verwendung finden. Wie im Trienter Ritus ist auch heute die Inzensierung am Beginn der Aussetzung und an deren Ende während eines Sakramentsliedes vorgeschrieben.[129] Von einer Räucherung während des Segens verlautet nichts.

Größere Freiheit besteht bei der Durchführung von Prozessionen. Hier sollen „Kerzen, Weihrauch und ein Baldachin … nach den örtlichen Gewohnheiten verwendet werden"[130]. Das Vorangegangene ist sinngemäß auf entsprechende Vorgänge zu übertragen.

Besondere Berücksichtigung verdient in diesem Zusammenhang die Verbindung von eucharistischer Aussetzung und Tagzeitenliturgie. Der Ritualfaszikel zur Eucharistieverehrung erlaubt die Verrichtung des Stundengebets vor dem – etwa im Rahmen des Ewigen Gebets – längere Zeit ausgesetzten Allerheiligsten und begründet sie als eine mögliche Form der Anbetung.[131] Anders beurteilt die Ritenkongregation die Vesper mit eucharistischem Segen. Dieser sollte in jedem Fall als eigenständige liturgische Handlung und keinesfalls nur als feierlicher Abschluss der Vesper erscheinen.[132] Betet man die Hore vor dem Allerheiligsten, könnte die Inzens dann ohne weiteres beim Canticum erfolgen – allerdings selbstverständlich nicht durch Umschreiten des Altares, sondern in gewohnter Haltung vor der Monstranz. Ein nochmaliges Inzensieren nach Fürbitten und Oration vor dem Segen könnte entfallen.

Bei längeren Aussetzungen (z.B. Ewiges Gebet) finden sich heute hier und da auch wieder feststehende Räuchergefäße, die vor dem Altar niedergestellt werden und für die Zeit der Anbetung den Raum in eine Weihrauchatmosphäre hüllen. Dabei ist allerdings zu bedenken, dass der aus einer Schale aufsteigende Weihrauch mehr als Zeichen des Gebets, der im Rauchfass entgegengefächelte hingegen deutlicher als Zeichen der Verehrung verstanden wird.

2 | Weihrauch bei der Tagzeitenliturgie

Noch einmal gilt es, um die Wurzeln der Verwendung von Weihrauch im Stundengebet zu verstehen, zurückzukehren zu den ersten Zeugnissen der patristischen Epoche. Der Weihrauch, der im römischen Ritus heute beim Magnificat der Vesper begegnet, hat innerhalb der christlichen Kirchen die vielleicht längste und dabei einhelligste Tradition. Darüber täuschen bei genauer Analyse der vorzufindenden liturgischen Dokumente – vor allem des Ostens – auch die unterschiedlichen Zeitpunkte der Inzensriten innerhalb der Feier und ihre Gestalt selbst nicht hinweg.

2.1 Jüdische Vorbilder

2.1.1 Tempel

Nach Ex 30,7 f sollte Aaron am Morgen und zur Zeit der Abenddämmerung duftendes Räucherwerk verbrennen. Diese priesterschriftliche Anweisung für den Jerusalemer Tempelkult führt keinerlei Begründung für diese Opferpraxis an. Zu erwarten ist aber sicherlich, dass die Opfer am Abend und am Morgen in Verbindung zur Heilserfahrung Israels stehen. Der Abend, mit dem der jüdische Tag beginnt, ruft das Paschageschehen ins Gedächtnis (Dtn 16,6b). Das Morgenopfer ist die Anamnese des Bundesschlusses am Sinai (Num 28,6). „Die Abend- und die Morgenstunde werden hier als Vergegenwärtigung des Heils gedeutet: Jahwe gewährt täglich Befreiung und Erlösung (im Abend-Tamid) und versichert seine unerschöpfliche Bundesliebe (im Morgen-Tamid).“[1] Die Opfer und damit auch das Weihrauchverbrennen waren unverrückbarer Bestandteil des spätnachexilischen Tempelritus.

Für die ersten Christen gehörte der Jerusalemer Tempel ganz selbstverständlich zum religiösen Leben. Besonders Lukas berichtet in seinem Doppelwerk vom Gebet der Jünger im Tempel.[2] Unklar bleibt, ob sie sich auch am Opferkult beteiligten oder wirklich nur zum privaten oder gemeinsamen Gebet in den Tempel kamen. In jedem Falle wurde von Anfang an die Tempel- durch die Hausliturgie – insbesondere das Brotbrechen – ergänzt.[3]

2.1.2 Synagoge

Als ein frühes Vorbild synagogaler Liturgie wird häufig Neh 7–8 gewertet.[4] Sicher ist, dass die Synagoge nicht eine Ablösung des Tempels nach dessen Zerstörung im Jahr 70 darstellt, wenngleich sie seit diesem Datum den Kult in gewissermaßen spiritualisierter Form ersetzt, sondern dass es sich vielmehr um eine eigenständige, regionalisierende Parallelentwicklung zum zentralen Tempelkult handelt.[5] Die Liturgie der Synagoge ist wesentlich Wortgottesdienst; rituelle Elemente haben ursprünglich aller Wahrscheinlichkeit nach keine große Rolle gespielt. Obwohl von der Synagogenliturgie erst im Mittelalter gesprochen werden kann[6] und liturgiegeschichtlich ergiebige Quellen für die früheren Jahrhunderte nicht vorliegen, muss man doch davon ausgehen, dass Weihrauch nicht verwendet wurde.

Dennoch übte der jüdische Gottesdienst insbesondere in der Synagoge großen Einfluss auf die Gestalt christlicher Liturgie aus.[7] Jesus selbst diente die Synagoge als Forum für seine Predigt, und auch der Völkerapostel nutzte die Versammlungen der jüdischen Gemeinde als Ansatzpunkt für die Verkündigung des Evangeliums von Christus.[8]

2.1.3 Haus

Wirft man einen Blick auf die jüdischen Riten der Verabschiedung des Sabbats im Kreis der Familie, gerät ein Konstitutivum der frühchristlichen Abendgottesdienste in den Blick. Neben dem Weihrauch spielen Licht und Lobgebet eine besondere Rolle in der Feier. Aus dem 1. Jahrhundert n. Chr. erhält man Kunde vom sogenannten Berakah-Streit der Schulen von Rabbi Shammai und Rabbi Hillel. Nach dem Lichtsegen bevorzugten die Anhänger Shammais die Danksagung für den Sabbat vor dem Segen des Weihrauchs, der an dieser Stelle verbrannt wurde, später aber durch das Riechen an Gewürzen ersetzt wurde. Hillels Schule, die sich schließlich durchsetzte, vollzog den Weihrauchritus vor dem Dankgebet für den Sabbat.[9]

Auch die erste Christengemeinde versammelte sich in Privathäusern und im Abendmahlsaal, um gemeinsam zu beten und das Brot zu brechen.[10]

2.1.4 Zusammenfassung

Nach dem Zeugnis der Evangelien und der Apostelgeschichte hielten die ersten Christen am regelmäßigen Tempel- und Synagogengottesdienst fest. Das ändert sich auch bei Aufnahme von Heiden in die Gemeinden nicht sofort.[11] Nach 70 n. Chr. häufen sich jedoch Konflikte mit den Juden über den Anspruch auf den Synagogengottesdienst.[12]

Für die Herausbildung des christlichen Stundengebetes waren nicht Details jüdischer Liturgie maßgebend, sondern allenfalls die – anthropologisch mehr oder weniger selbstverständlichen – zeitlichen Verortungen des Gebetes. Die Liturgiegestalt des Offiziums ist offensichtlich ein genuin christliches Produkt. Für Übereinstimmungen kann keine direkte Vermittlung, sondern – wie z. B. in Bezug auf den Weihrauchritus zu sehen sein wird – nur eine nachträgliche Deutung des originär Entwickelten vermittels jüdisch-kultischer Vorgänge angenommen werden. Im Gegenteil: Es lässt sich zeigen, dass gerade Grundkonstituentien christlicher Tagzeitenliturgie – beispielsweise der Ps 141 im Abendgebet – im Judentum fehlen.[13]

2.2 Die Anfänge christlicher Tagzeitenliturgie

Die Tradition fester Gebetszeiten übernahm die christliche Gemeinde von der sie zunächst umgebenden jüdischen Kultur. Dabei hatte nicht nur der Tempelkult feste Zeiten am Morgen und Abend, zu denen das Opfer dargebracht wurde, sondern auch für das Gebet in den Synagogen, bei Splittergruppen und in der Diaspora war ein Morgen- und Abendgebet selbstverständlich.[14] Das jüdische Verständnis der Gebetszeiten als Erinnerung des Paschageschehens (Abend) und Bundesschlussses (Morgen) wurde christlicherseits abgelöst durch das Gedenken an den Erlösungstod Christi am Kreuz (Abend) und an seine Auferstehung (Morgen).[15]

So begegnen auch in der Apostelgeschichte feste Gebetszeiten um die dritte, sechste und neunte Stunde des Tages.[16] Die Didache mahnt, dreimal am Tag das Vaterunser zu sprechen. Die tradierten Zeiten sollten sich durch originär christliche Gebete von den jüdischen Synagogengottesdiensten unterscheiden.[17] Am Ende des 1. Jahrhunderts mahnt Clemens von Rom in seinem ersten Brief an die Korinther zu einer festen Gebetsordnung.[18]

Tertullian nimmt auf die Gebetszeiten der Apostelgeschichte Bezug und mahnt die Christen, sich an die festgesetzten Stunden zu halten.[19]

Detailliertere liturgische Anweisungen gibt die um 215 verfasste Traditio Apostolica des Hippolyt von Rom. Privates Gebet zur dritten, sechsten, neunten Stunde, beim Schlafengehen, um Mitternacht und beim Hahnenschrei wird ergänzt durch morgend- und abendliches Gebet in der Gemeindeversammlung.[20] Auch die Apostolischen Konstitutionen aus dem späten 4. Jahrhundert beschreiben ein ausladendes System von Gebetszeiten.[21]

Für Eusebius von Cäsarea (263–339) gehört die Feier von Morgengebet und Vesper fest zum gottesdienstlichen Leben der Gemeinde.[22] Die Gebetszeiten wurden von Laien und Klerikern gemeinsam verrichtet.

Die Gebetszeiten werden in der Frühzeit durchaus theologisch gewertet und widerstreiten darin einer modernen Auffassung von der Heiligung der Zeit, die gegen die vielfältigen Bezüge bei den Vätern eher reduktionistisch anmutet. Chrysostomus versteht die Horen an den Eckpunkten des Tages als morgendlichen Lobpreis und abendliche Bitte um Sündenvergebung.[23] Motiviert ist die Sicht des Abendgebetes als Opfer zur Sündenvergebung durch Ps 141,2. Opfergeruch und Expiation werden erstmals in Sir 45,16 und in Qumrantexten spiritualisierend verbunden. Konsequent ist mit Blick auf die Vesper der Weihrauch erwähnt. Der Bußcharakter der Vesper wird also auch durch Weihrauch ausgedeutet. Dieser Bußcharakter ist in den östlichen Riten ein Zeichen der Selbstdarbringung, einer Reue, die aufsteigt mit unseren Gebeten im Zeichen unserer erhobenen Hände und dem Weihrauch. Aber auch das Motiv der Fürbitte und der Danksagung für den vergangenen Tag steht in der theologischen Perspektive der Vesper.[24]

Zunehmender Ritualisierung der gemeindlichen Gebetsgottesdienste ist die Entwicklung zu einem sakramentaleren Verständnis dieser Liturgiefeiern zuzuschreiben. Dies wiederum führte zu einer Vorstellung von der „Heiligung der Zeit“ durch das immerwährende Gebet, das sich in den Horen an den Eckpunkten des Tages konkretisiert. Aus den angeführten Texten ergibt sich indessen, dass die früheste Tradition nichteucharistischen öffentlichen Gebetes nichts zu tun hat mit den Theorien einer Heiligung der Zeit, mit einer Liturgie der Zeit oder der Geschichte. Vielmehr leitet das Abendgebet am Abschluss des Tages an, die gerade vergangenen Stunden zu reflektieren mit Danksagung für das empfangene Gute und Reue über das vollbrachte Böse.[25]

2.3 Grundstrukturen gemeindlicher Abendsynaxe

2.3.1 Überblick

a) Gemeindliches und monastisches Offizium

Obwohl man bis vor kurzem die Verrichtung des Offiziums im Westen jahrhundertelang nur als Chorgebet der Mönche und als Breviergebet der Kleriker kannte, entstammen Vesper und Laudes gerade nicht monastischer, sondern vielmehr gemeindlicher Tradition. Während für monastisch-gemeinschaftliches Beten die betrachtende Psalmrezitation durch einen Einzelnen oder alle Mönche im Vordergrund steht, eignet dem gemeindlichen Offizium stattdessen ein zentraler Leitgedanke, dem Psalmen gemäß der Tageszeit zugeordnet werden. So findet seit ältester Zeit Ps 63 im Morgen- und Ps 141 im Abendgebet seinen Platz.[26] Gesungen werden sie antiphonal oder responsorial. Bei den Mönchen erfahren die Psalmen keine thematische Zuordnung zu bestimmten Gebetszeiten, sondern werden im Sinne einer Psalmodia currens der Reihe nach gelesen. Ein weiteres Charakteristikum der klösterlichen Horen ist ihre Zeremonienlosigkeit. Demgegenüber wird in den Pfarrkirchen die Feier durch sinnenfällige Riten ergänzt.

Durch jahrhundertelange gegenseitige Beeinflussung wurde die Stundenliturgie der Gemeinde sowohl im Osten wie auch im Westen fast völlig von der monastischen überformt. Noch sind im Osten die Gemeindeelemente deutlicher sichtbar, aber auch im Westen hatte sich selbst im Brevier Pius' V. von 1568 in Grußformeln, Antiphonen und Responsorien ein zumindest theoretischer Gemeindebezug erhalten. Eine Wiederverwurzelung der Tagzeitenliturgie in den Gemeinden des römischen Ritus strebte schließlich das II. Vaticanum an, indem es empfahl:

> *Die Seelsorger sollen darum bemüht sein, dass die Haupthoren, besonders die Vesper an Sonntagen und höheren Festen, in der Kirche gemeinsam gefeiert werden. Auch den Laien wird empfohlen, das Stundengebet zu verrichten, sei es mit den Priestern, sei es unter sich oder auch jeder Einzelne allein.* (SC 100)

Ausgangspunkt für die folgenden Überlegungen ist aufgrund seiner rituellen Gestalt das in den Gemeinden abgehaltene sogenannte Kathedraloffizium. Um die heutige Situation zu klären, wird dann auch auf die Überformung durch die klösterliche Praxis eingegangen werden.

b) Strukturelemente

Altchristliches gemeindliches Abendgebet setzte sich zusammen aus drei Elementen. In einem vereinfachten aus der Zusammenschau verschiedener Regionen und Epochen gewonnenen Schema stellt sich der ideale Aufbau einer Vesper folgendermaßen dar:

1. Lichtritus:
   Eröffnungsruf – Hymnus – Lichtdanksagung
2. Weihrauchritus:
   Entzünden des Weihrauchs – Psalm 141 (140) – Oration
3. Allgemeines Gebet:
   Kyrielitanei – Vaterunser – Entlassung

Diese Zusammenstellung soll zunächst systematisch nach ihren einzelnen Bestandteilen untersucht werden. Im Anschluss daran wird ein Überblick über die Entwicklungsgeschichte der Abendhore in den verschiedenen Regionen geboten.

2.3.2 Die Herkunft des Weihrauchritus

Während Lichtritus und Allgemeines Gebet im Zusammenhang dieser Studie außer Acht bleiben können, soll der Weihrauchritus und damit zunächst der Abendpsalm 141 (140) näher betrachtet werden.

Ps 141 (140) begegnet in den christlichen Abendgebeten fast aller Regionen von frühesten Zeiten an. Aufgrund seiner in V. 2 angesprochenen Abend-Thematik hatte er Aufnahme in die Vesper gefunden. Es ist dies ein originär christliches Element im Gebetsgottesdienst, denn in der jüdischen Synagogen- oder Tempelliturgie spielte dieser Psalm keine Rolle.[27]

a) Zeugnisse für Ps 141 (140)

Das erste definitive Zeugnis für Ps 141 (140) im Abendgebet findet sich bei Origenes († ca. 254) in seiner Schrift *Vom Gebet*, in der er Ps 141,2b zitiert, um die Gebetszeit am Abend mit einem prophetischen Wort Davids zu legitimieren.[28]

In der Folgezeit finden sich häufigere Belege für seine Verwendung. So berichtet Eusebius vom abendlichen Sprechen des Psalmes,[29] und auch in der Gemeinde des Johannes Chrysostomus ist er bekannt.[30] Die Apostolischen Konstitutionen ordnen Ps 141 (140) der Vesper, Ps 63 (62) dem Morgengottesdienst zu.[31]

b) Liturgische Deutung

Die Anlage des Psalters bringt inhaltlich verwandte Stücke zusammen, weshalb die numerische Folge in vielen Fällen auch die liturgische Abfolge bedingt. In einen größeren textimmanenten Zusammenhang ist Ps 141 (140) allerdings nur noch in der armenischen Gemeindevesper integriert. Dort werden die Pss 140–142 (139–141) in Folge gelesen. Bei den Byzantinern führt nach Ps 141 (140) der nächste Psalm das Abendgebet mit Bitte um Vergebung und Erbarmen weiter; auch der anschließende Ps 130 (129) verstärkt als „Ruf aus der Tiefe" diese Thematik und bezieht sich mit *von der Morgenwache bis zur Nacht* auch auf die Gebetszeit. Der die sogenannten Luzernarpsalmen abschließende Ps 117 stellt den Dank für Gottes Güte und Treue dar und ist gewissermaßen als Zusage des erbetenen Erbarmens zu verstehen.[32]

Auch im pianischen Brevier waren die 150 Psalmen weitgehend der Reihe nach auf die Woche verteilt. Erst die LH 1972 sprengt diesen Zusammenhang auf und wählt die jeweiligen Psalmen für die Hore gezielter aus. Doch am Gründonnerstag, Karfreitag und am Gedächtnis der fünf Wunden des Herrn legte auch schon das BR 1568 Christus gezielt die Worte des Ps 141 (140) in den Mund. Seinen V. 3 *Stell eine Wache vor meinen Mund, eine Wehr vor das Tor meiner Lippen!* bezog man darauf, dass sich in der Passion Jesu Mund nicht zur Klage auftat.[33]

c) Die Verbindung des Weihrauchritus mit Ps 141 (140)

Es wurde bereits dargestellt, dass die Bitte um Vergebung eine wichtige Facette der frühchristlichen Vespertheologie darstellt. Ephräm der Syrer stellt in seinen *Carmina Nisibenia* eine Verbindung zwischen Weihrauchopfer und der Bitte um Vergebung und Aussöhnung her. Nicht zuletzt aufgrund dieses Zeugnisses nimmt Winkler einen syrischen Ursprung dieser Deutung an, die sich auch auf Berührungspunkte zum Judentum berufen kann, das dem Weihrauch „vordergründig pönitentielle und expiatorische Bedeutung" beimaß.[34] Die Texte entstanden zu einer Zeit, da noch nicht von einer praktischen Weihrauchverwendung bei der Vesper auszugehen ist.

In Ps 141,2 werden Abend- und Rauchopfer miteinander verknüpft. Was lag also näher, als den Text, einmal als Gebet zur Abendzeit übernommen, im Zuge einer allgemeinen Ritualisierung nun seinerseits zeichenhaft auszudeuten.[35] Dies setzte vor allem dort ein, wo die Vesper weniger *epilychnios eucharistia*, sondern abendliches Gebet um Sündenvergebung darstellte.

Während Aetheria noch von einer rituellen Verwendung des Weihrauchs nichts weiß, kann man spätestens im Antiochien des 5./6. Jahrhunderts jedoch davon ausgehen, dass Weihrauch zur Vesper – wohl aber noch nicht zur Liturgie – verwendet wurde. Theodoret schreibt, dass zur Vesper Weihrauch und Lichter dem Herrn dargebracht wurden.[36] Dabei ist gerade die Parallelisierung von Weihrauch und Lichtern charakteristisch für die Vesper. Eine rein metaphorische Bezugnahme ist daher auszuschließen.

2.3.3 Zusammenfassung

Die beiden Charakteristika des gemeindlichen Abendgebetes sind einerseits der Lichtritus, andererseits Psalm 141 (140) mit später hinzutretendem, ausdeutendem Weihrauchritus. Nahezu überall verbreitet ist das Allgemeine Gebet, das allerdings auch in anderen Gottesdienstformen begegnet und nicht typisch für die Vesper ist.

Die drei rituellen Elemente stehen für theologische Motive des Vespergottesdienstes. Im Lichtritus kulminiert die Danksagung, Psalm 141 (140) und die Darbringung des Weihrauchs unterstreichen das pönitentielle Element, und im abschließenden gemeinsamen Gebet kommt die universale Dimension in Form von Fürbitten zum Ausdruck.

Die beiden originär der Vesper zuzuordnenden Pole, der Dank- und Bußcharakter, wurden im Laufe der weiteren Entwicklung im Osten und Westen unterschiedlich akzentuiert: In den orientalischen Vesperriten wurde dabei allgemein besonders Letzterer hervorgehoben, und es kam zu einem Verfall des Lichtritus.[37] Das hatte zur Folge, dass die ursprünglich mit der Lichtdanksagung verbundene Darbringung des Weihrauchs nun mit Ps 141 (140) verknüpft wurde. Im Westen dagegen verlagerte sich der Schwerpunkt der Vesper mehr und mehr auf die Lichtfeier, wodurch es hier zu einer allmählichen Verdrängung von Ps 141 (140) kam.[38]

2.4 Die Vesper im Osten

2.4.1 Die Vesper am Ende des 4. Jahrhunderts

Das Sprechen des Abendpsalmes 141 (140) und abschließende Fürbitten waren die Bestandteile des gemeindlichen Abendgebetes in Antiochien vor 397. Der Schwerpunkt lag dabei auf dem Reuegebet am Abschluss des Tages.[39] Schon vorher begegnet in Kappadokien ein eröffnender Lichtritus mit dem uralten Hymnus *Phos hilaron*. Vor den Bitten werden noch Lesung und Homilie eingeschaltet.[40] Auch die etwa zeitgleich in Syrien entstandenen Apostolischen Konstitutionen erwähnen unter den Luzernarpsalmen den Ps 141 (140) und beschreiben ausführlich die Struktur der Bitten, die mit Kollekte und Segen schließen. Von einem Lichtritus verlautet nichts.[41] Aus dem Kapitel 24 des Itinerars der Aetheria lässt sich für das ausgehende 4. Jahrhundert folgende Grundstruktur der Jerusalemer Vesper erheben: Ein Lichtritus wird begleitet von Psalmen. Es folgen der feierliche Einzug und ein Hymnus, vielleicht das *Phos hilaron*. Abgeschlossen wird der Gottesdienst mit Fürbitten, Gebet und Segen.[42] Weihrauch begegnet nur als Ehrenzeichen.[43]

2.4.2 Die Vesper im syrischen Raum

Zwar begegnet im 6./7. Jahrhundert im ostsyrischen Bereich auch die Grundstruktur von Lichtritus mit Gebet zu Christus als dem Licht der Welt, Weihrauchritus mit Oration und Hymnus, gefolgt von der mit Ps 141 (140) eröffneten Psalmodie und dem abschließenden Fürbitt- und Segensgebet; hier wie in Westsyrien ist der Weihrauch jedoch in einen eigenständigen Ritus eingebunden.

Bei Maroniten und Jakobiten findet man noch heute im Anschluss an die (wieder mit Ps 141 [140] eröffnete) Psalmodie, während der in der Frühzeit Lichtritus und Inzensierung stattfanden, einen weiteren, ausführlichen Weihrauchritus, den Winkler als *oblatio incensi* bezeichnet.[44] Im Syrischen heißt er *hussaya*, was dem hebräischen כפר (KPR – Sühne schaffen) entspricht. Nach der Imposition des Weihrauchs wird der Ritus von einem *prumyun* (Proömium) eröffnet, an das sich das eigentliche Inzensgebet *(sedro)* anschließt. Patriarch Johannes hatte es im 7. Jahrhundert eingeführt. Zur Beräucherung singt die ganze Gemeinde ein Lied *(qolo)*, in dem sie Gott um die Annahme des Weihrauchs bittet. Den Abschluss bildet ein kurzes Priestergebet *(etro)* mit dem gleichen Inhalt.[45]

Im monastischen Offizium der gleichen Region wird die Verbindung zur Bußgesinnung noch deutlicher. Dort nämlich ist Ps 51 (50) Begleitgesang zur Räucherung.[46] Etliche Einschübe[47] spielen dabei konkret auf die Weihrauchverwendung an. Sie greifen – wie allgemein die syrische Weihrauch-Terminologie – zurück auf Aaron, den Priestertypus des Alten Bundes, und damit auch auf die Deutung, die der Weihrauch im Judentum erfuhr.[48]

Während die syrischen Riten kaum Einfluss auf die orthodoxen Bräuche nach dem Konzil von Chalcedon ausübten, ist hier noch von zwei liturgischen Traditionen zu berichten, die zusammengenommen als Vorlagen des heutigen Vesperschemas des byzantinischen Ritus gelten können.

2.4.3 Jerusalem und Konstantinopel

Das liturgische Leben beider religiöser Zentren hatte eine enorme Ausstrahlungskraft. Allerdings ist eine wechselseitige Beeinflussung zunächst von Jerusalem in die Reichshauptstadt und etwa 200 Jahre später in der umgekehrten Richtung anzunehmen. Ursprünglich – d. h. bis in die Zeit des Ikonoklasmus hinein – zeichnete sich das Jerusalemer Offizium vor allem durch seine reiche Hymnik, das konstantinopolitanische durch Psalmen aus.

Da während des Bilderstreites viele Mönche aus der Hauptstadt flüchteten, fiel eine tragende Gruppe des gemeindlichen Gebetes weg. In Palästina hingegen unterstützten die Klöster die gemeindlichen Traditionen. Besonderen Einfluss übte hier das Typikon des Sabbas-Klosters aus. In Konstantinopel wurde es von den Studiten adaptiert. Wegen der reichen Hymnik gewann es große Popularität und begann sich auch in den Pfarrkirchen durchzusetzen. Ein Wiedererstarken des liturgischen Lebens anhand der Anregungen aus dem Heiligen Land war die Folge. Bereits im 10. Jahrhundert scheint nun umgekehrt die noch zweihundert Jahre vorher so inspirierende Jerusalemer Liturgie brachzuliegen. Man orientiert sich seinerseits an den Bräuchen der Reichshauptstadt und integriert sie in die eigene Gottesdienstfeier. Die seit dem 5. Jahrhundert keineswegs bruchlos entwickelte Kirchenjahreshymnik, die das Stundengebet überformt hat, lässt eine Übernahme auch ohne die topographischen Gegebenheiten Jerusalems zu. Im Rahmen dieser gegenseitigen Beeinflussung entwickelt sich im Laufe der Jahrhunderte die byzantinische Vesper.[49]

Für Jerusalem ist in den Jahrhunderten nach Aetheria Ps 141 (140), der Lichthymnus *Phos hilaron* und ein Abschluss nachweisbar. Mindestens in der Vesper der Osternacht wurde zum Psalm auch Weihrauch verwendet. Im Konstantinopel des 9./10. Jahrhunderts – also bereits nach dem Ikonoklasmus – folgt nach einer Eingangspsalmodie der (einzige) Abendpsalm Ps 141 (140) mit drei kleinen Stichiren. Die Fürbitten beschließen die Feier. Zu Ps 141 (140) wurde wohl nicht geräuchert. In den Einschüben wird die Weihrauchthematik, obschon naheliegend, stets vermieden. Selbst der Psalmvers 2 wird geändert und das ως θυμιαμα (ôs thymiama) unterdrückt. Auch fehlt ein feierliches Lichtentzünden.[50]

Aus Jerusalem gelangen der Hymnus *Phos hilaron,* die Luzernarpsalmen Ps 141, 142, 130, 117 (140, 141, 129, 116), die noch heute in der byzantinischen Vesper gesungen werden, und die Inzens in den Abendgottesdienst der Reichshauptstadt.[51]

2.4.4 Die byzantinische Vesper

Die drei Hauptelemente gemeindlichen Abendgebetes sind in der byzantinischen Vesper erhalten geblieben. Viele Zutaten der Geschichte verstellen aber den Blick auf das Wesentliche – eine Schwierigkeit, die sowohl im Schema wie noch mehr im Vollzug zu schaffen macht.

Nach dem Eingangssegen wird als Statio der Schöpfungspsalm 104 (103) gelesen. Hierzu wird die Kirche inzensiert. Der Priester spricht währenddessen die Luzernariumsgebete, die ursprünglich Orationen zum Abschluss der einzelnen Abschnitte der Vesper darstellten. Das siebte dieser Gebete nimmt auch auf den Weihrauch Bezug.

Nach einer großen Ektenie folgen Psalmen, die fortlaufend in drei Abschnitte (Kathismata) eingeteilt und durch kleine Ektenien unterbrochen gelesen werden. Den Abschluss bildet ein Theotokion.

Nun beginnt die eigentliche Vesper, es werden die Lichter entzündet, es wird inzensiert und die Luzernarpsalmen werden gesungen, am Schluss unterbrochen von Stichiren. An Sonn- und Feiertagen folgt nun der Einzug des Bischofs (Priesters) in den Altarraum und der kleine Einzug mit dem Evangeliar. Dann singt man den Hymnus *Phos hilaron.* Lesungen mit einleitenden Prokimena kommen zum Vortrag. Die inständige Ektenie, die sich anschließt, entspricht dem Allgemeinen Gebet der alten Kirche. Abendgebet, Bittektenie und Hauptneigungsgebet schließen den Hauptteil der Feier ab.

Häufig folgt noch ein großes Fürbittgebet (Litia), das im Vorraum der Kirche gesprochen wird und so die Teilnahme auch der Büßer und Katechumenen erlaubt. Nach den Gesängen, die die Rückkehr in den Hauptraum der Kirche begleiten, werden die Entlassgebete gesprochen.

2.4.5 Die Vesper bei den Kopten

Bevor die westlichen Riten zur Behandlung anstehen, soll noch ein Blick auf den koptischen Brauch erfolgen. Das heute dort gepflegte Stundengebet entstammt monastischer Tradition, besteht im Lesen von zwölf Psalmen und verfügt über keinerlei rituelle Ausgestaltung; auch wird es stets nur gesprochen. Die Väter des 4. Jahrhunderts bezeugen hingegen ein regelmäßiges Gebet der Gläubigen in der Kirche am Morgen und am Abend. Einen Rest dieses alten Gemeindeoffiziums ist in der Darbringung des Abend- und Morgenweihrauchs zu suchen, der eng mit der eucharistischen Liturgie in Verbindung steht. Das Kernstück dieses Ritus ist ein Darbringungsgebet über den Weihrauch, das wegen seiner reichen Anklänge an Schrift und Liturgie hier angeführt sei:

Christus, unser Gott, der Große, Furchtbare und Wahre,
der einzig-geborene Sohn und Wort des Vaters,
dein heiliger Name ist gleich dem ausgegossenen Myron,
und an allen Orten wird deinem heiligen Namen Weihrauch dargebracht.
Wir bitten dich, Herr, nimm unsere Bitten an,
laß unser Gebet wie Weihrauch vor dir aufsteigen
und das Erheben unsrer Hände sei dir wie ein Abendopfer.[52]

Wohl aufgrund der abschließenden Paraphrasierung von Ps 141 (140) vermutet WINKLER, es könne sich hierbei um ein ursprünglich ebendiesem Psalm zugeordnetes Begleitgebet der Inzensierung handeln. Es finden sich aber auch koptische Belege, wonach die Inzens mit den Bitten verbunden worden ist.

2.5 Die Vesper im Westen

2.5.1 Die Inzens zu Ps 141 im Westen

Prinzipiell kann für die Vesper die gleiche Grundstruktur, die im Osten zu erkennen war, auch für die gemeindlichen Abendgottesdienste im Westen in Anspruch genommen werden.

Auch im altspanischen Ritus[53] hatte Ps 141 (140) seinen Platz. Der Schwerpunkt liegt aber schon früh eindeutig auf dem Lichtritus.[54] Bald taucht der Psalm nur noch zu besonderen Anlässen auf und wird gar im 8. Jahrhundert durch seine Stichiren und Antiphonen ersetzt. Im 11. Jahrhundert ersetzt das römische Kursaloffizium die mozarabische Kathedralvesper.

Im ambrosianischen Stundengebet[55] verschwand Ps 141 (140) ebenfalls im Laufe der Zeit. Ambrosius benutzt allerdings den daraus abgeleiteten Begriff *sacrificium vespertinum*[56], und auch das Manuale des Beroldus schreibt für einzelne Tage eine Darbringung von Licht und Weihrauch vor, zu der einzelne Verse aus dem Psalm rezitiert werden.[57] Winkler rekonstruiert für die Mailänder Kathedralvesper das Schema: Oblatio – Psalm 141 (140) – Fürbitten.[58] Aus diesen drei Teilen setzt sich heute das die ambrosianische Vesper eröffnende Luzernar zusammen, das nach monastischer Manier durch Psalmodie mit Magnificat und einer Statio ergänzt wird.

2.5.2 Die Verdrängung von Ps 141 im römischen Ritus

Für Rom fehlen vor dem 7. Jahrhundert Zeugnisse, die die Gestaltung der Abendsynaxe beschreiben. Nach Eusebius und anderen sei sie jedoch allgemeiner Brauch gewesen.[59] Und auch ein Brief des Diakons Gemmulus an Bonifatius von 744 zeigt, dass selbstverständlich auch in Rom ein gemeindliches Gebet üblich war, zu dem Weihrauch verwendet wurde:

> *Denn wir haben durch Weisung der Priester ein Gefäß geschickt, damit ihr dem Herrn zur Zeit der Mette und zur Vesper und auch während ihr die Messe feiert den Weihrauch darbringt, wunderbaren Duft und Wohlgeruch.*[60]

Entscheidenden Einfluss auf die Form des römischen Stundengebetes hatte die Mönchsregel Benedikts. Es heißt dort zur Ordnung der Vesper:

> *Für die Feier der Vesper werden vier Psalmen mit Antiphonen festgesetzt. Nach den Psalmen wird eine Lesung vorgetragen, dann das Responsorium, ein Hymnus des Ambrosius, der Versikel, das Canticum aus dem Evangelium, die Litanei und als Abschluss das Gebet des Herrn. (RB 17,7 f)*

Die Ordnung, nach der die Psalmen in den Horen gebetet werden sollen, beschreibt Benedikt im folgenden Kapitel. Mit einigen Ausnahmen werden Ps 109–147 der Reihe nach gesungen, jeden Abend vier Psalmen. Es handelt sich also weitgehend um eine monastische Kurrentpsalmodie.

Für die folgenden Elemente der benediktinischen Vesper weist Becker einen kathedralen Ursprung nach.[61] Bei der kurzen Lesung (Kapitel genannt) handelt es sich wesentlich nicht um Schriftlesung, sondern um den ursprünglich die Vesper eröffnenden Segen. Lange wurde für gewöhnlich an dieser Stelle 2 Kor 1,3 f verwendet, dessen V. 3 mit dem heutigen Eröffnungssegen byzantinischer Gottesdienste fast wörtlich übereinstimmt. Auch das Responsorium war ursprünglich nicht Antwortgesang. Beachtet man auch hier, dass früher an dieser Stelle Verse aus Ps 104 (103) verwendet wurden, kann man das Responsorium als Relikt des die Vesper eröffnenden Schöpfungspsalmes verstehen. Der ambrosianische Hymnus hatte sicherlich einen deutlichen Bezug zur Tageszeit und war im Kathedraloffizium Begleitgesang zum Lichtentzünden. Im Versikel Ps 141,2 erkennt man den Rest des Abendpsalmes, der nun mit dem neutestamentlichen Canticum[62] verbunden wird und das kathedrale Weihrauchopfer substituiert. Kyrielitanei und zusammenfassendes Vaterunser entsprechen den Fürbitten.

Bei der benediktinischen Vesper handelt es sich der Struktur nach also um eine – wohl rituell vereinfachte – Kathedralvesper mit vorgeschalteter monastischer Kurrentpsalmodie. Diese Mischform hatte – wie die ganze Regel überhaupt – großen Einfluss auf die Gebetstradition des Abendlandes. In Unkenntnis der kathedralen Ursprünge weiter Teile des Schemas setzte sie sich in der römischen Kirche durch und blieb bis zur Reform der Stundenliturgie 1970 in Kraft.

Ob der abendliche Weihrauchpsalm bei Benedikt deshalb zum Versikel reduziert wird, weil zur klösterlichen Vesper kein Weihrauch mehr verwendet wurde, muss im Dunkeln bleiben. Nach Rhaban wird im 9. Jahrhundert zum Stundengebet jedenfalls nicht mehr inzensiert. Die benediktinische Vesper hat sich als eine monastische auch in den Kapitelkirchen und Pfarreien durchgesetzt. In einem Abschnitt über die Vesper beschreibt Rhaban zwar den jüdischen Brauch täglichen Opferns im Anschluss an das Buch Exodus, setzt sich aber gerade von den Bräuchen des Alten Bundes ab, wenn er Christus als das neue Abendopfer apostrophiert. Psalm 141 (140) allerdings wird verwendet.[63]

Doch auch noch später, im 13. Jahrhundert, wird in Rom nicht zum Magnificat, sondern zuvor inzensiert. Von Begleitworten verlautet nichts.

> *Danach legt der Papst Weihrauch ein, der bereitliegen soll, und inzensiert den Altar; er kehrt, wenn dieser inzensiert worden ist, zu seinem Platz zurück. Der Kardinal, der den Buchdienst hat, nimmt das Rauchfass und inzensiert den Papst, die Kardinäle und alle bekleideten Prälaten und Kapläne gemäß der Ordnung. Der Kaplan spricht das Kapitel, und der Papst stimmt den Hymnus und die Antiphon zum Magnificat an.*[64]

Noch Amalar berichtet, dass in Rom während des Versikels Ps 141 (140),2 vor dem Magnificat Inzens aufgelegt wird.[65] Im BR 1568 wird schließlich während des Magnificats inzensiert, obwohl der abendliche Weihrauchpsalm in Versikelform unmittelbar zuvor anklingt.

2.5.3 Die Inzens zum Magnificat

Für die Verschiebung des Räucherritus von Ps 141 (140) bzw. dessen Versikel auf das Magnificat führt Becker als denkbare Begründungen an, dass Ps 141 (140) mit seinem nicht gerade leicht verständlichen und zudem im mehr pönitentiellen Bereich verhafteten Text sich nicht so großer Beliebtheit erfreute wie die neutestamentlichen Cantica, die die deutsche Fassung der AES gar als volksnah[66] bezeichnet. In der LH 1972 hat das Magnificat endgültig den Weihrauchpsalm als Begleitgesang zur Inzens verdrängt. „Analog zu anderen liturgischen Wachstumsprozessen dürfte die Entwicklung nach dem Schema A/Ab/AB/aB/B verlaufen sein, wobei A durch die alten Liturgien, aB durch das Breviarium Romanum 1568 und B durch die Liturgia Horarum belegt ist."[67] A meint hierbei Ps 141 (140), B das Magnificat als Begleitgesang der Inzens.

2.6 Die Entwicklung der Weihrauchriten in den übrigen Horen

2.6.1 Laudes

Obschon zu Anfang das jüdische Weihrauchopfer, das ja gleichermaßen am Morgen wie am Abend stattfand, als Vorbild der christlichen Inzens bei der Tagzeitenliturgie reklamiert wurde, war bisher nahezu ausschließlich von der Vesper die Rede. Die Entwicklungslinie ist hierfür in enger Verbindung mit dem Abend- und Weihrauchpsalm 141 (140) ungebrochen zu zeichnen. Das heißt aber nicht, dass in den Morgenoffizien der Weihrauch nirgendwo Aufnahme fand. So begegneten uns bereits Teile des koptischen Kathedraloffiziums, das in Verbindung mit der eucharistischen Liturgie am Morgen und Abend gefeiert wird. Auch bei den Chaldäern ist ein Weihrauchritus in den Laudes üblich.[68]

Im Westen ist die Inzens zum Benedictus der Laudes wohl erst einer rituellen Relecture des Alten Testaments zu verdanken. Voraussetzung für die Parallelisierung des Weihrauchritus von Vesper und Laudes war selbstverständlich die Verbindung des Räucherns mit dem Magnificat als dem neutestamentlichen Canticum der Vesper, das – anders als Ps 141 (140) – seine Entsprechung in den Laudes hat. Diese Übertragung lag nicht zuletzt auch deshalb nahe, weil Zacharias, der nach Lukas das Benedictus anstimmt, mit dem Weihrauchopfer im Jerusalemer Tempel betraut war.[69]

Während Amalar eine Inzens zum Benedictus noch nicht erwähnt, spricht Sicard von der Altarinzens zu den Cantica, bezeichnenderweise sowohl in Laudes wie Vesper begleitet vom still gesprochenen Versikel *Dirigatur* aus Ps 141 (140).[70] Für die feierliche Form von Laudes und Vesper war gemäß Trienter Ritus ebenfalls zu beiden Cantica Inzens vorgesehen.

Heute ermöglicht die InstLH ebenfalls beide Räucherungen. Allerdings ist der Inzensritus an allen Tagen fakultativ.[71]

2.6.2 Komplet und kleine Horen

Interessanterweise fand nie eine Übertragung der Riten, die Magnificat und Benedictus auszeichnen, auf das *Nunc dimittis* der Komplet statt. Eine Räucherung kam aber wohl schon deswegen nicht in Frage, weil die Komplet – gewissermaßen das „Gebet auf der Bettkante"[72] – nicht im gleichermaßen feierlichen Ritus wie Vesper und Laudes gehalten wurde. Versteht man den Inzensritus nun aber – entgegen seiner Genese – als eine Auszeichnung eines den Evangelien entnommenen Gesanges, ist der Passus aus AES 138 sicherlich auch auf das *Nunc dimittis* zu übertragen.[73]

> *Den Lobgesängen Benedictus, Magnificat und Nunc dimittis wird dieselbe Feierlichkeit und Ehre erwiesen wie dem Evangelium. (AES 138)*

AES 261 klärt diese Interpretation aber eindeutig als unzutreffend. Gleichwohl kann es sinnvoll sein, Weihrauch in einer feierlichen Komplet (beispielsweise zum Jahresschluss) zu verwenden.

Im römischen Ritus, in dem Weihrauch bislang grundsätzlich eine besondere Auszeichnung einer Festliturgie darstellte, konnten sich begreiflicherweise nie Inzensationen in den schlichten kleinen Horen durchsetzen. Es lassen sich hierfür auch nur einzelne Belege finden.

So wissen Thalhofer/Eisenhofer von den Metten in Hirsau und Cluny zu berichten, in denen an Sonn- und Feiertagen der Altar und die Brüder im Chor auch bei der dritten, sechsten und neunten Lektion beräuchert wurden.[74] Auch zur Verkündung einer Evangelienperikope wurden im 11. Jahrhundert innerhalb der Metten die gleichen Ehrenzeichen wie in der Messe – Kerzen, Glockenläuten und Weihrauch – verwendet.[75]

Aber auch dieser Ritus hat nichts mit der Ausgestaltung der Hore als solcher, sondern innerhalb derselben mit einer Hervorhebung des Evangeliums zu tun.

2.7 Die Altarinzens beim Stundengebet und ihre Probleme

Die ausführliche liturgiegeschichtliche Bestandsaufnahme sollte vor allem in die Lage versetzen, ein deutliches Bild von der Deutung des Weihrauchs bei der Tagzeitenliturgie, speziell der Vesper, zeichnen zu können.

2.7.1 Situation

Auf die den Weihrauch betreffende Vorschrift der AES wurde bereits Bezug genommen:

> *In Laudes und Vesper kann zum Canticum aus dem Evangelium der Altar inzensiert werden. Hierauf werden auch der Priester und die Gemeinde inzensiert. (AES 261)*

Das Inzensieren des Altares und der Mitfeiernden ist im Laufe der Zeit der Weihrauchritus schlechthin geworden; auf andere Weise war Weihrauchdarbringung lange kaum vorstellbar. Allerdings lässt sich mit diesem Ritus das Motiv des Gebets nur schwer ausdrücken. Zwar ist die Altarinzens nach traditioneller Liturgieauslegung durchaus so verstehbar,[76] tatsächlich wirkt das geschwungene Rauchfass aber wie ein Verehrungsgestus. Auch der Zeitpunkt des Ritus ist dann fragwürdig. Zu Beginn der Feier, an die auch der Hymnus verschoben wurde, wäre eine solche „Begrüßung" des inmitten seiner Gemeinde gegenwärtigen Herrn sicher sinnvoller.

Dafür, dass im Stundengebet Altar, Zelebrant und Gemeinde inzensiert werden, gibt es demnach keinen innerliturgischen Anhalt. Sowohl die historische Herleitung wie auch das Verständnis der Tagzeitenliturgie als Gebetsgottesdienst haben zur Folge, dass man Weihrauch als Zeichen des Gebets und nicht der Verehrung verwenden sollte.

2.7.2 Deutungen

Der Weihrauchritus der Vesper hat in Wirklichkeit andere Bedeutungen. Wie gesehen waren es erst relativ späte Traditionen, die den Weihrauch mit dem Magnificat verbanden. Die Inzens ist somit in keiner Weise – wie oft behauptet – als Verehrung des Evangeliums aufzufassen, dessen Teil das neutestamentliche Mariencanticum ja ist. In der Vergangenheit wurde immer wieder versucht, hier eine Beziehung herzustellen, zumal ja auch zum Benedictus in den Laudes geräuchert wurde und man sich nach der Antiphon zu Beginn des Gesanges bekreuzigte.[77] Augenfälligster Widerspruch gegen diese Sichtweise aber ist, dass in der Messe zwar das Evangeliar, in der Hore aber keineswegs das Antiphonale, sondern wie zur Gabenbereitung Altar, Offiziant und Gemeinde beräuchert werden.

Da im Trienter Ritus die Altarinzens immer auch in besonderer Weise den im Altar beigesetzten Reliquien galt, meinte man zu Zeiten allegorischen Liturgieverständnisses, die Räucherung gebe der Bitte der Versammelten Ausdruck, die Heiligen im Himmel mögen die Gebete der Gemeinde unterstützen.[78]

Die spirituelle Deutung des Psalmes 141 (140), der das Weihrauchopfer als Gebet verstehen lässt, wird schon spürbar. Deutlicher noch ist dies in der folgenden Aussage: „Sodann erreicht [beim Magnificat bzw. Benedictus] der Jubel und Dank der Beter, erreicht die Gebetsbewegung der … Horen … den Höhepunkt, weshalb füglich gerade auch hier zum wirklichen Gebetsduft noch das Symbol desselben hinzukommt." Weiter heißt es: „Wohl ist dem Gesagten zufolge die liturgische Räucherung zunächst Symbol des Gebetes, aber nie und nirgends soll sie in der Liturgie bloßes Symbol, eine ausschließlich symbolische Handlung sein, es soll sich vielmehr stets mit dem Symbol auch die Realität, es sollen sich mit dem äußeren Akt des Räucherns innere Gebetsakte verbinden, sodaß die Inzensation materiell und formell actus religionis, ein Gebetsakt wird."[79] Sicherlich liegt diesem Verständnis der Räucherung auch die Sichtweise des Weihrauchpsalms zugrunde. Nicht umsonst wurde der Vers *Dirigatur* nach dem alten Missale als Begleitwort der meisten Räucherungen verwendet.

Da als Ursprünge des Weihrauchritus bei der Vesper nicht antike Kulte, Hofzeremoniell oder Begräbnisriten in Frage kommen, sondern er, vorgebildet in jüdischem Tempelritus und Sabbatbrauch, eine eigenständige christliche Ausgestaltung des Psalmes 141 (140) ist,[80] kann unter

Zurücklassung auch der Deutung der Gebetsmahnung, die Ps 141 (140) gleichwohl nahelegt, mit Becker festgehalten werden: „Als Abendopfer wird der Weihrauch Gott auf dem Altar dargebracht und vergegenwärtigt die versöhnungstiftende (Kol 1,19 f) Opferhingabe Christi am Kreuz (Eph 5,2). In der Beweihräucherung wird die Gemeinde in dieses Heilsgeschehen einbezogen: Der Wohlgeruch Christi erfüllt die Kirche (2 Kor 2,14–16). Das christologisch zu verstehende Weihrauchopfer ist also das Primäre, die ekklesiologische Dimension der Beweihräucherung das Sekundäre. Wo diese Wertigkeiten und Zusammenhänge nicht mehr gesehen werden, kommt es zu einer Deutung des Weihrauchs im Sinne von Hofzeremoniell: Ehrung von Altar (statt Opfer auf dem Altar) und Personen."[81]

Der Ursprung der Weihrauchverwendung in der Vesper ist völlig verloren gegangen. Wenn man auch anmerken könnte, dass die Inzensierung der Gemeinde, die auch im gemeinsamen Gebet ihr königliches Priestertum ausübt, im Offizium ihre Berechtigung hat, könnte die Altarinzens doch leicht als unmotiviert und infolgedessen unverständlich empfunden werden. Sicher ließen sich auch hierfür eine Menge theologischer Begründungen konstruieren, doch fehlt ihnen historisch jeder Realitätsbezug.

2.7.3 Lösungsvorschläge

Weihrauch im Gebetsgottesdienst kann nur – und nirgendwo eindrücklicher als hier – Symbol des Gebetes sein. Der Bedeutung hat auch die Form des Ritus zu entsprechen.

Will man den Weihrauch wirkliches Zeichen des Gebetes sein lassen, das zu Gott emporsteigt, sollte man diese Intention nicht durch Riten überdecken, die wie Altar- und Personeninzens Verehrung ausdrücken. Ein Räuchergefäß, dann selbstverständlich kein an Ketten schwingendes Rauchfass, sondern eine ausreichend große Schale, könnte gut sichtbar inmitten der versammelten Gemeinde stehen. Auch der Altar kann dafür (in Anlehnung an Offb 8,3) ein passender Ort sein. Allerdings sollte das Weihrauchgefäß am und nicht auf dem Altar stehen. Dort haben nach christlichem Verständnis ausschließlich Brot und Wein ihren Platz. In diesem Zusammenhang ist auch auf die Begrifflichkeit zu achten: Besser spricht man neutral von Weihrauchritus als von -spende, -darbringung oder gar -opfer.[82]

a) Im Schema der Liturgia horarum

Will man das Schema der Liturgia horarum nicht verlassen, so bieten sich dennoch mehrere Möglichkeiten für die Stellung eines Inzensritus an. Zunächst steht außer Frage, dass am Höhepunkt der Hore, bei dem meist durch großartige Antiphonen eingeleiteten Canticum, das nicht selten auch musikalisch reicher gestaltet wird als die vorangehende Psalmodie, das Zeichen des Weihrauchs weiterhin eindrucksvoll sein kann, wenngleich seine Bedeutung dadurch eher unklar bleibt. Aufzufangen wäre dies beispielsweise durch die Wiedereinführung eines Versikels vor der Antiphon zum Canticum. Vor dem Magnificat wird man selbstverständlich auf Ps 141,2 zurückgreifen, während sich für die Laudes Mal 1,11 empfiehlt.[83] Zum respondierenden Gesang des Verses wird der Weihrauch in die Schale gelegt. Auch eine das Canticum abschließende Oration wäre eine gute Gelegenheit zur Deutung des Weihrauchritus.[84] Möglich wäre ferner, den Weihrauchritus mit den (Für-)Bitten zu verbinden.[85]

b) Alternative Inzensriten

Grundsätzlich muss die Frage aufgeworfen werden, ob gemeindliche Tagzeitenliturgie überhaupt in der von der Liturgia horarum vorgesehenen Form, die durch ihre Betonung der Psalmodie doch eher dem monastischen Typus entspricht, gefeiert werden sollte oder gar kann. Die Überlegungen hierzu reißen nicht ab.[86] Inzwischen kann die Frage wohl mit Nein beantwortet werden.[87] Denn eine Besinnung auf die – freilich lang vergangene – Tradition hält ein reiches Maß an Anregungen für die Gestaltung gemeindlicher Gebetsgottesdienste bereit. Wichtig ist hierbei einerseits, dass Gruppen eine ihnen gemäße Form der Stundenliturgie entwickeln können. Andererseits darf über solche Experimente nicht das Bewusstsein für die Gefahren solchen Ausprobierens und die kirchliche Einheit verloren gehen. Durch zu großen Aktionismus, den Drang, immer etwas Neues machen zu wollen, nimmt man der Liturgie die Ruhe und erschwert das Einfinden derer, für die Tagzeitenliturgie noch fremd ist. Darüber hinaus setzen sich auch die Veranstalter unter Zugzwang.[88] Einige erprobte Anregungen sollen dennoch folgen.[89]

Selbstverständlich kann es auch heute noch sinnvoll sein, in unseren Gemeinden den altkirchlichen Vespertyp zu feiern, bietet er doch in seinen sinnenhaften, symbolischen Vollzügen reiche Möglichkeiten von tätiger Teilnahme, aber auch stiller Betrachtung. Ein Lichtritus lädt zum Schauen ein, durch das Weiterreichen des Lichtes vermag man tiefer in die Symbolik einzudringen. Der Weihrauchritus spricht den Geruchssinn an, dazu deutet der Psalm den Vorgang. Im abschließenden Gebet weiß man sich getragen von den Mitmenschen und übernimmt selbst Verantwortung füreinander.[90] Will man nicht gleich auf die Grundstruktur des Vesperritus der ersten Jahrhunderte zurückgreifen, sind Variationen denkbar.

Nach der Eröffnung der Vesper mit einem (Licht-)Hymnus singt man anstelle einer ausgedehnteren Psalmodie nur einen Abendpsalm. Es eignet sich neben dem pönitentiellen Ps 141 (140) mit seinem V. 2 als Antiphon vor allem Ps 104 (103), der mehr lobpreisenden Charakter besitzt als Ps 141 (140) und zudem ebenfalls auf die Tageszeit Bezug nimmt. Dazu wird Weihrauch aufgelegt. Dann setzt man die Vesper im gewohnten Schema (evtl. auch unter Verzicht auf das Magnificat) fort. Wird die Vesper als abendlicher Wortgottesdienst gefeiert, kann auch der Verkündigungsteil der Messe mit seinen Lesungen, Antwortgesängen, mit Evangelium und Homilie seinen Platz finden.[91]

Nachdrücklich wird der Weihrauch als Zeichen des Gebetes erfahren, wenn er zu den abschließenden Bitten Verwendung findet. Im kleinen Kreis ist bei selbst formulierten Intentionen auch vorstellbar, dass die Teilnehmer zu ihrer eigenen Bitte hinzutreten und Weihrauch auflegen. Alle machen sich das Anliegen zu eigen: „Wie Weihrauch steige unser Gebet vor dein Angesicht."

Die beiden letzten Vorschläge zur Struktur erfordern natürlich eine Schwerpunktverlagerung innerhalb der Vesper. Aufgrund der historischen Gegebenheiten wird man sich jedoch guten Gewissens dafür entscheiden können.

3 | Weihrauch bei der Wort-Gottes-Feier

Für die vom Zweiten Vatikanischen Konzil empfohlenen und seit den 1980er Jahren auch vermehrt üblichen Wortgottesdienste wurde im deutschsprachigen Raum 2004 eine einheitliche Regelung eingeführt.[1] Während die Rahmenordnung für die Leitung gottesdienstlicher Feiern aus dem Jahr 1999 eher restriktiv auf die Unterscheidbarkeit von verschiedenen Leitungsrollen Wert legt, einer „größeren Schlichtheit" das Wort redet und Weihrauch nur im Zusammenhang von Tagzeitenliturgie, eucharistischer Anbetung und Segnungen thematisiert,[2] geht das Werkbuch für die Sonn- und Festtage (WGF) nun davon aus, dass Gestaltungselemente, die aus der Messfeier bekannt sind, auch auf die Wort-Gottes-Feier übertragbar sind, darunter auch der Weihrauch.

3.1 Situation und Deutung

Die Pastorale Einführung von WGF erwähnt Weihrauch nur im Zusammenhang mit der Evangelienprozession.[3] Weitergehend sind dagegen die Vorschläge im Einleitungskapitel zur Wort-Gottes-Feier. Demnach kann Weihrauch zum Einzug mitgetragen werden. Er ist dabei zusammen mit den Leuchtern dem Kreuz an der Spitze der Prozession zugeordnet.[4] Die Weihrauchriten rund um das Evangelium entsprechen denen der Messfeier: Das Rauchfass wird in der Prozession mit dem Evangeliar zum Ambo mitgetragen. Dort wird das Buch nach der Ankündigung des Evangeliums beräuchert.[5]

Ebenfalls aus vergleichbaren Situationen ableitbar ist die Verwendung des Weihrauchs bei der Übertragung des Allerheiligsten, falls an die Wort-Gottes-Feier eine Kommunionspendung angeschlossen wird. Er wird bei der Prozession mitgetragen, und nach der Ankunft am Altar kann das Allerheiligste dort inzensiert werden. Abgesehen davon, dass die Übertragungsprozession in vielen Kirchen nur aus wenigen Schritten bestehen dürfte, ein geordneter Zug sich also kaum entfalten kann, sind die differenzierten Angaben zur Prozessionsordnung bemerkenswert:

Rauchfassträger, zwei Ministranten und Leiter auf dem Hinweg, zwei Ministranten mit Leuchtern, Rauchfassträger und Leiter mit der Hostienschale auf dem Rückweg. Damit ist der Weihrauch eindeutig auf die Verehrung des Allerheiligsten bezogen.[6]

Im Rahmen von „Segnungen, die zum Sonn-(Fest-)tag gehören“ wird auf das Benediktionale verwiesen, Weihrauch aber ausdrücklich als Möglichkeit erwähnt.[7]

Kommunionfeiern und Segnungen sind im Rahmen von Wort-Gottes-Feiern an Wochentagen nicht vorgesehen. Dass aber das einschlägige Werkbuch „Versammelt in Seinem Namen“ (VISN) auch über eine Weihrauchverwendung im Rahmen der Einzugs- oder der Evangelienprozession schweigt, zeigt, wie tief die Vorstellung sitzt, Weihrauch diene der Verfestlichung von Gottesdiensten und sei daher am Wochentag obsolet.[8]

Als Zeichen des Gebets wird er jedoch empfohlen: „Besonders nachdrücklich wird der Weihrauch als Symbol des Gebetes erfahren, wenn er zum Allgemeinen Gebet der Gläubigen hinzukommt.“[9] Entsprechend kennen beide Werkbücher zwar die Verwendung von Weihrauch zu den Fürbitten, allerdings fehlt sie wochentags bei der Wort-Gottes-Feier und ist dort nur bei der abendlichen Tagzeitenliturgie vorgesehen. Der Ritus ist in beiden Fällen gleich: Die Antiphon *Wie Weihrauch steige mein Gebet vor dir auf* leitet die Fürbitten ein. Dazu und bei jeder Intention kann Weihrauch auf die Kohle gestreut werden.[10]

Ein eigener Abschnitt des Einleitungskapitels von WGF erläutert die Bedeutung der „Weihrauchspende“, deren Ablauf am Schluss des Buches unter „Zeichenhandlungen“ genauer erklärt wird.[11] Weihrauch wird hier im Anschluss an das Benediktionale zunächst „Ausdruck festlicher Freude und feierlichen Gebetes“[12] genannt. Dann aber kommen weitere zeichenhafte Dimensionen des Weihrauchs in den Blick: Weihrauch kann „Zeichen der Verehrung und Anbetung“ sowie „der Umkehr und Reinigung“ sein.[13] VISN übernimmt diese Deutung im Rahmen der Erläuterung der liturgischen Zeichenhandlungen.[14] Bei den Einführungen zur Zeichenhandlung selbst setzen beide Werkbücher allerdings unterschiedliche Schwerpunkte. Bei der sonntäglichen „Weihrauch-Spende“ erfährt man, dass Weihrauch auch als „Wohlgeruch Gottes“ gedeutet werde.[15] Das wochentägliche „Darbringen von Weihrauch“ hingegen sei ein „sichtbarer Ausdruck des dankenden Gebetes für die Hingabe Jesu am Kreuz (‚Abendopfer‘). Im Gebet und in der Haltung der Anbetung erbittet die Gemeinde von Gott Heiligung und Versöhnung."[16] Während Ersteres auf Duftereignisse im Rahmen von Theophanien anspielen dürfte,[17] bezieht sich Letzteres auf die inhaltlichen Zuschreibungen von Abend- und Morgengebet als Gedächtnis von Tod und Auferstehung Jesu.[18]

Festzuhalten ist, dass mit *Gebet, Verehrung* und *Reinigung* hier erstmals in liturgischen Büchern die grundlegenden Bedeutungen des Weihrauchs gemeinsam genannt sind.[19] Die Ergänzung um „festliche Freude" ist wohl ein Zugeständnis an die Tradition, nach der Weihrauch jahrhundertelang ein Accessoire ausschließlich besonders feierlicher Gottesdienste war. Diese Sicht ist inzwischen zusehends im Umbruch und man wendet sich der ursprünglichen Symbolik des Weihrauchs zu. Dies wird deutlich, wenn man die weiteren Einsatzmöglichkeiten innerhalb der Wort-Gottes-Feier betrachtet: beim „Lobpreis, bei den Fürbitten, in Verbindung mit Psalm 141, bei einer Bußfeier"[20]. Dass in dieser Aufzählung die Weihrauchverwendungen bei der Einzugs-, Evangelien- und Sakramentsprozession fehlen, darf nicht verwundern, handelt es sich doch um einen grundsätzlich anderen Ritus. Während bei den Prozessionen ein Rauchfass vorangetragen bzw. mit ihm inzensiert wird, ist hier an ein feststehendes Räuchergefäß gedacht, aus dem der Weihrauch frei aufsteigt.[21] Dieses ist übrigens keinesfalls *auf* dem Altar, sondern bestenfalls *vor* ihm bzw. an einem anderen zentralen Ort aufzustellen.[22]

Bei der Fülle der genannten Deutungen ist es nicht leicht, im liturgischen Vollzug eine konkrete Symbolik aufzurufen. Der aus einer Schale aufsteigende Weihrauch ist nach Ps 141,2 und Offb 5,8; 8,3 primär Zeichen des Gebets.[23] Der im Rauchfass vorangetragene oder entgegengeschwungene Weihrauch ist historisch herleitbares Zeichen der Verehrung. Zum Symbol von Reinigung wird der Weihrauch ausschließlich durch den Kontext. Beim Lobpreis steigt das verherrlichende Gebet zusammen mit dem Weihrauch auf. Bei den Fürbitten unterstreicht der Weihrauch das inständige Bitten. Bei einem Bußritus kann der Weihrauch Zeichen für das Aufweichen von Verhärtungen und Verkrustungen (Harz) vor dem Angesicht des liebenden Gottes (Kohle) sein. Feuer und Rauch sind aber auch ganz ursprüngliche Symbole für Reinigung, während der Duft für Heilung steht . So kann die rituelle Handlung zwar einen Hinweis auf die Deutung geben, die dem Weihrauch beigelegt wird, doch empfiehlt es sich, diese auch verbal zu thematisieren.

Die im Werkbuch beigegebenen Textvorschläge führen leider teilweise in eine fragwürdige Richtung. Dies beginnt mit den Bezeichnungen „Weihrauch-Spende“ (WGF) und „Darbringen von Weihrauch“ (VISN). Entsprechend formuliert das Einladungswort zum Lobpreis *Unser Lobpreis soll als festliche Gabe zu Gott emporsteigen.*[24] Auch wenn eine ähnliche Formulierung aus dem Exsultet (dort mit Blick auf die Osterkerze) angeführt werden könnte, führt die Begrifflichkeit doch in den Dunstkreis von Naturaloblationen, die das Christentum seit Anbeginn strikt ablehnt. Es wäre unverfänglicher, neutral von „Weihrauchritus“ zu sprechen.[25]

Bemerkenswert ist ferner die im genannten Einladungswort begegnende Formulierung *Wie Weihrauch zum Himmel aufsteigt, so mögen auch wir unsere Herzen zu Gott erheben.*[26] Der Wegfall des ansonsten für Hochgebete – und nichts anderes ist der Lobpreis in der Wort-Gottes-Feier – typischen Einleitungsdialogs *(Erhebet die Herzen! – Wir haben sie beim Herrn!)* soll nun offenbar durch den Weihrauch substituiert werden.

Überraschend ist auch der Gedanke, den die Einleitung zum Bußritus einführt: *Wie der Duft des Weihrauchs diesen Raum erfüllt, so durchdringe und heile die Liebe Christi neu unser Leben.*[27] Der Duft steht also im weitesten Sinne für Gottesgegenwart, seinen alles erfüllenden Geist, für den „Wohlgeruch Gottes“. Im anschließenden Gebet wird Weihrauch nach der eröffnenden Antiphon aus Ps 141,2 zunächst als Zeichen des Gebets apostrophiert. Der zweite Abschnitt stellt eine Beziehung zwischen dem sich verzehrenden und dadurch Duft verströmenden Weihrauch und dem Opfer Christi her, der sich selbst dargebracht hat zu unserem Heil. Der dritte Abschnitt schließlich verbindet wie das Eröffnungswort den Duft mit der Liebe Christi und der Neuschöpfung im Heiligen Geist. Einzig der Abschluss des Gebetes vereinnahmt den Weihrauch wieder als „Opfer und Gabe, dir zu lieblichem Wohlgeruch“. Insgesamt ist es dennoch ein mustergültiges Beispiel für ein Gebet, in dem Weihrauch nicht nur als „Aufhänger“ benutzt wird, sondern seine symbolische Vielfalt regelrecht durchdekliniert wird.

3.2 Perspektiven

Obwohl der Weihrauch immer wieder als Zeichen der Verehrung benannt wird, fehlt interessanterweise ein Hinweis auf einen entsprechenden Ritus im Rahmen der „Verehrung des Wortes Gottes“. Sicher wäre es auch hier angemessen, dass eine Verehrungsgeste nicht nur durch Kuss oder Berührung, durch Kniebeuge oder Verneigung ausgeführt wird, sondern dass die Gläubigen vor dem Evangeliar auch Weihrauch auflegen können.[28]

Voraussetzung dafür ist die Inthronisierung des Evangeliars an einem besonderen „Ort des Buches" (Logophoron)[29] nach dem Verkundigungsteil. WGF impliziert eine solche nach dem Evangelium, während das Halleluja bzw. der Christusruf von der Gemeinde wiederholt wird.[30] Am Ort des Buches werden Evangeliar, Lektionar oder Bibel nach dem Einzug niedergelegt. Hier könnte das Buch zum Abschluss der Einzugsprozession auch inzensiert werden. Von dort wird das Buch zum Verkündigungsort geleitet und im Anschluss an das Evangelium dorthin zurückgebracht. Hier bleibt es geöffnet „als Zeichen der bleibenden Gegenwart Christi".[31] Das Schweizer Liturgiebuch zur Wort-Gottes-Feier, das diesen Begriff „Ort des Buches" eingeführt hat, erklärt näher, dass dieser für alle Mitfeiernden gut sichtbar sein und sich im vorderen Raumbereich in einem gewissen Abstand von Ambo und Altar befinden solle. Auszugehen ist also von einem Pult bzw. Ständer, der durch Leuchter (in der Osterzeit durch die Osterkerze) und anderen Schmuck hervorgehoben werden kann.[32] Je nach Raumdisposition kann auch der Altar oder ein Seitenaltar zum Ort des Buches werden. Auch entstehen inzwischen künstlerische Korrelationen zwischen Tabernakel und Ort des Buches, etwa als Kombination oder in polarer Anordnung.[33] Dadurch wird veranschaulicht, dass Christus in vielfältigen Zeichen in seiner Gemeinde gegenwärtig ist.

Ähnlich wie die Frage nach dem Buch – stärkere Betonung der Christussymbolik einerseits durch ein Evangeliar oder der Einheit der Schrift andererseits durch eine „Lesungsbibel"[34] – ist auch der Zeitpunkt der Prozession in der Diskussion. Wäre es nicht sinnvoll, statt erst zum Evangelium bereits zu Beginn des Wortgottesdienstes in Prozession vom Ort des Buches zum Ort der Verkündigung zu ziehen? Der kleine Einzug der byzantinischen Liturgie könnte dafür ein Beispiel sein.[35]

Dadurch dass die Christusrufe in der Wort-Gottes-Feier deutlicher noch als in der Messe wieder ihr ursprüngliches Profil bekommen, wäre auch hier der Einsatz von Weihrauch denkbar – als Lobpreis und Huldigung an den in seiner Gemeinde gegenwärtigen Herrn, den sie mit dem Ruf „Kyrie eleison" in ihrer Mitte begrüßt. Idealerweise steigt der Weihrauch dann vor dem Vortragekreuz auf, das die Einzugsprozession anführte. Dadurch bekäme auch das Hereintragen von Weihrauch an der Spitze der Einzugsprozession einen vernünftigen Abschluss, analog zur Altarinzens der Messfeier.

4 | Weihrauch bei Begräbnis und Totenkult

In der Antike, gleich ob die altorientalische, ägyptische, syrische oder die mediterrane Kultur betrachtet wird, ist Weihrauch im Rahmen des Totenkultes zu beobachten. Anfangs übernahmen die Christen den eigentlich apotropäischen Brauch dieser Regionen scheinbar etwas unkritisch. Auch im ausgehenden Mittelalter begegnen noch entsprechende Deutungen. Vermittels eines neuen, originär christlichen Verständnisses des Begräbnisses gelangen neue Formen und Deutungen in die Totenliturgie.

4.1 Erste Quellen

Aus dem 2. Jahrhundert ist Tertullian Hauptzeuge für die Verwendung von Weihrauch beim christlichen Begräbnis:

> *Wir kaufen allerdings keinen Weihrauch. Wenn Arabien sich beklagt, lass die Sabäer wissen, dass mehr, und das ist eine größere und teurere Menge von ihrem Handelsgut, gespendet wird, um Christen zu beerdigen, denn den Göttern zu opfern.*[1]
>
> *Mögen immerhin dieselben Waren, ich meine der Weihrauch und die übrigen ausländischen Waren, die zu Götzenopfern gehören, für die Leute auch als medizinische Salben und obendrein auch uns Christen zur Ausstattung der Gräber eingesetzt werden, wie es gut ist.*[2]

Tertullian lehnt, wie zu sehen war, Weihrauch in seiner kultischen Dimension ab. Wenn er hier davon schreibt, dass er beim christlichen Begräbnis verwendet wird, so kann damit nur eine profane Deutung (z. B. zur Luftverbesserung) verbunden sein.[3] Unwahrscheinlich ist daher auch das Zutreffen eines apotropäischen Verständnisses. Allenfalls hat man solch einen ursprünglichen Brauch als gewohnte bürgerliche Zeremonie beibehalten und in die christliche Liturgie übernommen.[4]

Das Testament Ephräm des Syrers, das heute nicht mehr für authentisch gehalten werden kann,[5] bezeugt, dass der Weihrauch hier auch Verstorbenen zugedacht war. Der Text mahnt die Trauergemeinde:

Gib den Weihrauch Gott,
für mich sende Hymnen empor.
Anstelle von Parfümen und Spezereien
gedenke meiner im Gebet.[6]

Das Darbringen des Weihrauchs vor Gott scheint dem Verfasser wohl unter zunehmendem Einfluss des gewandelten Opferverständnisses angemessener zu sein.

4.2 Das Triumphalbegräbnis

Als erstes definitives Zeugnis einer Verwendung von Weihrauch zum Begräbnis kann der Bericht vom Begräbnis Peters von Alexandria aus dem Jahre 311 gelten.

Darauf bekleiden ihn mit Seidengewändern, die ihn mit duftenden Aromata einbalsamieren; denn jeder hielt das, was er durch Darbringen vorwegzunehmen gekonnt hatte, für sich für den höchsten Gewinn. Dann haben diejenigen, die die Siegespalmen tragen, mit den entzündeten Kerzen unter Hymnengesang und mit brennenden Räuchergefäßen und die Zelebranten, die den himmlischen Triumph feiern, die heiligen Reliquien herbeigebracht und haben sie bestattet auf dem Friedhof, der vor kurzem von ihm erbaut worden war, wo von damals an bis zum heutigen Tag die Tugenden der Wunderbringer nicht aufhörten zu geschehen.[7]

Das christliche Begräbnis ist einem Triumphzug nachgestaltet. Palmen als Siegeszeichen, Kerzen und Rauchfässer werden getragen, Hymnen erklingen bei der Prozession zum Friedhof. Ganz entgegen den antiken Bräuchen manifestiert sich hier christliche Auferstehungshoffnung. So erfüllt auch der Weihrauch keine apotropäische Funktion, sondern ist Zeichen der Verehrung und der Festlichkeit.

In ähnlicher Weise werden fortan häufig Begräbnisprozessionen und als deren Mimesis Translationen von Heiligenleibern gestaltet. Atchley führt, beginnend mit dem 4. Jahrhundert, eine Vielzahl von Belegen an, die von Einbalsamierungen, Beigaben von Weihrauch im Sarkophag, Räucherungen bei Bestattungen und Überführungen berichten.[8] Für Letztere sei ein Beispiel angeführt, da diese Form auch schon bei der kurzen Erörterung der Altarweihe im Rahmen seiner Inzensierung von Interesse war.

Gregor von Tours berichtet von der wenige Jahre nach dessen Tod erfolgten Translatio Martins. Sie geschah unter Psalmengesang und dem Duft von rauchenden Weihrauchfässern. Auch Kreuze und Kerzen wurden mitgetragen. Der Charakter eines Festzuges ist hier dominant, während lustrative bzw. apotropäische Elemente fehlen.[9]

Durch eine Bemerkung in einem Brief Gregors des Großen ist der Gebrauch von Weihrauch und anderen aromatischen Substanzen an den Gräbern der Heiligen auch für das Rom des 6. Jahrhunderts belegt.[10]

4.3 Weitere Entwicklungen

Weihrauch zu Begräbnissen ist seit der Frühzeit durchgängig belegt. Ritualien des 15. und 16. Jahrhunderts reden von mehrfacher Beräucherung der Leiche: im Sterbehaus vor der Übertragung in die Kirche, in der Kirche nach dem Requiem, am Grab sowohl vor wie nach der Einsenkung.[11] Meistens wird der Weihrauch hier zusammen mit Weihwasser verwendet, was den lustrativen Charakter der Räucherung unterstreicht. Durand schließlich stellt eine Verbindung zwischen dem Weihrauchopfer beim Requiem und dem Eiferopfer des Alten Testaments[12] her:

> *Im alten Gesetz ist es verboten gewesen, das Öl der Freude und den Weihrauch der Süßigkeit für die Sünde zu opfern. Denn der Tod ist die Strafe für die Sünde. Wo die Sünde ist, dort ist Finsternis und es darf keine Freude sein … Wenn auch in der Messe für die Lebenden alle beräuchert werden sollen … in der Messe für die Verstorbenen aber darf Weihrauch nicht durch den Chor getragen werden und nicht geopfert werden, d. h. der Altar inzensiert werden, sondern nur rings um den Körper, weil es durch dieses Gesetz verboten war. (Durand, Rationale VII,35)*

In der Missa pro defunctis wird zu seiner Zeit also überhaupt kein Weihrauch verwendet, handelt es sich doch um ein Opfer „für eine arme Seele …, auf daß gnädiges Gericht über sie ergehe“[13]. Andere begründen das Fehlen von Weihrauch im Requiem damit, dass nichts von der Segenskraft für den Toten zerstreut werden soll.[14]

4.4 Die liturgische Situation nach Trient

Nach Wegfall des Gedankens der Naturaloblation geriet auch die Auffassung der beiden alttestamentlichen Stellen Lev 5,11 und Num 5,15 ff als Typen des Requiems in Vergessenheit.[15] Im MR 1570 fehlen zwar alle Inzensriten zu Einzug und Evangelium, zum Offertorium werden jedoch Gaben und Zelebrant beräuchert. Nach wie vor unterbleibt die Inzens von Klerus und Volk. Zur Elevation wird Weihrauch wie in jeder feierlichen Messe verwendet.

Anders als in manchen regionalen Ritualien[16] wird am Ort der Aufbahrung (Sterbehaus) kein Weihrauch verwendet. Der Verstorbene selbst wird erstmals im Rahmen der sich an das Requiem anschließenden *absolutio* inzensiert. Diese beginnt mit einer Oration, an die sich das *Libera me* anschließt. Bei den folgenden Kyrierufen wird Weihrauch eingelegt, und während des still gesprochenen *Pater noster* wird die Leiche besprengt und beräuchert. Diese Absolution schließt sich, wie gesagt, in der Regel an die Totenmesse an. Aber auch an anderen Tagen kann sie stattfinden. Den Sarg ersetzt dann eine Tumba oder auch nur das Bahrtuch. Das Rituale sieht hierfür vor allem den 3., 7. und 30. Tag vor. Auch am Jahrestag des Todes kann die *absolutio* für ihn und am Allerseelentag für alle Verstorbenen wiederholt werden.[17] Am Grab selbst wird zunächst, falls noch nicht geschehen, die Grabstätte eingesegnet, sodann der Sarg mit Weihwasser besprengt und inzensiert.[18]

Nach einigen Ritualien – die Begräbnisriten sind stark regional geprägt – erfolgt nach der Einsenkung eine weitere Beräucherung mit einem Begleitwort, das nach Kirchgässner die Verbindung zum antiken Totenopfer nicht verleugnen kann.[19]

Mit himmlischem Tau lasse der Herr eure Herzen durchströmen.
Mit himmlischem Duft nähre eure Seelen der Herr.[20]

Der Weihrauch wird hier zum sinnenfälligen Symbol der *odores caelestes*, „der Wohlgerüche des himmlischen Lebens, die wir dem Verstorbenen wünschen"[21].

Allerdings ist über weite Strecken das Verständnis ein lustratives. Ein erstes Indiz dafür ist die schon angesprochene Verbindung der *incensatio* mit der *aspersio* bei der Abholung, Absolution und Einsenkung des Leichnams. Auch bei Durand begegnet diese Sichtweise. Für ihn finden

Beräucherungen beim Begräbnis statt, „damit die Gegenwart aller unreinen Geister verhindert werde“[22]. Nicht etwa erst im Mittelalter, schreiben Thalhofer/Eisenhofer, sondern schon bei den Vätern finde sich die Überzeugung, dass unreine Geister, die ja an Tod und Verwesung ihre Lust haben, mit Vorliebe bei Leichen sich aufhielten.[23] Auch sprechen sie das Formular der *Benedictio coemeterii* an, in dem sehr deutlich auch diese Sichtweise zum Tragen kommt.

Darüber hinaus wird die Inzensation der Leiche aber auch die „Mahnung zum Gebete für den Verstorbenen, sowie zugleich sinnenfälliger Ausdruck dieses Gebetes“ verstanden. Gedanken an eine „Auszeichnung für den Leichnam als Tempel des Heiligen Geistes“[24], wie es im späteren Begleitwort zur Inzens in der FBegr 1972 heißt, begegnen in Anlehnung an die Symbolik der Personeninzens auch schon früher.

4.5 Heutige Situation

Wie im Trienter Ritus wird auch heute im Trauerhaus (aus pastoralen Gründen auch in der Aussegnungshalle auf dem Friedhof) der Sarg mit Weihwasser besprengt. An verschiedenen Stellen innerhalb der Feier wird dies wiederholt. Sah das deutsche Begräbnisrituale von 1972 noch vor, dass, wo immer Weihwasser vorgesehen ist, auch Weihrauch verwendet werden kann, findet sich ein solcher Hinweis in den neueren Büchern nicht mehr. Gemäß FBegr 2009 kann „die Beräucherung, durch die der Leib des Verstorbenen als Tempel des Heiligen Geistes geehrt“ wird (vgl. 1 Kor 6,19), aber als „Geste der Verabschiedung“ verwendet werden. ManBegr 2012 ergänzt, dass „der Wohlgeruch, in den der Leichnam gehüllt wird, auf das Ziel der Auferstehung“ verweist. Diese Deutung fehlte bislang in liturgischen Büchern.[25]

Weihrauch ist heute beim Begräbnis nur an einer einzigen Stelle vorgesehen. Nach dem Einsenken des Sargs wird dieser abermals mit Weihwasser besprengt und sodann inzensiert; Erde wird ins Grab geworfen und das Kreuz über demselben aufgerichtet. Jede der Zeichenhandlungen wird begleitet durch ein Deutewort.[26] Zur Inzens lautet dies:

Dein Leib war Tempel des Heiligen Geistes.
Der Herr nehme dich auf in das himmlische Jerusalem.[27]

Der Ritus steht damit in direkter Verbindung mit der vorangehenden *aspersio*, deren Deutewort auf die Taufe anspielt. Beider Riten Deuteworte entfallen daher bei der Beisetzung ungetaufter Kinder. Die Zeichenhandlungen selbst können aber wie gewohnt durchgeführt werden.[28] Ihrer Dimenson als christliche Symbole sind sie in diesem Zusammenhang allerdings beraubt, obwohl nachher auch über diesem Grab das Kreuz aufgerichtet wird. Um nicht einer lustrativen oder gar apotropäischen Deutung neuerlich Tür und Tor zu öffnen, sollte man besser auf die Riten ohne Begleitworte ganz verzichten.

Im Rahmen von Urnenbegräbnissen beschränkt FBegr 2009 den Weihrauchritus auf die Verabschiedung des Leichnams vor der Kremation, während ManBegr 2012 auch die Beräucherung der Urne vorsieht, wenn eine Verabschiedung vor der Kremation nicht stattgefunden hat. Der Unterschied besteht darin, dass nicht der/die Verstorbene *(„Dein Leib …")*, sondern die Versammlung angesprochen wird *(„Sein/Ihr Leib …")*.[29]

Die Verwendung von Weihrauch beim Begräbnis unterbleibt heute oft aus praktischen Gründen: Es fehlen geeignete Helfer, die Fass, Schiff, Weihwasserkessel und Kreuz tragen.

Die Weihrauchspende für einen Toten selbst lässt eine größere Anzahl Deutungen offen. Vielleicht ist deshalb die geschilderte Stelle der einzige Ort im nachkonziliaren Ritus, an dem zur Inzens ein Deutewort gesprochen wird. Nach diesem Vorbild mag man sich mehr Verständnishilfen für die Räucherungen in der Liturgie wünschen.

5 | Weihrauch bei Sakramenten und Benediktionen

Während in der Feier der Messe, der Tagzeitenliturgie und des Begräbnisses teilweise sehr alte Traditionen in Bezug auf die Weihrauchverwendung vorliegen, sind es im Folgenden mehr sekundäre, von den besprochenen Grundtypen abgeleitete Räucherungen. Daher wird auf das Nachzeichnen einer geschichtlichen Entwicklung zumeist verzichtet. Ausgangspunkt der Erörterungen ist vielmehr in der Regel der heutige Brauch; dann und wann ergänzt eine Rückblende auf frühere Formen die Betrachtung des betreffenden Ritus.

5.1 Weihrauch bei der Feier der Sakramente

Die ältesten und ausgeprägtesten Weihrauchriten begegneten in der rituellen Ausgestaltung des Sakramentes der Eucharistie. Neben den primären Symbolen Brot und Wein gibt es in der Messe eine Fülle anderer zeichenhafter Elemente. Einige andere Sakramente haben über ihre tutive Eigensymbolik hinaus den Weihrauch nicht als weiteres rituelles Element integriert. So ist im Weihesakrament die Handauflegung die primäre Zeichenhandlung, bei der Firmung die Salbung und bei der Taufe das Untertauchen. Der Ritus der Krankensalbung war und ist auch heute noch meist ein schlichter, häuslicher, zu dem die feierliche Ausgestaltung mit Weihrauch und Kerzen mindestens nach dem Trienter Verständnis, in dem Weihrauch für solenne Anlässe reserviert blieb, nicht passte.[1]

5.1.1 Ehe

Einige verstreute Belege lassen sich in Bezug auf das Sakrament der Ehe finden. Eine Churer Agende des Jahres 1732 beschreibt den Einsatz von Weihrauch innerhalb der Zeremonie. Bereits in der Einleitungsrubrik, die wie der ganze erste Teil des Ritus Churer Eigengut ist und vom RR abweicht, werden unter der Requisite Weihwassergefäß mit Aspergill sowie Rauchfass erwähnt.[2] Im zweiten Teil des *Ritus celebrandi matrimonii sacramentum* lehnt sich die genannte Agende an das römische Rituale an, behält aber nach Besprengungen mit Weihwasser auch die Beräucherung mit Weihrauch. Inzensiert wird vor der Segnung der Ringe, in einem offensichtlich lustrativen Akt über die Brautleute sowie vor der Entlassung als eine spezielle, rituell untermauerte Segensformel. Es heißt da:

> *„Der Gott Abrahams, der Gott Isaaks und der Gott Jakobs sei mit euch und erfülle euch mit seinem Segen." Nach diesen Worten besprengt und inzensiert er sie wiederum, dann sagt er* Placeat tibi sancta Trinitas etc., *er gibt den Segen und beendet die Messe.*[3]

Im RR verlautet dagegen nichts von einer Inzensation während der Trauung. Ebenso wenig spielt Weihrauch in der heutigen Feier der Trauung eine Rolle.[4]

5.1.2 Buße

Der Ritus der Feier der Buße, die sich ja nicht in der sakramentalen Form der Einzelbeichte erschöpft, schweigt heute ebenfalls von einer Weihrauchverwendung. Allerdings lässt „die im Bußgottesdienst genannte Möglichkeit, die Anwesenden mit Weihwasser zu besprengen, ... hier auch eine Inzensierung sinnvoll erscheinen"[5]. In alten Bußordnungen findet sich ein solcher Ritus bei der Rekonziliation. So sieht ein Ordinale des Jahres 1500 für die Wiederaufnahme der Büßer in die volle kirchliche Gemeinschaft am Gründonnerstag vor, dass der Bischof die am Boden liegenden Büßer während des Gesanges *Asperges me* mit Weihwasser besprengt, sie sodann inzensiert, mit seinem Stab berührt und spricht:

> *Erhebe dich, der du schläfst, erhebe dich von den Toten, weil Christus dich erleuchten wird.*[6]

Noch 1908 findet sich eine ähnliche Rubrik zum Gründonnerstag in einem Regensburger Pontifikale. Der Ritus der Berührung mit dem Stab ist entfallen. Dennoch bleibt der weckende Begleitspruch, der oben nur zu ebendiesem Ritus gesprochen worden war.

> *Dann besprenge der Pontifex sie mit Weihwasser und inzensiere sie: „Erhebt euch, die ihr schlaft, erhebt euch von den Toten, weil Christus euch erleuchten wird."*[7]

Eine Personeninzens an dieser Stelle kann sicher zunächst lustrativ verstanden werden. Darauf deutet auch die begleitende Antiphon *Asperges me* hin. Andererseits steht eine Inzens an dieser Stelle auch für die volle

Teilhabe am Leib Christi. Der Sünder wird nach Abbüßung seiner Schuld aufgenommen und als volles Mitglied der Kirche wieder in die Gemeinschaft der Kinder Gottes integriert. Als solches empfängt er die Ehrung durch Weihrauch. Im Rahmen einer Rekonziliation scheint mir daher auch die Verwendung von Weihrauch sinnvoller als im Bußgottesdienst nach einer Besprengung mit Weihwasser, erführe sie dort doch mehr reinigende Deutung.

Eine in der Liturgie sonst nicht gebräuchliche Deutung des Weihrauchs wäre für den Rahmen eines Bußgottesdienstes vorzuschlagen. Als Element der Besinnung könnte man die Weihrauchkörner aufgrund ihrer biologischen Qualität als hart gewordene Wunden deuten. Das Harz fließt aus Verletzungen des Baumes und verschließt die Wunden; es entsteht ein harter, unnachgiebiger Schutzpanzer. Doch im Feuer entsteht aus den Körnern je eigener Form und Farbe wunderbarer Duft. Der Weihrauch kann dann Zeichen sein für die Liebe Gottes, die bis in den Tod geht, die die Wunden der Menschen heilt. Die Teilnehmer können zu einer Zeichenhandlung eingeladen werden: Indem sie Weihrauchkörner auf die Kohlen legen, lassen sie ihre Verhärtungen, die sie aufgrund von Verletzungen in sich tragen, in Gottes Menschenliebe aufgehen.[8]

Eine Grundbedeutung, die dem Weihrauch zugesprochen wird, ist seine entsündigende Kraft. Sie kommt in allerlei lustrativen Akten, besonders aber auch in den Begleitgebeten zu den großen Räucherungen – begleitet von Ps 51 (50) – zu Beginn liturgischer Handlungen der Ostkirchen zum Tragen. Bei den Kopten ging diese Gedankenverbindung noch etwas weiter und erreichte zu Beginn der eucharistischen wie auch der Stundenliturgie sowie vor dem Evangelium innerhalb derselben quasisakramentale Bedeutung.[9]

Der Priester geht mit dem Rauchfass durch die ganze Kirche und inzensiert jeden Einzelnen, der ein Sündenbekenntnis still oder auch vernehmlich in den Rauch spricht. Hernach betritt der Priester das Allerheiligste und spricht ein spezielles Darbringungsgebet, in dem er um die Vergebung seiner und der Gläubigen Verfehlungen bittet. Diesen Brauch, der bereits im 12. Jahrhundert hinterfragt wurde, bezog man nachträglich auf Lev 4,32–35.

Tatsächlich „handelt [es] sich wieder um eine Gepflogenheit, deren geschichtlicher Ursprung in Vergessenheit gekommen war, für deren Herkunft und Berechtigung aber der Apologet hinterher eine Anknüpfung in der Autorität der Bibel suchte“[10]. Es wurde auch nachgewiesen, dass die Herkunft solch exzessiven propitiatorischen Verständnisses des Weihrauchs aus den Darbringungsgebeten der Markusliturgie abzuleiten ist.

... Erlöse uns, o Herr, von Fluch und Verwünschung, von Anathem und Bann, von Aussonderung und vom Anteile des Widersachers. Reinige unsere Lippen und Herzen von jeder Befleckung und von jedem Leichtsinne, damit wir mit reinem Herzen und Gewissen dir dieses Räucherwerk darbringen zum lieblichen Wohlgeruche und zur Verzeihung unserer Sünden und der Sünden deines ganzen Volkes.[11]

Wenn dem Weihrauch und dem Darbringungsgebet erst einmal solcherart sündentilgende Kraft zugesprochen worden war, lag es nahe, mit der Beräucherung auch ein Bekenntnis zu verbinden, sei es als ein stilles Gedenken der eigenen Sündhaftigkeit oder als standardisierte Formel. Noch 1907 wird in der Glosse eines Liturgiebuches empfohlen:

Wenn das Rauchfaß zu einem kommt, soll er sagen: „Ich bitte dich, o Herr Jesus Christus, daß du mir meine Sünden verzeihest, sowohl die, welche ich kenne, wie auch die, welche ich nicht kenne." Deshalb geht [der Zelebrant], wenn er mit der Inzensation fertig ist, zum Allerheiligsten hinauf und inzensiert den Haikal. Dies ist ein Hinweis darauf, daß die Sünden der Welt zu ihm hinaufgetragen werden. Danach fleht er im Bittgebete für sie. Und wenn jemand von seinen Sünden sich abwendet und zu Gott um Verzeihung betet, so unterstützt ihn das Gebet des Priesters nach dem Maße seiner inneren Gesinnung.[12]

Die Kopten haben somit ein allgemeines Sündenbekenntnis, sozusagen eine öffentliche Bußandacht

Vom Bußsakrament, das Michael von Dimjât ausdrücklich unangetastet lassen wollte und das heute wenigstens theoretisch gefordert ist, wird in Wirklichkeit wenig Gebrauch gemacht. Dagegen gilt immer noch die „Weihrauchbeichte", das stille Schuldbekenntnis und das priesterliche Fürbittgebet bei der allgemeinen Inzensation (übrigens auch in der äthiopischen Kirche[13]) für wirkungsvoll.

5.2 Weihrauch bei Segnungen und Weihen[14]

5.2.1 Allgemeines zur Weihrauchverwendung bei Benediktionen

„Der Mensch bedarf der Zeichen. Er vollzieht sein Leben nicht nur in Worten, sondern auch in Gebärden, in denen er sich ausdrückt und durch die er angesprochen wird besonders in seinen tieferen seelischen Bereichen."[15] Von dieser grundsätzlichen Überlegung ausgehend empfiehlt das Benediktionale, begleitende Handlungen wie Kreuzzeichen, Weihwasser, Weihrauch oder Handauflegung einzusetzen. Zum Weihrauch heißt es: „Der Weihrauch ist vor allem ein Ausdruck festlicher

Freude und des feierlichen Gebetes. Wo es üblich ist, wird daher nach der Besprengung mit Weihwasser auch Weihrauch verwendet."[16] Während im Abschnitt über das Weihwasser noch von Reinigung, wenn auch in Bezug auf eine Taufsymbolik, gesprochen wird, fehlt ein vergleichbarer Hinweis beim Weihrauch völlig.

Nach einer weniger anthropologisch als ekklesial ausgerichteten allgemeinen Bemerkung über Zeichenhandlungen bei Benediktionen sagt das RR 1984 konkret über die Inzensierung, dass sie *signum venerationis et honoris, et aliquando Ecclesiae orationem* sei.[17] *Zeichen der Verehrung* kommt also als Deutungsmuster hinzu, von Fest- oder Feierlichkeit verlautet nichts.[18] Sowohl im deutschen wie auch im lateinischen Text fehlt allerdings ein Hinweis auf die ursprünglich apotropäisch-lustrative Bedeutung des Weihrauchs. Es kann daraus geschlossen werden, dass die Inzensation von zu segnenden Gegenständen eine Umdeutung erfahren hat, die nun gänzlich vollzogen scheint. Auch dies wird am Einzelfall zu überprüfen sein.

Schließlich können, wenn man die Segenshandlung als Ganze als eine „Bezeichnung" sieht, auch die verwendeten Handlungen als solche verstanden werden.[19]

5.2.2 Weihrauch bei Benediktionen liturgischer Orte und Geräte

a) Altar- und Kirchweihe

Bereits mehrfach – im Zusammenhang mit der Altarinzens und dem Begräbnis – kam der Ritus der Kirch- und Altarweihe in den Blick. Es war zu erkennen, dass allein schon aufgrund der Abhängigkeit wieder anderer Vollzüge dieser Liturgie ein hohes Alter zugesprochen werden muss.[20] Ihre Entwicklung ist hier nicht ausführlich nachzuzeichnen,[21] sei aber in ihren wesentlichen Elementen kurz aufgeschlüsselt.

Grundsteinlegung

Im Zusammenhang mit der Grundsteinlegung fand sich im Trienter Liturgiebuch keine Vorschrift zur Beräucherung. Während nach dem PR 1977 zum Segnen des Bauplatzes auch kein Weihrauch verwendet wird, kann der Grundstein vor dem Einfügen mit Weihwasser besprengt und mit Weihrauch beräuchert werden; beide Riten sind allerdings fakultativ.[22]

Kirchweihe

Bestand die Kirchweihe ursprünglich aus einer ersten feierlichen Messe im neuen Raum,[23] so treten bald weitere rituelle Elemente hinzu. Es sind dies vor allem die Beisetzung von Reliquien und die Lustration mit geweihtem Wasser. Der Weihrauch gehörte offensichtlich nicht originär zur Kirchweihe. Vielmehr scheint er durch die Heiligentranslation und die Altarweihe in den Ritus Eingang gefunden zu haben. Bereits im 9. Jahrhundert ist der bis zum Konzil in Gebrauch stehende Kirchweihritus „fast bis in die kleinste Einzelheit ... vollkommen ausgebildet“[24].

Der erste Akt, bei dem innerhalb des Ritus der Kirchweihe selbst Weihrauch benutzt wurde, war die vom Begräbnisritus abgeleitete Übertragung der Reliquien in die zu weihende Kirche. Der Thuriferar ging in der Prozession direkt vor dem Bischof, der die Reliquien trug.[25] Im Anschluss an ihre Imposition wurde der Altar während einer den Weihrauch betreffenden Antiphon inzensiert.[26] Keines von beiden, weder die Einfügung von Reliquien noch die Weihrauchverwendung dabei, wird heute noch gefordert. Der Kirchweihordo von 1977 bestimmt stattdessen ausdrücklich:

> *Weihrauch wird weder zur Prozession noch in der Messe vor dem Ritus der Inzensation und Beleuchtung des Altares und der Kirche gebraucht.*[27]

Den Reliquien waren gemäß dem alten PR ins Altargrab auch drei Weihrauchkörner und eine Weiheurkunde beizugeben. Während viele Liturgieerklärer die Weihrauchkörner mit den Reliquien in Verbindung bringen, sie als Zeichen der Verehrung, einer Reminiszenz der Einbalsamierung oder des Wohlgeruchs der Heiligkeit in Anspruch nehmen,[28] meinen in Bezug auf ihre Dreizahl andere, sie würden eingefügt, „weil wir die Beispiele der Heiligen mit dem Glauben an den dreieinigen Gott im Gedächtnis festhalten müssen“[29]. Bei genauer Analyse der Quellen ergibt sich jedoch ein anderes Bild. So wird die Beifügung der drei Weihrauchkörner bereits in Kirchweihordines des 9. Jahrhunderts erwähnt, allerdings nur in jenen, die auch die Einlegung dreier Partikel des Allerheiligsten vorsehen.

> *Es birgt der Pontifex mit eigener Hand selbige Reliquien in die Confessio des Altares, und bevor sie eingeschlossen werden, gießt er Chrisma in die Confessio ... Darauf gibt der Pontifex drei Teile Herrenleib in die Confessio des Altares und drei Weihrauchkörner.*[30]

Dass der Weihrauch den Hostien und nicht den Reliquien galt, wird dadurch erhärtet, dass in den Rubriken die *tria grana incensi* nie den *reliquias*, sondern immer den *tres portiones corporis Christi* zugeordnet sind. Auch besteht nirgends eine numerische Relation zwischen der Anzahl der beigegebenen Reliquien und den (gleichbleibend) drei Weihrauchkörnern.[31] Vermutungen über den Sinn der Beigabe gehen dahin, dass die Körner „eine andauernde Inzensierung symbolisieren oder ersetzen" oder „an die Spezereien erinnern, die dem Leichnam des Herrn ins Grab beigegeben wurden"[32]. Ein Hinweis darauf, dass der Weihrauch aber schon zu dieser Zeit mehr auf die Reliquien bezogen wurde, als die Beigabe der Hostien außer Übung kam, ist darin zu sehen, dass dieser Brauch aufgegeben, jener aber beibehalten wurde.

Altarweihe

Die komplizierten Riten, die das Trienter Pontifikale für die Altarweihe vorsieht, lassen sich gliedern in einen Akt der Lustration mit sogenanntem gregorianischem Wasser, einen Akt der Reliquienbeisetzung, den eigentlichen Weiheakt und die eng damit zusammenhängende Salbung des Altarstipes.[33] Am Ende der Beisetzung stand, wie gesehen, eine erste Altarinzens.[34] Während des nun beginnenden eigentlichen Weiheteils wird der Altar stetig von einem Priester bzw. vom Bischof selbst ringsum beräuchert.[35] Gleichzeitig erfolgen an bestimmten Stellen verschiedene Salbungen mit Katechumenenöl und Chrisam. Der abschließenden Salbung der gesamten Mensa folgt der auch heute noch eindrücklichste Weihrauchritus, den der römische Ritus kennt, das Verbrennen von Weihrauch auf dem Altar. An den vier Ecken und in der Mitte der Mensa werden dazu kleine Häufchen von Weihrauchkörnern mit Dochten aufgesetzt, die der Bischof entzündet.[36] Anstelle eines früher üblichen Weihegebetes und einer Antiphon[37] spricht der Bischof heute zunächst das Deutewort:

Aufsteige, Herr, unser Gebet
wie Weihrauch vor dein Angesicht;
und wie dies Haus erfüllt wird von süßem Duft,
so rieche deine Kirche nach dem Geruch Christi.[38]

In dieser Form des Weihrauchverbrennens hat sich wie in keinem anderen Ritus das antike Weihrauchopfer erhalten. Es wird gewissermaßen ein letztes Mal eine dem alten Opferbegriff verhaftete Naturaloblation vollzogen.[39] Danach wird der Altar ausschließlich in seiner neuen Funktion verwendet, Ort der Gegenwärtigsetzung des Kreuzesopfers Christi zu sein. Der Ritus der Altarweihe selbst greift das antike Altarverständnis auf und ersetzt es durch ein christliches.

Braun nimmt als Ort und Zeit der Entstehung dieses Ritus das Frankenreich des 12. Jahrhunderts an.[40] Allerdings schloss auch zu früheren Zeiten eine umschreitende Inzensation die Salbung ab. Die Rubriken sehen auch heute noch vor:

Dann legt der Episcopus in ein anderes Rauchfass Weihrauch ein (segnet ihn) und inzensiert den Altar. Dann wendet er sich der Kathedra zu, er wird inzensiert und setzt sich. Die Ministres aber, die durch das Kirchenschiff ziehen, inzensieren das Volk und die Wände.[41]

Der Altar wird also zusätzlich zu dem auf ihm entzündeten Weihrauchopfer auch noch vom Bischof beräuchert.[42] Letzterer wird im Anschluss daran an seinem Sitz inzensiert. Die Volkinzens, die heute den Weihrauchritus abschließt, findet innerhalb der Feier der Kirchweihe in der Form statt, dass Assistenten mit Weihrauchfässern durch die Kirche gehen.[43] Erfolgt nur eine Altarweihe, wird das Volk nach dem PR 1977 in der gewohnten Form inzensiert.[44]

Zur Deutung des Ritus gibt, hinausgehend über die begleitenden Gebete und Gesänge, die Pastorale Einführung in die Feier der Kirchweihe einige Hinweise: „Das Verbrennen des Weihrauchs auf dem Altar weist darauf hin, daß Christi Opfer, das auf dem Altar unter heiligen Zeichen fortdauert, wie lieblicher Wohlgeruch zu Gott aufsteigt. Es ist aber auch ein Zeichen dafür, daß Gott die Gebete der Gläubigen Gott angenehm sind und zu seinem Thron emporsteigen (vgl. Offb 8,3–4). Die Beräucherung des Kirchenraumes bedeutet, daß dieser durch die Weihe zum Haus des Gebetes wird. Vor allem aber wird das Volk Gottes beräuchert. Denn es ist der lebendige Tempel Gottes, und jeder Gläubige ist ein geistiger Altar."[45] Einerseits wird der Weihrauch als Zeichen der Verehrung und des Gebetes gesehen. Hinzu kommt andererseits die Deutung als Hinweis auf das Opfer des Neuen Bundes, das auf dem Altar fortdauert. Damit ist die Parallele gezogen zum alttestamentlichen (Weihrauch-)Opfer, das endgültig in Christus dargebracht ist als lieblicher Wohlgeruch.

Im Verlauf der Feier wird heute an keiner anderen Stelle mehr Weihrauch verwendet. Für die Evangelienprozession und die Riten bei der Gabenbereitung ist dies ausdrücklich vermerkt:

Zum Evangelium werden weder Lichter noch Weihrauch verwendet.
Auch werden weder der Altar noch die Gaben beräuchert.[46]

Sinngemäß wird man die beiden Stellen auch auf die Zelebranten- und Volkinzens nach der Gabenbereitung sowie die im Missale ohnehin nicht erwähnte Verwendung von Weihrauch zur Elevation übertragen können. Der Eindruck des sinnenfälligen Weihrauchritus bei der Altarweihe soll nicht durch eine Vielzahl anderer Räucherungen, wie dies früher geschah, verwischt werden.[47]

Segnung liturgischer Orte

Weihrauch wird auch verwendet bei den Segnungen anderer liturgischer Funktionsorte. Bei der Weihe eines Baptisteriums wird der Taufbrunnen nach dem Weihegebet beräuchert.[48] Bei der Weihe einer Kathedra beräuchert ebenfalls der Zelebrant im Anschluss an das Weihegebet den Sitz und wird danach selbst an ihm inzensiert.[49] Während für die Weihe eines Ambo keine Beräucherung vorgesehen ist,[50] erfolgt sie bei der Weihe eines Tabernakels wie gewohnt nach dem Weihegebet.[51] Bei keinem dieser Riten sieht das RR interessanterweise die Verwendung von Weihwasser vor. Selbstverständlich ist dies aber doch wohl nur bei der Taufbrunnenweihe, innerhalb derer die Wassersymbolik bereits besetzt ist.[52]

b) Glockenweihe

Auch die Glockenweihe hat eine sehr lange Tradition in der lateinischen Kirche. Der älteste Ordo hierfür stammt aus dem 8. Jahrhundert und enthält bereits eine Anzahl von Elementen und Gebeten, die bis zur jüngsten Liturgiereform im PR tradiert wurden.[53] Den früher üblichen Begriff Glockentaufe wird man, um Missverständnisse über den Charakter christlicher Initiationssakramente zu vermeiden, heute nicht mehr benutzen.[54] Sicherlich rührt er aus der Waschung und Salbung der Glocke sowie der Namensgebung her. Auch Weihrauch wurde seit alters zur Glockenweihe verwendet, und zwar auf eine ähnlich eigentümliche Art.[55]

Nach dem Trienter Pontifikale wäscht der Bischof die Glocke zunächst mit Weihwasser außen und innen.[56] Sodann salbt er sie mit Krankenöl und Chrisam.[57] Die den Weihrauch betreffende Rubrik lautet:

> *Dann setzt sich der Pontifex. Nachdem er die Mitra genommen hat, legt er in das Rauchfass Thymian, Weihrauch und Myrrhe, wenn zur Hand, andernfalls, was davon da ist. Nachdem diese hineingelegt worden sind, wird das Rauchfass unter die Glocke gestellt, damit sie den ganzen Rauch aufnimmt.*[58]

Die Glocke wurde also nicht besprengt und beräuchert, sondern gewaschen und mit Rauch angefüllt. Interessant ist auch, dass hier Thymian und Myrrhe neben Weihrauch zum Räuchern verwendet werden sollen. Während Thymian wohl auf einer Verwechslung von *thymiama* beruht,[59] dient Myrrhe neben Waschung und Salbung mit Krankenöl zur Behandlung von Kranken, zu ihrer Reinigung und Stärkung. Das Glockenläuten hatte in früher Zeit eine apotropäische, oft magische Bedeutung.[60] Sicher ist von daher auch das Ausräuchern der Glocke und ihre Taufe zu verstehen. „Die Bedeutung dieser Räucherung", meinen auch Thalhofer/Eisenhofer, „ist wohl zunächst eine lustrative, die ohnehin dem Weihrauch eigen ist; dann aber soll durch die Räucherung der gesalbten Glocke Ehre erwiesen und die positive Wirkung der geheiligten Glocke *(crescat in eis devotio fidei)* auch äußerlich im Symbol dargestellt werden. Auf den Klang der Glocke hin sollen sich unsere Gedanken zu Gott erheben, wie die Weihrauchwölkchen in die Luft emporsteigen."[61]

Das neue RR sieht eine schlichte Besprengung und Beräucherung nach dem Weihegebet vor.[62] Das deutsche Benediktionale enthält dagegen immerhin noch ein Umschreiten der Glocke; sie wird besprengt und beräuchert. Auch wird eine Salbung mit Chrisam als Möglichkeit in den Blick gerückt.[63] Begleitworte sind zu diesen Handlungen nicht mehr vorgesehen. In Anbetracht des seltenen Erlebnisses einer Glockenweihe und der weitgehenden Fremdheit der angewandten Zeichen, zumal der Salbung, schlägt Fuchs drei Deuteworte vor, von denen das den Weihrauch betreffende angeführt sei:

> *Der Ruf der Glocke mahne uns … zur Wachsamkeit, bereit zu sein für die Ankunft des Herrn und nicht nachzulassen im Gebet: es steige auf zu Gott wie Weihrauch vor sein Angesicht.*[64]

c) Kreuz- und Bilderweihen

Kreuzweihe

Für die feierliche Kreuzweihe ist schon seit alters Weihrauch vorgesehen. Allerdings erfuhr er im Laufe der Zeit eine entscheidende Umwidmung. Aus dem ausführlichen Weihrauchweihegebet bei der Kreuzweihe im PR lässt sich seine lustrative Verwendung erschließen.[65] Im Anschluss an das erneuerte RR wird der Weihrauch, wenn man die Begleitgesänge berücksichtigt, hingegen als Zeichen der Verehrung verstanden.[66] Das deutsche

Benediktionale verzichtet auf jeden ausdrücklichen Hinweis zur Weihrauchverwendung. Es unterscheidet aber den Ritus des Segnens (Kreuzzeichen, Weihwasser) und den der anschließenden Verehrung (Kniebeuge).[67]

Bildersegnungen

Die Väter des 7. Konzils in Nikaia 787 empfahlen damals, Kerzen und Weihrauch vor den Bildern Christi, Mariens und der Heiligen zu verwenden. Sinngemäß sind diese Zeichen der Verehrung auch auf ihre Weihe übertragen worden.

Das RR bietet drei separate Formulare für die Segnung eines Christus-, Marien- oder Heiligenbildes.[68] Weihrauch wird in allen drei Formularen erwähnt. Während es allerdings beim Ritus der Segnung eines Christusbildes heißt:

> *Nach dem Weihegebet legt der Zelebrant Weihrauch ein und inzensiert das Bild (RR Bened. 1001),*

ist in beiden anderen Formularen vor *imposito ture* ein *pro opportunitate* eingefügt, das diesen Ritus als fakultativ kennzeichnet.[69] Im deutschen Benediktionale fehlt wiederum jeder ausdrückliche Hinweis auf Weihrauch.

Bei der Weihe eines Kreuzwegs stimmen RR und deutsches Benediktionale in Bezug auf die Weihrauchverwendung nach dem Weihegebet überein. Allerdings sieht die deutsche Studienausgabe an dieser Stelle auch Weihwasser vor.[70]

d) Friedhofsweihe und Gräbersegnung

Weihrauch und Weihwasser spielten als Zeichen der Reinigung schon im tridentinischen Ritus eine wichtige Rolle bei der Friedhofsweihe. Kristallisationspunkt der Weihehandlung war damals wie heute das über dem Gottesacker aufgerichtete Kreuz.[71] Nach dem erneuerten RR wird es im Anschluss an das Weihegebet inzensiert. Danach wird der Friedhof und werden die Umstehenden mit Weihwasser besprengt.[72] Die Rubrik des deutschen Benediktionale ist davon wieder leicht verschieden:

> *Der Zelebrant besprengt und beräuchert das Friedhofskreuz und den Friedhof. Er kann dabei den Friedhof durchschreiten. (Benediktionale 188)*

Im Zusammenhang mit der Friedhofsegnung sei noch auf die Segnung der Gräber an Allerheiligen/Allerseelen hingewiesen, für die auch heute das deutsche Benediktionale Weihwasser und Weihrauch vorsieht.[73]

5.2.3 Weitere Segnungen aus dem Benediktionale

Zu etlichen anderen Segnungen wurde Weihrauch verwendet. Eine besonders stark belegte Gruppe sind diverse Speisensegnungen, bei denen die Lebensmittel beräuchert wurden.[74]

Zwei weitere Segenshandlungen, die das deutsche Benediktionale bietet, sind der Vollständigkeit halber noch zu erwähnen.

Deutsche und lateinische Fassung des Ritus der Orgelweihe unterscheiden sich wiederum hinsichtlich der Rubrik im Anschluss an das Weihegebet. Weihrauch ist in beiden Fassungen vorgesehen, allerdings verzichtet die Editio typica auf die vorangehende Aspersio mit Weihwasser.[75]

Jede Entsprechung fehlt im Lateinischen zur deutschen Adventskranzsegnung. Auch für sie sieht das Benediktionale parenthetisch eine Beräucherung vor.[76] Allerdings ist anzunehmen, da die Rubrik nur hier in dieser Form begegnet, dass es sich in diesem ersten Formular des Benediktionale um eine Umsetzung der grundsätzlichen Regel handelt, dass zum Weihwasser auch immer Weihrauch verwendet werden kann.[77]

Zwar fehlt im Formular für die Segnung eines neuen Hauses sowohl im lateinischen wie auch im deutschen Text jeder Hinweis auf Weihrauch, dennoch lohnt es sich, hierbei kurz zu verweilen, da häusliche Räucherpraktiken eine alte Tradition haben.[78] Häusersegnungen waren nämlich nicht nur zur Einweihung des Hauses, sondern auch regelmäßig an bestimmten Tagen des Jahres üblich.[79]

5.2.4 Die Rauhnächte

Diesen besonderen Brauch der Haussegnung, der vor allem im Alpenraum, aber auch in den katholischen Regionen des Balkans bis in unser Jahrhundert überdauerte und heute zumindest in Deutschland wieder mehr und mehr Aktualität gewinnt, gilt es etwas ausführlicher zu behandeln.

Der rein lustrative Ritus der Häusersegnung spielt vor allem in den Zeiten eine besondere Rolle, in denen aufgrund natürlicher Bedingungen die Furcht vor Dämonen am größten ist. Im Winter, wenn die Tage am kürzesten sind und die Nächte am undurchdringlichsten scheinen, fürchtet man Geister und Hexen und versucht sich vor ihrem Zugriff und dem durch sie drohenden Unheil zu schützen. Diese Zeit der zwölf Rauchnächte, der längsten Nächte des Jahres, liegt zwischen dem Weihnachts- und dem Dreikönigstag.[80] In manchen Regionen beginnt diese Periode bereits am Thomastag, dem 21. Dezember.[81] Auf einige Nächte dieses Zeitraums, an dessen Anfang, in der Mitte und am Ende, trifft die Qualifikation Rauhnächte oder Rauchnächte besonders zu. Zu diesen „Drei heiligen Abend'"[82] zählen in allen Regionen die Nächte vor Weihnachten, Neujahr und Dreikönig.[83] Die Nacht vor dem 6. Januar hat hierbei eine Sonderrolle mit ausgiebigstem Brauchtum inne.

Grundsätzlich vollzieht sich der Ritus der Häusersegnung aber an allen genannten Abenden gleich.[84] Zur Zeit des Abendgebets wird Glut vom Herd genommen und in eine Räucherpfanne getan. Räucherwerk wird aufgelegt.[85] Betend geht man durch alle Räume, sprengt mit Weihwasser und räuchert mit Weihrauch. Mancherorts wird auch Licht mitgetragen. Auch in Stall und Scheune sowie rund ums Anwesen wird geräuchert. Überall macht man mit dem Räuchergefäß ein Kreuzzeichen. Hier und da räuchert man auch auf den Wiesen und den Feldern.

Für den Brauch der Räucherung in den Häusern lassen sich schon recht frühe Zeugnisse finden. So sanktioniert ihn 1470 eine Synode in Passau. Der Wortlaut des Beschlusses deutet allerdings eher auf eine Tolerierung denn auf eine Empfehlung hin:

> *Das Räuchern, welches um Weihnachten und einigen anderen Festen in den Häusern vorgenommen wird, wollen wir dulden, wie es die ganze Kirche duldet.*[86]

Für seine fränkische Heimat bezeugt Joannes Boemus Aubanus, einer der ersten deutschen Volkskundler, in seinem 1520 erschienenen Werk den Brauch des Räucherns:

> *In jenen zwölf Nächten, die zwischen Christgeburt und Erscheinung liegen, gibt es beinahe kein Haus in ganz Franken, das bewohnt wird, das nicht mit Weihrauch oder einer anderen riechenden Materie gegen der Dämonen und Hexen Nachstellungen ausgeräuchert wird.*[87]

Kretzenbacher führt viele Belege aus dem 17. und 18. Jahrhundert an. Meist sind sie jedoch indirekter Natur und lassen sich nur mühsam aus alten Rechnungen rekonstruieren. Als ein solches Beispiel soll ein Eintrag des Buchhalters auf Schloss Ober-Voitsberg aus dem Jahre 1633 dienen.

denen münchen wegen Rauchung der Drey heilligen abent auch schuelmaister Meßner vnd vnderschidlichen sängern in allen 2 fl.[88]

Übereinstimmend werden in den frühen Zeugnissen ein Kleriker, Mönche wie hier, Priester, Kapläne, Pfarrer oder zumindest ein kirchlicher Bediensteter, der Mesner oder auch eine Person des öffentlichen Lebens wie der Lehrer als Subjekt des Räucherns genannt. Aus angeführtem Beispiel wird ebenso deutlich, dass auch auf Herrschaftssitzen und in Rathäusern an den betreffenden Nächten geräuchert wurde. Selbstverständlich sind von den Besuchen der Räucherer in den Privathäusern und auf den Höfen keine Rechnungsbelege erhalten. Allerdings lassen Begriffe wie Rauchgetreide, Rauchhuhn oder Rauchgeld im steirischen Wortschatz[89] darauf schließen, dass auch dort, zumeist in Naturalien, für die Dienstleistung der *thurificatio domorum* ein Entgelt entrichtet wurde.

Einen Einschnitt im Brauchtum der Rauchnächte, der zu seiner Säkularisierung und zum Übergang vom Seelsorger auf den Hausvater als Funktionsträger führte, stellt ein Dekret Josephs II. aus dem Jahre 1787 dar. Der Kaiser schaffte das Ausräuchern der Häuser an den Vorabenden von Weihnachten, Neujahr und Dreikönig ab. Der Verdienstausfall, der dem Mesner oder Schulmeister dadurch entstehe, werde durch ein Neujahrsgeschenk von 3 Kr. ersetzt. Als solchermaßen säkularisiertes Brauchtum hielt sich das Räuchern in den Familien bis heute.[90] Am Heiligen Abend wird auch über die Speisen des Abendtisches geräuchert.[91] Am Silvesterabend und vor allem am Vorabend von Dreikönig wiederholt sich das Ausräuchern. Auch schrieb man schon früher mit in der Kirche geweihter Kreide drei Kreuze und die Buchstaben C M B an den Türsturz.[92] Auch Salz und Wasser sowie Weihrauch wurden in der Kirche für den apotropäischen Gebrauch zu Hause geweiht.

Unverkennbar lebt heute der Brauch der Rauchnächte im Dreikönigssingen fort. Schon in der Rechnung aus Schloss Ober-Voitsberg wurden Sänger erwähnt, die die Zeremonie begleiteten; auch in Oberösterreich gibt es zur Zeit der Rauchnächte reiche Kostümierungs- und Heischebräuche. Am Dreikönigs-Vorabend ziehen als Könige verkleidete Gestalten durch die Winterlandschaft von Hof zu Hof.[93] Neben allem karitativen Einsatz, den die kleinen Könige heute durch ihren Dienst zuwege bringen, lebt im Sternsingen auch (alpenländisches) Brauchtum weiter, bitten die Sänger doch nicht nur um Gaben, sondern bringen auch Kunde von der Geburt des göttlichen Kindes und den Segen für die Häuser. Auch sie zeichnen mit geweihter Kreide C M B an die Türen der Häuser und räuchern mit Weihrauch. Dazu sprechen sie einen Segensgruß aus, etwa:

Christus segne dieses Haus
und alle, die da gehen ein und aus.
Die Liebe sei mächtig, der Hass sei verbannt!
Das wünschen die Weisen aus dem Morgenland.[94]

„Auf diese Weise schlagen die Sternsinger eine Brücke zwischen ‚öffentlicher' Liturgie und ‚Haus'liturgie. Und dieser Segen wirkt sich wiederum aus: weltweit."[95] „So wird der vielhundertjährige Brauch des ‚Rauchens und Sprengens' wohl auch in der Steiermark allwinterlich so lange in Übung bleiben, als jede folgende Generation von der gegenwärtigen mit dem Glauben an die Unheil verhütende Kraft des Gebetes auch die äußeren Sinnzeichen dieses Jenseitsvertrauens übernimmt, den duftenden Weihrauch und das geweihte Segenswasser."[96] Im Zusammenhang mit der vorangegangenen kurzen Untersuchung der Rauchnächte und KRETZENBACHERS Abschlussbemerkung stellt sich für den Umgang mit der Aktion Dreikönigssingen die Frage, ob der Besuch der Sternsinger den Gemeinden nicht vor allem ganz bewusst auch als eine Haussegnung am Jahresbeginn vorgestellt werden sollte.[97] „Sieht man im Sternsingerbrauch nicht ausschließlich und isoliert die missionscaritative Aktion, sondern auch den ihm zugrundeliegenden benediktionellen Sinn, so kann dem Sternsingen in dem angedeuteten ‚pastoralen Kontext' eine vermittelnd-integrative Bedeutung innerhalb des Segensbrauchtums an Epiphanie zukommen."[98]

5.2.5 Weihrauch bei Benediktionen aus den Formularen des Missale

Drei Segnungen sind es insbesondere, die so mit dem Messritus des betreffenden Tages verbunden sind, dass sie ins Missale Aufnahme gefunden haben. Bei diesen dreien wird dem MR 1570 zufolge immer Weihrauch verwendet. Es handelt sich um die Segnung der Kerzen an Darstellung des Herrn, der Asche am Aschermittwoch und der Palmzweige am Palmsonntag. Das MR 1970, das die betreffenden Segnungen ebenfalls enthält, sieht in allen Fällen nur die Verwendung von Weihwasser vor.[99] Gleichwohl wird Weihrauch bei der Palmsegnung mancherorts eingesetzt, wenn ein Rauchfass zur Prozession mitgeführt wird.

Auch zur Weihe des Osterfeuers wird nach dem Trienter Missale Weihrauch verwendet.[100] Gleichzeitig mit dem Feuer wurden auch fünf Weihrauchkörner besprengt und beräuchert.

5.2.6 Der Ritus der fünf Weihrauchkörner

Die Weihe der Osterkerze bot neben der heute üblichen umschreitenden Beräucherung einen speziellen Weihrauchritus. Dieser soll hier weiter ausholend in seiner Genese betrachtet werden, denn erst aus den historischen Zusammenhängen nämlich erschließt sich sein Sinn.

Seit der Reform der Osternacht 1955, die hier mit dem MR 1970 übereinstimmt, fügt während der Vorbereitung der Kerze am Feuer der Priester fünf Weihrauchkörner in das mit einem Griffel auf ihr eingeritzte Kreuz. Das begleitende Deutewort spielt auf die Wundmale Christi an und komplettiert zusammen mit den Buchstaben A und Ω sowie dem genannten Kreuz die christologische Symbolik der Kerze. Auch die Jahreszahl erfährt eine entsprechende Deutung.

Der liturgische Ort dieses Ritus entspricht aber keineswegs alter Überlieferung, und auch seine Deutung differiert im Laufe der Geschichte. Nach dem MR 1570 werden die besagten Körner vom Diakon[101] während des Exsultet in die Kerze eingefügt.[102] Im Trienter Missale ist auch ein spezielles Weihegebet über die *quinque grana incensi* enthalten, das seinen liturgischen Ort jedoch zu Beginn der Vigil am Feuer hat.[103]

Dieses Gebet *Veniat ergo, omnipotens deus* bildete in der Form, in der es Franz[104] mitteilt, den Abschluss des vor und im 7./8. Jahrhundert gleichzeitig mit dem Exsultet in Gebrauch befindlichen Präkoniums aus dem Gelasianum *Deus mundi conditor*.[105] Lässt man später eingefügte Rubriken, die *Veniat* schon als *Benedictio super incensum* verstehen, außer Acht,[106] ergibt sich aus dem Text, dass „dieses Gebet die eigentliche Weihe der Osterkerze enthält“[107]. Zweierlei begünstigte die Umwidmung des *Veniat* von einem Weihegebet der Osterkerze zu einer Weihrauchbenediktion. Zunächst führte das allmähliche Verdrängen des gelasianischen Präkoniums durch das Exsultet im 7./8. Jahrhundert dazu, dass das Gebet *Veniat* innerhalb der Osterkerzenzeremonie keinen Platz mehr fand und daraufhin als Feuerweihegebet sowohl am Gründonnerstag wie auch in der Osternacht, und zwar hier wie dort als letztes der betreffenden Gebete, benutzt wurde. Unter Beibehaltung dieser seiner neuen Stellung vollzog sich sodann aufgrund des Missverständnisses des Begriffes *hunc incensum*,[108] das gewiss auch schon seine Verlagerung in den Ritus der Feuerweihe begünstigt hatte, die Charakterisierung als Weihrauchweihegebet. *Incensum* war zu dieser Zeit bereits zum Terminus technicus für Weihrauch geworden. Obwohl sich diese Veränderung langsam vollzog, finden sich spätestens im 12. Jahrhundert viele Agenden, die *Veniat* am Abschluss der Zeremonie am Feuer als *Benedictio incensi* titulieren.[109] Als solches begegnet es im OR X[110] und im MR 1570.[111]

Eine spezielle Weihrauchweihe am Beginn der Ostervigil konnte aber nur dann als sinnvoll empfunden werden, wenn der Weihrauch innerhalb der Feier auch eine besondere Rolle spielte. Dies war nachweislich seit dem 10. Jahrhundert so, und zwar in Gestalt eben des Ritus, der hier beschrieben werden soll.

Als erste Zeugnisse dafür machen Rabotin und Capelle ein Pontifikale des Egbert und ein Sakramentar des Ratoldus aus, die beide dem 10. Jahrhundert entstammen.[112] Bei Egbert finden sich zwei Gebete zur Weihe der Weihrauchkörner, die während der Worte *suscipe, sancte Pater, incensi hujus sacrificium vespertinum* des Exsultet in die Kerze eingefügt werden. Bei Ratoldus heißt es entsprechend:

> *Darauf machen sie ein Weihrauchkreuz auf die Kerze.*[113]

Seit dieser Zeit begegnet man dem Ritus häufiger in den liturgischen Büchern. So ist er für Rom schon im Jahr 1145 in einem Artikel des 1. Laterankonzils bezeugt, der den Ritus ausführlich beschreibt und mit praktischen Hinweisen versieht.

> *Nachdem schließlich der Diakon gesagt hat:* Suscipe sancte Pater, incensi hujus sacrificium vespertinum, *sollen dort fünf reinste Weihrauchkörner bereitliegen. Der Diakon nimmt diese und drückt sie dem Wachs in Kreuzesform ein. Sie werden so angeheftet, daß sie nicht leicht herunterfallen. Damit dies leichter und geeigneter geschieht, sollen zuerst in dieser Kerze jene fünf Orte deutlich bezeichnet und irgendwie ausgestochen werden, damit mit den eingefügten Körnern das Wachs selbst rieche mit dem Rauchfaß.*[114]

Spätestens im 12. Jahrhundert scheint dieser Brauch allgemein geworden zu sein.[115] Auch in diesem Falle scheint der Weihrauch über eine Missdeutung des Terminus *incensum* in Gebrauch gekommen zu sein. Was ursprünglich die Kerze bezeichnete,[116] wurde nun auf den Weihrauch bezogen. Hinzu kommt mit *sacrificium vespertinum* ein weiterer Begriff, der mit dem Weihrauch in engem Zusammenhang steht.[117] Möglicherweise ist aufgrund dieser Zitation von Ps 141,2 aus der täglichen Vesper, in der er mit dem Räucherakt zusammenfällt, auch die mancherorts an dieser Stelle belegte umschreitende Beräucherung der Kerze zu erklären.[118] Während sie das MR 1570 nicht vorsah, findet sie seit dem OHS 1956 nun zu Beginn des Osterlobes statt. Zumal auch die Exsultetrolle an dieser Stelle inzensiert werden kann, hat die Inzensierung hier ihrem Charakter nach eher die Bedeutung einer verehrenden Beräucherung denn einer Weihehandlung.[119]

Das bisher Gesagte vermochte nun zwar den Ort der Zeremonie zu erklären; wie es aber zur Ausbildung des Ritus selbst kam, ist noch offengeblieben. An sich handelt es sich um einen derart kuriosen Weihrauchritus, der kaum ausschließlich durch semantische Schwierigkeiten erklärbar ist. Sollte einzig der

Terminus *incensum* zeichenhafte Umsetzung erfahren, hätte ein Beräuchern der Kerze dies sinnenfälliger zum Ausdruck gebracht. Zudem hätte eine solche Praxis auf mannigfache Inzensationsriten als Vorbilder zurückgreifen können. Eine Verwendung von Weihrauchkörnern, die nicht verbrannt werden, ist dagegen sonst nur noch aus dem Ritus der Altarweihe bei der Einfügung der Reliquien in den Altarstein bekannt. Die Deutungen des Ritus sind daher auch disparat. Während Durand in ähnlicher Weise wie bei den drei Weihrauchkörnern in den Reliquiengräbern bei den fünfen in der Osterkerze an die Spezereien der Frauen denkt, die den Gekreuzigten salben wollen,[120] deutet nach der Ansicht von Beleth das aus Weihrauch gemachte Kreuz an, „daß das Kerzenopfer ein *Holocaustum totum incensum* sei und die Opferung Christi darstelle“[121]. Von der heutigen christologischen Symbolik war bereits die Rede.

Ein Hymnus des Prudentius aus dem 4. Jahrhundert kam bereits im Zusammenhang mit dem Stundengebet zur Sprache. Obgleich für ihn auch Titel überliefert sind, die ihn direkt der Ostervigil zuweisen,[122] wird man annehmen müssen, dass es sich vielmehr tatsächlich um einen Vesperhymnus handelt, der in reichem Maße aus dem Liturgiegut des zentralen Abendgottesdienstes schlechthin, der Ostervigil, schöpft.[123] Auch die folgend zitierte Passage des Hymnus wird sich mit Sicherheit auf die Osterkerze beziehen lassen:

Nimm an das Licht, das dient dem Opfer,
getaucht in die Salbe des friedenstiftenden Chrisams.[124]

Diesen Segen, so Capelle, könne man nur schwer als rein symbolischen und spirituellen Text verstehen. Seiner Ansicht nach deuten die Verse auf eine Salbung der Kerze bereits in dieser Zeit hin. In späteren Jahrhunderten ist häufiger die Rede von Segnungen der Osterkerze durch ein Kreuzzeichen des Bischofs, doch ist nicht immer klar, womit dieses Zeichen ausgeführt wird: mit Salböl, der Hand oder einem Griffel. Capelles Untersuchungen ergaben jedoch, dass die Salbung älter ist als das Einritzen eines Kreuzes mit dem Griffel. Dies setzte sich spätestens im 12. Jahrhundert durch; es sollte ein dauerhaftes Zeichen der Weihe der Kerze sein.[125] Die Weihrauchkörner an den Außenpunkten und im Zentrum des ins Wachs eingeritzten oder nur mit Öl bzw. dem bloßen Daumen gezeichneten Kreuzes waren zur Sichtbarmachung dieses Weihezeichens gedacht, noch bevor mit farbigem Wachs Kreuz, Jahreszahl und die Buchstaben A und Ω aufmodelliert wurden.[126]

Ursprünglich handelt es sich bei dem Ritus der fünf Weihrauchkörner also nicht um eine liturgiepietistische Zutat, sondern um einen Ausdruck der an der Kerze vollzogenen zentralen Handlung: ihrer Weihe zum *sacrificium vespertinum*.

6 | Gebete über den Weihrauch

Bislang wurden Räucherriten untersucht, in denen der Weihrauch eine mehr oder weniger zentrale Rolle spielte. Es war zu sehen, dass er zeichenhaft in verschiedenen Bedeutungszusammenhängen, besonders in einer reinigenden Dimension oder auch selbst als Opfergabe gebraucht wurde. Selten konnte dabei allein aufgrund primär ritueller Merkmale auf die im Hintergrund stehenden Deutungen geschlossen werden; vielmehr war es in der Regel nötig, die das Inzensieren begleitenden Texte dabei genauer in Augenschein zu nehmen. Um weiteren Aufschluss über die Motive zu erhalten, die die Weihrauchverwendung begründen, soll im folgenden Abschnitt nun noch einmal von diesen Texten sowie von speziellen Segensworten die Rede sein, die dem Weihrauch selbst gelten und die ihn zu solch wirkmächtigem Zeichen werden lassen.

Hinsichtlich des Gebrauchs von Weihrauch muss unterschieden werden zwischen liturgischer Verwendung im Gottesdienst der Kirche und außerliturgischer Verwendung im frommen Brauchtum. Diese Differenzierung ist auch bei der Behandlung der Gebete angezeigt,[1] da bereits eine erste Sichtung des Materials in Bezug auf die Deutungen ein bemerkenswertes Auseinanderklaffen ergibt. Während für die liturgischen Weihrauchsegnungen verschiedene Motive zur Sprache kommen, wird bei der Weihe des Weihrauchs, den das Volk zur Räucherung benutzte, nahezu ausschließlich auf lustrative und apotropäische Aspekte abgehoben.[2] In einem ersten Abschnitt werden daher Segensformeln und Deuteworte erläutert, die den Weihrauch bei seinem Entzünden innerhalb der liturgischen Feier betreffen. Daran anschließend werden Weihegebete behandelt, die Weihrauch für Räucherungen allgemein, insbesondere den häuslichen Gebrauch segnen.

6.1 Segensgebete über den Weihrauch

Weihrauchweihegebete sind in der lateinischen Kirche seit dem 11. Jahrhundert nachweisbar.[3] Sicard und Durand unterscheiden gar dezidiert zwischen gesegnetem und ungesegnetem Weihrauch; dieser wird für die Beräucherung der Laien, jener für die Inzens am Altar verwendet.[4] Die Segensgebete haben im Osten eine längere Tradition und sind auch zuweilen wörtlich von dort entlehnt.[5] Hier wie dort spricht sie immer der Vorsteher selbst, auch wenn schließlich der Diakon die Räucherung durchführt.

Da im Zuge der Liturgiereform alle Weihrauchsegnungen[6] und nahezu alle Begleitworte zu Weihrauchriten aus den liturgischen Büchern entfernt wurden, ist als Hauptquellenwerk zunächst das Trienter Missale sowie das Pontificale Romanum heranzuziehen.

6.1.1 Die Segensformeln des MR 1570

Die gewöhnliche Formel der Weihrauchsegnung des Trienter Missale wurde bereits mehrfach erwähnt. Sie ist z. B. beim Introitus der Messe und auch vor dem Evangelium vorgesehen.

> *Ab illo benedicaris, in cujus honore cremaberis. – Sei von dem gesegnet, zu dessen Ehre du verbrannt wirst. (MR 1570, OM)*

Thalhofer/Eisenhofer schreiben dazu: „Weil in erster Linie dazu bestimmt, zur Ehre Gottes verbrannt zu werden, soll Gott selber den Weihrauch segnen, und dadurch, daß er ihn segnet, zur würdigen Gottesgabe machen; an diese Segnung sind dann von selbst heilbringende Wirkungen für Personen und Sachen geknüpft."[7] Die Interpretationsproblematik obiger Formel liegt aber gerade darin, dass ein Weihrauch, der ausschließlich *in honore dei* entzündet wird, eigentlich keiner Segnung bedarf,[8] da er in keiner Weise als Lustrationsritus aufzufassen ist. Wenn er nun heilbringende Wirkung für die Menschen hat, so doch wohl vor allem deshalb, weil sie in einem Akt der Verehrung Gottes, den der Weihrauch darstellt, sich wieder näher zu ihm kehren.

Den geschilderten Schwierigkeiten geht eine alte Formel aus dem Weg, die anstelle der obigen in alten Handschriften überliefert ist:

> *Segne, Herr, diesen Weihrauch oder dieses Rauchwerk, von dir geschaffen, und gewähre, dass es dir annehmbar ist zum wohlgefälligen Geruch.*[9]

Die Begründung für die angestrebte Benediktion ist hier in Gottes Schöpfungswerk gegeben, über das er beständig seinen Segen spendet und aus dessen Fülle wir auch den Weihrauch erhalten. Es folgt eine Bitte um die Annahme des süßen Geruchs.

Bei der Gabenbereitung – innerhalb der Messe der Kulminationspunkt der Weihrauchriten – wurde zum Inzenseinlegen in das Rauchfass ein anderes Gebet gesprochen:

Per intercessionem beati Michaelis Archangeli, stantis a dextris altaris incensi, et omnium electorum suorum, incensum istud dignetur Dominus benedicere, et in odorem suavitatis accipere. – Auf die Fürsprache des seligen Erzengels Michael, der steht zur Rechten des Rauchaltares, und aller seiner Erwählten befinde diesen Weihrauch der Herr für würdig zu segnen und als wohlgefälligen Geruch anzunehmen. (MR 1570, OM)

Im Grundbestand handelt es sich hier um eine alte Formel.[10] Allerdings findet sich bis ins 13. Jahrhundert hinein in den Sakramentaren Gabriel anstelle von Michael,[11] denn nach Lk 1,11.19 ist Gabriel es, der *a dextris altaris incensi* steht.

Einen Schreibfehler als Ursache für diese Veränderung anzunehmen, scheidet sicher aus, da der Text in vielen Parallelüberlieferungen tradiert wurde. Vielmehr muss ein bewusstes Ersetzen stattgefunden haben, was sich aus der im Mittelalter wachsenden Beliebtheit des Erzengels Michael wahrscheinlich machen lässt. So wie Michael einst als Schutzherr des auserwählten Gottesvolkes galt, so ging diese Funktion nun auf das Volk des Neuen Bundes, die christliche Kirche, über.[12] Auch wurde Offb 8,3 als Offertorium des 29. September verwendet. *Stetit Angelus juxta aram templi habens thuribulum aureum in manu sua*, heißt es da in Abänderung des Vulgatatextes, der *stetit ante altare* bietet. Gleichwohl wurde die Stelle der Apokalypse auf Michael bezogen. Bei der Übernahme seines Namens in das Weihrauchgebet unterblieb dann aber die notwendige Textkorrektur von *stantis a dextris altaris incensi*, was nach Lukas nur auf Gabriel passt, zu *stantis ante altare habentis thuribulum aureum*, dem auf Michael gedeuteten Text der Apokalypse. Rupert von Deutz argumentierte wohl als Erster ausführlich dafür, dass es an dieser Stelle Michael heißen muss.[13] Eine spätere Eingabe, die alte Lesart wiederherzustellen, blieb erfolglos. Der Irrtum wurde von der Ritenkongregation ausdrücklich bestätigt, da die Deutung Ruperts als allgemein akzeptiert galt.[14]

Auch die weiteren begleitenden Gebete bei der Gabenbereitung sollen nun noch einer kurzen Analyse unterzogen werden. Nach dem Einlegen des Weihrauchs findet als Erstes die Beräucherung der Gaben statt, die nicht selten als Abschluss einer „vorkonsekratorischen Darbringung“[15] und damit „der Eucharistie im Voraus dargebrachte Ehrung“[16] verstanden wurde. Das dabei zu sprechende Gebet folgt ganz dem Typ der frühen Weihrauchgebete.[17] Anabatisches und katabatisches Element sind verbaliter vertreten:

Incensum istud a te benedictum ascendat ad te, Domine: et descendat super nos misericordia tua. – Dieser Weihrauch steige, von dir gesegnet, zu dir empor, Herr. Und es steige herab auf uns dein Erbarmen. (MR 1570, OM)

Bereits im 11. Jahrhundert findet sich dieses Gebet in alten Missalien.[18] Andernorts sind auch ausführlichere Gebete in den von LIETZMANN beschriebenen Formen überliefert.[19]

Nicht zuletzt aufgrund der Stelle in Mal 1,11 wird Weihrauch hier zunächst als Naturaloblation gesehen. Bei THALHOFER/EISENHOFER heißt es dazu: „Wie der Priester die Hostie und den Kelch in Kreuzesform auf den Altar gelegt resp. gestellt hat, so bewegt er auch das Rauchfaß dreimal in Kreuzesform über Kelch und Hostie und dreimal im Kreise um dieselben, wohl um die Zusammengehörigkeit des Weihrauchs mit Brot und Wein zu der einen Naturaloblation, zur vollen Mincha der Malachiasstelle anzudeuten; dabei bittet er, Gott möge dieses Rauchopfer wohlgefällig aufnehmen und es den Gläubigen zum Segen gereichen lassen, ganz analog wie er bei Opferung von Hostie und Kelch um gnädige Aufnahme und reiche Frucht gebetet hat."[20] Diese Vorstellung vom Weihrauch als Opfer hat eine lange Tradition. Schon früh heißt es, dass außer Brot, Wein und Erstlingsfrüchten nur noch Lampenöl und Weihrauch zur Opferbereitung auf den Altar gelegt werden dürfen.[21] Auch der Räucherritus beim Morgen- und Abendgebet entstammt dem zweimal täglich vollzogenen Rauchopfer im Tempel, was zeigt, dass die Christen sich nicht scheuten, mit dem Ritus auch zunächst eine Deutung mit zu übernehmen.

LECHNER meint, die Formel *Incensum istud* bezeichne Weihrauch als selbständiges Opfer, obgleich er eigentlich nur Zutat sein könne.[22] So ist denn der Opferbegriff für den Weihrauch auch schon bald ausgeschieden und nun auf Brot und Wein beschränkt.[23] Auch der um 1300 bezeugte Ritus des Emporhebens des Rauchfasses wurde fallengelassen. Weihrauch ist nicht selbständige Gabe an Gott, sondern nur Zugabe.[24]

Zur nachfolgenden Altarinzens findet der besprochene Psalmvers *Dirigatur*, der ursprünglich bei allen Inzensationen des Altars als Deutewort benutzt wurde, mit seinem Kontext Verwendung. Die drei Verse werden auch nach bestimmter Vorschrift auf die 29 Züge bei der Altarberäucherung verteilt. Er ist weniger Erklärung der Handlung denn Aufforderung zum Gebet. Der Weihrauch steigt bereits als sichtbares Zeichen nach oben. Dies ist die Mahnung, auch Gebete zu Gott emporzusenden.

Unterstützt wird dies noch durch das Gebet, das nach dem MR 1570 bei der Rückgabe des Rauchfasses nach der Altarinzens durch den Priester gesprochen wird:

> *Accendat in nobis Dominus ignem sui amoris, et flammam aeternae caritatis. – Es entzünde in uns der Herr das Feuer seiner Liebe und die Flamme ewiger Liebe. (MR 1570, OM)*

Die Gebete sollen aus liebeglühendem Herzen aufsteigen. Jungmann erklärt die Formel folgendermaßen: „Die glühende Kohle und der Duft, der ihr entsteigt, führen die Gedanken aber auf das Höchste, was wir von Gott als Antwort auf unsere Gabe erbitten können: das Feuer der göttlichen Liebe. Wir dürfen diese Symbolik auch heute mit der Inzensierung der Teilnehmer verbinden.“[25] Ursprünglich wurde der Satz nämlich auch von denen gesprochen, die gerade die Inzensierung entgegennahmen. Bis ins 11./12. Jahrhundert war dies noch üblich.[26]

Im neuen Messritus finden sich – wie gesagt – heute keinerlei Deuteworte oder Weihegebete über den Weihrauch. Der berechtigte Wunsch, Verengungen des Verständnisses abzuhelfen und das Zeichen für sich sprechen zu lassen, stand dabei Pate. Zunehmendes völliges Unverständnis dem Ritus gegenüber, gar seine Ablehnung, erfordert heute allerdings wieder liturgische Katechesen, um den Menschen die bewusste und damit „tätige“ Mitfeier zu ermöglichen.[27] Fuchs schlägt in diesem Zusammenhang ein originelles Gebet über den Weihrauch bei der Gabenbereitung vor:

> *Gepriesen bist du, Herr unser Gott, Schöpfer der Welt. Du schenkst uns das Harz der Bäume und das Öl der Pflanzen, damit ihr Duft den Menschen erfreue und ihn belebe. Wie dieser Weihrauch aufsteigt, so steige auch unser Beten vor dir auf, denn dir allein gebührt Dank, Ehre und Lobpreis in Ewigkeit.*[28]

Das Gebet ist analog zu den Darbringungsgebeten über Brot und Wein gestaltet.[29] Gerade darin liegt aber auch seine Problematik, rückt es doch den Weihrauchritus – freilich ohne explizite Bezüge herzustellen – wieder in die Nähe einer Naturaloblation. Der letzte Satz greift allerdings deutlich auf die Gebetssymbolik von Ps 141,2 aus, wie sie ja auch die AEM favorisiert. Entscheidend ist, dass für den aufsteigenden Weihrauch nichts von Gott als Gegengabe erwartet wird, wie dies im Gebet *Incensum istud* aus dem MR 1570 der Fall ist. Der Weihrauch wird stattdessen als reines Gebetssymbol mit doxologischem Charakter verstanden. Zur Gabenbereitung[30] ein solches Gebet zu verwenden, kann sicher dann und wann hilfreich sein.

6.1.2 Sonstige Segensformeln der lateinischen Kirche

Ein Gebet, das im Pontificale Romanum gleich mehrmals erscheint, darf hier nicht übergangen werden. Zusammen mit drei weiteren Segensgebeten (darunter auch das schon besprochene *Veniat*) ist es bereits Anfang des 11. Jahrhunderts überliefert.[31] Im PR begegnet es bei der Kirchweihe über den auf dem Altar zu entzündenden Weihrauch und bei der feierlichen Kreuzweihe.[32] In dieser Fassung sei es wiedergegeben:

> *Herr, allmächtiger Gott, bei dem das Heer der Engel mit Zittern steht, deren Dienst als geistig und feurig erkannt wird, würdige zu beachten und zu segnen diese Kreatur des Weihrauchs, dass alle Mattigkeiten und alle Schwächen und alle Nachstellungen des Feindes, wenn sie ihn riechen, entweichen und getrennt werden von deinem Geschöpf, damit niemals vom Biss der alten Schlange verletzt werde, was du durch das heilige Blut deines Sohnes losgekauft hast.*[33]

Inhaltlich fällt dieses Gebet aus dem bisherigen Rahmen liturgischer Inzensgebete heraus, greift es doch ausschließlich apotropäische Deutungsmuster auf.[34] Dies wird verständlich durch seine Stellung innerhalb von Segnungsfeiern, die der Reinigung von Orten oder Zeichen von allen schädlichen Einflüssen dienen, damit diese ihrerseits wieder Zufluchtsort werden und Bannkreis für Dämonen, als welche personifiziert die Krankheiten vorgestellt werden. Lustrativ wirkt der Weihrauch aber nicht aus sich selbst heraus, sondern durch das Gebet der Kirche und das Vertrauen der Gläubigen darauf.[35]

Seit der Liturgiereform gibt es kein Weihrauchweihegebet mehr in den lateinischen liturgischen Büchern. In der deutschen Studienausgabe des Benediktionale erscheint, ähnlich der früheren *Benedictio auri, thuris et myrrhae in festo Epiphaniae*, auf die noch zurückzukommen sein wird, eine Segnung von Wasser, Kreide und Weihrauch am nämlichen Tag. Die Auswahl der zu segnenden Gegenstände und die Formulierung der Texte ist ganz auf die Haussegnung am Dreikönigstag abgestellt:[36]

Herr, unser Gott, segne diesen Weihrauch, den wir im Gedenken an die Gaben der Weisen aus dem Morgenland entzünden werden. Mache ihn zum Zeichen deines Segens, wenn er unsere Häuser durchdringt, und mache unsere Wohnungen zu einem Ort der Brüderlichkeit und des Friedens. (Benediktionale 48)

Das Gebet knüpft an die Evangelienperikope des Festes an, indem sie die Magier apostrophiert. Der Weihrauch soll Segenszeichen sein; und im Voraus wird den Wohnungen, die er durchziehen wird, ein Segenswort zugesprochen. In der Einführung zu dem Segensformular wird darauf hingewiesen, dass die Haussegnung meist mit dem Besuch der Sternsinger verbunden wird.[37] Daher werden in der pastoralen Praxis auch häufig andere Segensgebete über Kreide und Weihrauch verwendet, die von den Trägern der Aktion Dreikönigssingen herausgegeben werden.

6.1.3 Segensformeln der Ostkirchen

Während im Westen in der Regel die einschlägigen Verse aus Ps 141 als Begleitgebet der Räucherung verwendet wurden, benutzte man sie im Osten nur noch bei der Vesper, ihrem von der Thematik des gesamten Psalmes her vorgegebenen Ort. Einzelne Motive, teilweise auch ganze Gebete der frühen Zeit fanden Verbreitung in der ganzen Oikumene.[38]

Dass bei der Chrysostomusliturgie heute in der Regel der Bußpsalm Ps 51 zur Inzensierung gesprochen wird, wurde bereits erwähnt. Auch kam schon das die erste Räucherung eröffnende Gebet zur Sprache.[39] Das Weihrauchgebet, das der Inzens und Verhüllung der bereiteten Gaben unmittelbar vorangeht, enthält das auch im Westen stark verbreitete epikletische Motiv:[40]

Weihrauch bringen wir Dir dar, Christus unser Gott, als Duft geistlichen Wohlgeruchs. Nimm ihn gnädig an auf Deinem himmlischen Altar und sende uns dafür die Gnade Deines allheiligen Geistes.[41]

Gewissermaßen als Gegenleistung für den dargebrachten Weihrauch erwartet man die Begnadung aus der Höhe: Der Heilige Geist wird herabgerufen.

Über die hier und früher dargestellten Gebete hinaus lohnt sich ein Blick auf die reichen Weihrauchriten, die in der syrischen Kirche essentiell zu jedem Gottesdienst gehören.[42] In Gebeten und Hymnen[43] auch dieser Region begegnen die bekannten Deutungen des Weihrauchs als Gebet, als Gabe und als Sühnopfer. Darüber hinaus werden beständig Vergleiche zu den Opfern von Aaron und Zacharias gezogen. Speziell die *etre* erweitern die bisherige Typologie noch um einen zwar ungewöhnlichen, aber nichtsdestoweniger wichtigen Aspekt.

Vor der Bitte um Annahme wird Christus bzw. sein Kreuzestod selbst in diesen Texten als Weihrauch bezeichnet.[44] Der Duft des Rauchopfers ist ein zentrales theologisches Bild, mit dem Göttlichkeit, Vergebung, Rechtfertigung, Unsterblichkeit und Offenbarung in Verbindung gebracht wurden. Zur Illustration dieser Begrifflichkeiten folgen einige Zitate aus verschiedenen syrischen *etre*.[45]

> *Christus unser Gott, du hast dich … ganz entäußert und dich … als ein Opfer der Versöhnung … hingegeben. Du wurdest süßer Geruch, der die Sinne der Seele befriedigt, den Verstand reinigt und zu heiligen Gedanken führt … Du hast den von dir ausgehenden Wohlgeruch mit dem Wohlgeruch, der von diesem Weihrauch kommt, gemischt und geheiligt, damit er die Kraft zur Vergebung der Sünden … empfange.*

Christi Erlösungstat, nach der sich die Welt sehnte, ist metaphorisch als süßer Geruch gefasst, der diese Sehnsucht befriedigt. Neben dem reinigenden Aspekt klingt auch die durch den aufsteigenden Weihrauch symbolisierte Konzentration auf die Hinwendung zu Gott (Ps 141) an. Das Weihrauchopfer der Kirche wirkt aber auch nicht aus sich selbst heraus, sondern hat seine eigentliche Grundlage im Kreuzesopfer Christi; sein Wohlgeruch verbindet sich mit dem, den die Kirche darbringt.

> *Lob sei dir, … der du mit deinem Leib für uns auf das Kreuz gestiegen bist, so daß dein Tod süßer Geruch und Weihrauch wurde, der unsere Verfehlungen tilgt. Du, Christus Gott, bist selbst der wahre Weihrauch der Vergebung und der angenehme Geruch der Versöhnung.*

Kreuzestod ist hier die Aussage, die mit dem Bild des süßen Geruches umschrieben wird. Darüber hinaus gilt der Weihrauch hier – entsprechend dem syrischen Verständnis von Aarons Weihrauch (Num 17,6–15) als Weihrauch der Vergebung – als von Verfehlungen reinigend. Christus selbst ist dieser angenehme Geruch der Vergebung. Im Unterschied zum „schattenhaften" Rauchopfer des Alten Testaments erwirkt sein Tod nun wahre Versöhnung zwischen Gott und Mensch.

> *Ehre sei dir, lebendiges Lamm Gottes …! Du, Herr, wurdest selbst Weihrauch der Versöhnung und vergebendes Opfer für uns.*

Dieser Gebetsausschnitt spielt noch deutlicher auf die im Kreuzestod Christi vervollkommnete Versöhnung an. Während im Alten Bund Tiere und Weihrauch geopfert wurden, ist nun Christus selbst Opferlamm und Räucherwerk. Er ist das letztendlich einzig wertvolle Opfer.[46] In ihm erfüllen sich die Blut- und Rauchopfer Israels. „Offensichtlich geht es hier um eine Deutung des Todes Christi in der alttestamentlichen Kultterminologie."[47]

> *Wir beten dich an; denn du hast durch den wohlriechenden Rauch deines Kreuzes die Erde wohlriechend gemacht und durch dein heiliges Blut deinen Vater mit seinen Geschöpfen versöhnt und einen priesterlichen Dienst erfüllt, indem du deinem Vater den Weihrauch deines Kreuzes dargebracht hast.*

Der Kreuzestod, hier als wohlriechender Rauch vorgestellt, erlöst die ganze Erde und erfüllt sie – im Bild – mit diesem Duft. Dieses Versöhnungsopfer am Kreuz wird als priesterlicher Dienst gesehen, womit gleichzeitig das Darbringen des Versöhnungsweihrauchs als ein ebensolcher Dienst charakterisiert wird.

> *Herr, du bist der süße Geruch. Durch deinen Rauch ist der gierige Tod erstickt worden. Du bist der versöhnende Weihrauch, durch den dein Vater sich mit den sterblichen Kindern Adams versöhnt hat.*

Die Auferstehung ist eine Neuschöpfung der Welt. Durch sie ist sie wie in einem Taufbad gereinigt. Hierauf weist die Adam-Typologie hin. Alles Unreine wird vertrieben, der Tod durch Christi Rauch erstickt.

> *Christus Gott, sei den gläubigen Verstorbenen der Weihrauch der Vergebung, den die Sünder gerochen haben und durch den sie gerechtfertigt worden sind.*

Immer wieder begegnet die enge Verbindung von Weihrauch und Vergebung, die sich aufgrund des aaronitischen Versöhnungsopfers ergibt. In einem *etro* für Verstorbene wie in einem aus der Fastenzeit wird auf die Rechtfertigungsproblematik auch im metaphorischen Gewand des Weihrauchs angespielt.

> *Du bist selbst der auserwählte Weihrauch, der mit dem Wohlgeruch seines göttlichen Duftes die Welt wohlriechend gemacht hat.*

In diesem *etro* für Himmelfahrt ist Christus der Weihrauch, der die Welt, die wegen der Idolatrie ein schlechter Geruch durchdringt, wohlriechend gemacht hat.

> *Du selbst bist der süße Geruch, den du durch die, die dich anbeten, verbreitest.*

> *Christus Gott …, der du den süßen Geruch deiner unbegreiflichen Erkenntnis durch uns verbreitest.*

Die wenigen Verbindungslinien, die das Neue Testament zum Duft zieht, sind selbstverständlich auch in die Symbolik der *etre* miteinbezogen. Die beiden zitierten Formulierungen sind eindeutig von 2 Kor 2,14 abhängig.

Die *etre* lassen somit „das ganze Christusmysterium im Bild des Weihrauchs und Wohlgeruchs zum Ausdruck kommen". Die schöpferische Tätigkeit Christi wird vorgestellt als ein „Ur-Wohlgeruch"; seine Epiphanie erfüllt die Welt mit Duft; Heilungen und Wohltaten geschahen kraft seines göttlichen Duftes; bei der Auferstehung verbreitet sich der süße Wohlgeruch der Unsterblichkeit. Es handelt sich hierbei „um eine christologische Sprache, die Christus in seinem ganzen Wesen und Tun als Weihrauch verstehen will"[48].

Als Ursprünge solchen Verständnisses macht THEKEPARAMPIL Liturgiekommentare syrischer Provenienz seit Dionysios Areopagita geltend.[49] Hier erfährt in etwas gemilderter Form das Myron christologische Deutung. Nicht zu übersehen ist wohl auch die Affinität zu antiken Vorstellungen des Gottesduftes. Auch im Westen heißt es bei Amalar:

> *Denn vormals hat er um unseres Heiles willen den Weihrauch seines allheiligsten Leibes auf dem Altar des Kreuzes entzündet …*[50]

„Während in anderen liturgischen Traditionen der Weihrauch als Ehrenzeichen oder Schmuck verstanden wird, haben die Syrer, vom Gebrauch des Weihrauchs im Alten Testament ausgehend, den Weihrauch christologisch gedeutet, der deshalb in jedem Gottesdienst dargebracht werden muß."[51]

6.2 Beschwörungen[52] über den Weihrauch

6.2.1 Der Hintergrund

Weihrauch wurde nicht nur in der Liturgie von Klerikern, sondern auch außerhalb derselben von Laien zu Räucherungen benutzt. Für diese Bräuche wurde aber, wie allgemein üblich, auf die geglaubte Segenskraft der kirchlichen Sakramentalien zurückgegriffen.[53] In der Regel haben geweihte Dinge den Sinn, Bannkreise gegen Unheil jedweder Art zu ziehen. So gilt auch für den Weihrauch, dass er durch die Segnung zu einer *res sacra*, einem Sakramentale wird und damit aus dem Bereich des Profanen herausgenommen wird. Seinerseits produziert er eine „geweihte Atmosphäre" und ist „geeignet, Unreines zu verscheuchen und positiv heiligend und übernatürlich kräftigend zu wirken"[54].

Da alles Unheil nicht zuletzt aufgrund ungeklärter Real-Ursachen einer dämonischen Aitiologie unterworfen wurde, sind die Abwehrpraktiken auch durchweg exorzistisch-apotropäischer Natur.[55] Gegen Dämonen und alles, was sie – solchermaßen personifiziert – vorstellten, wie Unwetter, Krankheit, Behexung,[56] versuchte man sich mittels Räuchern zu schützen, denn Rauchwerk hatte in diesem Horizont eine dreifache Wirkung: Zunächst war es ekstatisch und berauschend, was eine gute Voraussetzung für Kontaktaufnahme zu überweltlichen Geistern schafft. Dann wirkt ätzende Rauchentwicklung schon naturgemäß kathartisch. Schließlich aber hat Weihrauch eine gottgefällige und zugleich dämonenvertreibende Funktion. „Kennzeichnend ist die Vorstellung, ein und derselbe Rauch bzw. Geruch könne der guten Gottheit angenehm, dem Dämon dagegen unausstehlich sein; nur so erklärt sich die Verwendung des ‚Weihrauchs' – nicht nur im christlichen Kult – als Symbol der Anbetung und Verehrung und zugleich als Apotropaion, Exorzistikum und Kathartikum."[57] Solche Räucherpraktiken sind aus der Bibel wie auch aus den Mysterienkulten bekannt.[58] Auch im Mittelalter wird Rauchwerk neben vielen anderen Gegenständen vor allem zur Abwendung böser Mächte verwendet.[59] Dies gilt sowohl für liturgische Vollzüge[60] wie auch für die vorwiegend von Laien vorgenommenen Praktiken, die dem Brauchtum zuzuordnen sind.[61]

Während oft berichtet wird, dass zu diesen Maßnahmen gesegneter Weihrauch verwendet wird,[62] beschreibt Sicard Gegenteiliges.[63] Vermutlich hat sich bei ihm eher eine Wunschvorstellung denn ein tatsächlicher Usus niedergeschlagen. Einerseits nämlich zeugt die große Zahl nichtliturgischer Beschwörungsformeln oder „nur geduldeter nebenkirchlicher Segnungen", wie Franz[64] sie nennt, für den häufigen Gebrauch geweihten Weihrauchs. Andererseits entsprechen Weihetermin und inhaltlicher Zuschnitt dieser Gebete gerade den Erwartungen, die die Menschen an eine solche *res sacra* hatten, nämlich eine dämonenabwehrende Kraft zu besitzen.

6.2.2 Die Texte

Die Weihrauchweihe fand in der Vigil von Epiphanie und am Fest des hl. Michael statt. Letzteres konnte erst Weihetermin werden, als der Name des Erzengels den ursprünglichen (Gabriel) im Weihegebet *Per intercessionem* verdrängt hatte und Michael als der in Offb 8,3 erwähnte Engel betrachtet wurde.[65] Der Epiphanietermin erklärt sich aus den Gaben der Weisen aus dem Morgenland nach Mt 2,11, weshalb auch meist Beschwörungen für Gold und Myrrhe zusammen mit den Weihrauchbeschwörungen überliefert werden. Das Alter der überlieferten Beschwörungen gibt auch Hinweis darauf, dass der Vorabend des 6. Januar der ursprüngliche Weihrauchweihetermin war. Dadurch erklärt sich auch das Zusammenfließen der Anschauungen über die Wirkungen des Weihrauchs mit dem Volksglauben an die Macht der Heiligen Drei Könige. Anfänglich vor allem wirksam gegen böse Mächte, schützt er nun auch auf Reisen, sichert nicht nur gegen Hexen und Zauberer, sondern auch gegen Räuber, er macht hieb-, stich- und giftfest sowie alle liebenswert.[66] Eine solche Übertragung von Attributen der Heiligen, an deren Fest die Weihe stattfand, auf die Weiheobjekte ist ein vielbeobachteter Vorgang.[67]

Die bereits erwähnte Beschwörung an Epiphanie über Gold, Weihrauch und Myrrhe aus dem RR soll nun zu einer kurzen Herausarbeitung der Grundformen dieser Gattung dienen. Zunächst der Text: Nach einem Gebet um die Annahme der dargebrachten Gaben folgt die anschließend wiedergegebene Beschwörung, der ihrerseits wieder ein Gebet um Einflößung der positiven Eigenschaften folgt. Den Abschluss bildet eine Segensformel.

> *Ich beschwöre dich (Exorcizo te), Geschöpfe aus Gold, Weihrauch und Myrrhe, beim Vater dem Allmächtigen, bei Jesus Christus, seinem einziggeborenen Sohn, und beim Heiligen Geist, dem Parakleten, dass von dir weiche jeder Betrug, List, Bosheit des Teufels. Du mögest ein Heilmittel sein dem Menschengeschlecht gegen die Nachstellungen des Feindes. Und die dich im Vertrauen auf die göttliche Hilfe in ihren Wohnungen, Häusern oder überhaupt um sich haben, sollen durch die Tugend und die Verdienste unseres Herrn und Erlösers und auf die Fürsprache seiner allerheiligsten Mutter und Jungfrau Maria und derer, die heute mit den gleichen Gaben den Herrn Jesus Christus verehren, und aller Heiligen von allen Gefahren der Seele und des Körpers befreit werden und verdienen, alle guten Gaben zu genießen.*[68]

Exorcizo te, die stereotype Formulierung aller Beschwörungen, ist in der Regel wie auch hier in ihrer Grundbedeutung *beschwören* verwendet.[69] Angeredet sind sodann die Geschöpfe Gold, Weihrauch und Myrrhe selbst, aus denen durch Anrufung des dreieinigen Gottes[70] alles Teuflische weiche. Es geht also zunächst um eine Reinigung der Gegenstände. Infolgedessen vermögen sie auch den Menschen als apotropäisches Mittel gegen die Nachstellungen des Feindes[71] zu dienen. Selbstverständlich geschieht dies nicht durch den Gebrauch der Dinge an sich, sondern im Vertrauen auf die Hilfe Gottes, die Erlösungstat Jesu sowie die Fürbitte der Gottesgebärerin und derer, die „heute durch gleiche Gaben den Herrn Christus verehren", also der Magier sowie aller Heiligen. Diese ausdrückliche Bezugnahme auf die Verdienste Christi und die Fürbitte der Heiligen kennzeichnet die Formel als eine jüngeren Datums. Früher wurde bei einer Beschwörung im Namen Gottes vorausgesetzt, dass der erbetene Erfolg sich auch nur im Namen Gottes einzustellen vermag.[72] Gold, Weihrauch und Myrrhe gelten hier nur noch als Zeichen für Jesu Verdienste und der Heiligen Fürbitte, wirken also nicht unmittelbar aufgrund ihrer natürlichen Kräfte, auf die noch in den ersten Sätzen angespielt wird.

Die beiden Konstituentien der Sachbeschwörung, Reinigung der Gegenstände und ihre Befähigung, dem Menschen zu heilsamem Gebrauch zu dienen, begegnen in sämtlichen Texten, die BARTSCH und FRANZ edierten. Bei der Reinigung ist allerdings noch einer weiteren Zielrichtung der Anrede Aufmerksamkeit zu schenken. Während die römischen Texte in der Regel die Sache direkt anreden, sprechen Beschwörungen gallikanischer Herkunft meist den Satan an.[73] So in folgender Formel aus dem England der ersten Hälfte des 11. Jahrhunderts:

> *Ich beschwöre dich, gänzlich unreiner Geist, jedes Gespenst des Feindes, im Namen Gottes des allmächtigen Vaters und bei Jesus Christus seinem Sohn und beim Heiligen Geist, daß ihr ausfahret und zurückweichet von dieser Spezerei des Räucherwerks oder Weihrauchs mit aller eurer Täuschung und Bosheit, daß diese Spezerei geheiligt sei im Namen unseres Herrn Jesus Christus, daß alle, die es tragen, berühren und riechen, die Kraft und die Hilfe des Heiligen Geistes erfahren, so daß ihr es nicht wagen werdet, euch dort wo dieser Weihrauch oder dieses Rauchwerk gewesen sein wird, euch zu nähern oder euch vorher feindlich einzunisten.*[74]

Ausfahren des Satans aus dem Weihrauch ist die Voraussetzung für die heilbringende und seinerseits apotropäische Kraft desselben. Dem Bereich, an dem dieser Weihrauch wirkt, kann sich ein unreiner Geist nicht zu nähern wagen. Des Weihrauchs Kräfte sollen alle empfangen, die die beschworenen Sachen tragen, berühren oder riechen. Sie werden demnach wirksam, wenn sie in ihren geschöpflichen Eigenschaften, z. B. als Duft, wahrgenommen werden, und vermitteln den Segen, der der Materie durch die Beschwörung bindend mitgeteilt wurde.

7 | Vorschriften und Deutungen

Am Ende der geschichtlichen Behandlung der Weihrauchriten der christlichen Liturgie sollen nun nachfolgend Vorschriften zur Materie, die bislang vernachlässigt wurden, sowie allgemeine Ritualvorschriften zur Weihrauchverwendung nachgetragen werden. Darüber hinaus wird eine Systematisierung der aufgezeigten Deutungen versucht.

7.1 Materie

Ältere Dokumente verwenden die Begriffe *thymiama* und *thus*[1] gleichbedeutend. Dennoch ist eine Entwicklung festzustellen. Durand benutzt *thus* als Terminus für Weihrauch; er ist im Unterschied zum römischen *thymiama* gallikanischer Provenienz. Später sollte *incensum* zum Terminus technicus für Weihrauch werden. Aussagen über seine Qualität fehlen allerdings lange.

Kirchlicherseits wurde immer schon großer Wert auf die Reinheit der Materie gelegt, die in Sakramenten oder Sakramentalien zur Verwendung gelangt. Doch wurde der Weihrauch, da es sich um einen besonders teuren Rohstoff handelte, oft und gern mit anderen Mitteln versetzt bzw. ganz durch sie ersetzt. So erlaubte 1521 Pius V. den seit der Kolonisation Amerikas bekannt und beliebt gewordenen preisgünstigen Perubalsam als kirchlichen Räucherstoff. Das Trienter Caeremoniale legte allerdings fest, dass, wenn schon der Weihrauch nicht rein verwendet würde, die Beimengungen in geringeren Quantitäten zu erfolgen hätten.[2] Dieser Linie folgt – fast wörtlich – das CE 1984, in dem es heißt:

> *Die Materie aber, die in das Rauchfass hineingelegt wird, muss einzig und allein reiner Weihrauch sein oder wenn andere [Materien] hinzugegeben werden, möge beachtet werden, dass die Menge des Weihrauchs weit größer sei. (CE 85)*

Beigefügt werden vor allem weitere Duftstoffe (Blüten, Gewürze), aber auch Räucherstoffe (Hölzer, Rinden). Letztere sind hierbei besonders problematisch, da sie zumeist verantwortlich sind für die Reizung der Atemwege und die damit verbundene Ablehnung des Weihrauchs durch einzelne Gemeindemitglieder.[3]

Einen anderen Weg gehen die Kirchen byzantinischer Prägung, bei denen Weihrauchharz gemahlen und mit Parfümölen zu einem Teig verarbeitet wird. In kleine Stücke geschnitten setzt der Blütenweihrauch die in ihm enthaltenen Duftstoffe beim Schmelzen an der Kohle wieder frei.[4]

7.2 Geräte

Es konnte gezeigt werden, dass die anfängliche Ablehnung des Weihrauchgebrauchs in christlichen Kirchen im Zuge der staatlichen Protektion abnahm. Dies zeigen auch Schenkungen, die seit dem 4. Jahrhundert die Ausstattungen bedeutender Kirchen vervollständigten. Regelmäßig ist da von Räuchergeräten die Rede. Zunächst waren dies an Ketten aufgehängte Becken, wie sie den Bischöfen vorangetragen wurden, oder auf Dreifüßen ruhende Schalen. Später setzte sich das an drei Ketten hängende Rauchfass durch, das von einem an einer vierten beweglichen Kette hängenden Deckel geschlossen wurde. Der Weihrauchvorrat wurde zunächst in Pyxiden mitgetragen, die später die Form von Schiffen bekamen, wohl um die überseeische Herkunft des in ihnen enthaltenen Harzes anzudeuten.[5]

Dem Rauchfass selbst werden verschiedene symbolische Deutungen beigelegt.[6] So steht es seit dem frühen Mittelalter für den geopferten Leib Christi, der dem Vater für uns dargebracht wird. Auch Kettenzahl und Material werden in den hochdifferenzierten Liturgieallegoresen eines Amalar von Metz (und später von Durand oder Sicard) auf Christus gedeutet.[7] Ähnlich wie die großen Radleuchter in den Kirchen werden Rauchfässer auch häufig als Bild des himmlischen Jerusalem verstanden. Im Osten wird das Rauchfass nicht selten auf die Gottesgebärerin gedeutet.[8]

Neben tragbaren Rauchfässern kommen heute zunehmend auch feststehende Räucherschalen zum Einsatz.[9]

7.3 Riten

Die entscheidende, den Weihrauch betreffende Errungenschaft der Liturgiereform des II. Vaticanums stellt AEM 235 dar. In diesem Artikel heißt es, dass Weihrauch bei jeder Form der Messfeier verwendet werden kann. Bis dato galt die Beschränkung der Inzens auf die feierliche Form der Messe.[10] Durch diese Änderung haben sich die Verwendungsmöglichkeiten für den Weihrauch theoretisch eher vermehrt. Besieht man sich die liturgischen Dokumente, wird man feststellen, dass vom Weihrauch, zumindest was die Feier der Messe betrifft, häufig die Rede ist.[11] Einer regelmäßigen Weihrauchverwendung unabhängig von der Feierlichkeit des jeweiligen Gottesdienstes steht nichts im Weg. Auch wurden die Rubriken offener formuliert und ließen dabei den konkreten Vollzug mancher Riten ungeklärt. Durch Nachfragen angeregt, sah sich die Ritenkongregation 1978 dazu veranlasst, einige Inzensationsregeln zu präzisieren.[12]

Der Weihrauch wird heute in der Regel vom Vorsteher eingelegt,[13] auch wenn ein anderer die Räucherung vollzieht. Er spricht dabei kein Segenswort mehr, sondern macht still ein Kreuzzeichen über den Weihrauch.[14] Auch begegnen nur in seltenen Fällen Begleitworte zur Räucherung.[15]

Zur Altarinzens wird der Altar umschritten oder, falls dies nicht möglich sein sollte, zuerst rechts und daran anschließend links inzensiert.[16] Es wird kein Unterschied mehr gemacht zwischen der Mensa und dem Stipes.[17] In den Ablauf der Altarinzens werden, wenn es durch die räumliche Nähe angezeigt ist, Kreuz- bzw. Reliquieninzens integriert.[18]

In drei Zügen werden inzensiert: das Allerheiligste (kniend[19]), Kreuzreliquien und feierlich exponierte Bilder des Herrn, die Opfergaben Brot und Wein, das Altarkreuz, das Evangeliar, die Osterkerze, die Zelebranten, weltliche Autoritäten, Chor und Volk sowie die Verstorbenen.[20] Zweifach werden die Reliquien und Bilder der Heiligen inzensiert, falls sie zur Verehrung besonders exponiert sind.[21]

Vor und nach jeder Inzensation wird gegenüber der inzensierten Person oder Sache eine *inclinatio profunda* gemacht. Sie unterbleibt lediglich bei der Beräucherung des Altares und der Gaben.[22]

Während die Beräucherung zumeist Verehrung ausdrückt, ist der frei aus einer Schale aufsteigende Weihrauch deutlicheres Zeichen des Gebets.

Die speziellen Riten der Einfügung der fünf Weihrauchkörner in die Osterkerze und des Weihrauchopfers auf dem Altar bei dessen Weihe wurden bereits ausführlich besprochen.[23]

Im Osten beginnt jede Inzensierung mit einem Kreuzzeichen, das mit dem Räuchergefäß beschrieben wird. Hier kommt der Segenscharakter des Räucherns besonders zum Ausdruck.[24]

7.4 Deutungen

Zu Beginn des Kapitels *De turificatione seu incensatione* versucht das Caeremoniale, kurz die Bedeutungen des Weihrauchs zusammenzufassen:

> *Der Ritus der Beräucherung oder Inzensierung drückt die Verehrung und das Gebet aus, wie es im Ps 141,2 und in Offb 8,3 bezeichnet wird.* (CE 84)

Der Weihrauch also bringt Verehrung und Gebet zum Ausdruck. Nicht erwähnt ist in dem Artikel eine zumindest unterschwellig immer noch vorhandene Deutung der Inzensation auf Reinigung hin, wie sie speziell bei Segnungen begegnet. Zu diesen drei Schwerpunkten[25] zusammengefasst soll nun eine kurze systematische Erfassung der Deutungsmotive erfolgen.

7.4.1 Das Motiv der Verehrung

In der Antike zur Verehrung von Göttern und Gottkaisern verbrannt, wurde der Weihrauch bald Privileg von Beamten und damit auch von Bischöfen der Reichskirche. In erster Linie gilt er als Zeichen der Verehrung Gottes und nur in zweiter Linie von Menschen, die durch die Taufe in die Gemeinschaft mit ihm aufgenommen sind, bzw. von Sachen.

Auch lässt sich eine biblische Linie vom morgend- und abendlichen Räucheropfer des Alten Testaments über die Weisheitsliteratur[26] bis zur Gabe der Magier ziehen. Weihrauch ist, „weil Opfer, nach allgemein menschlicher Anschauung Sinnbild der Gott geschuldeten Anbetung“[27].

Zu solchen Akten der Verehrung gehören die Inzensationen des Allerheiligsten, der Bildnisse und symbolischen Vergegenwärtigungen Christi in Altar, Evangeliar oder Osterkerze sowie die der Bildnisse seiner Heiligen. Hierzu zählt auch jedwede Personeninzens Klerikern wie Laien, Lebenden wie Verstorbenen gegenüber.

7.4.2 Das Motiv des Gebetes

Diese Deutung besteht in Abhängigkeit von Ps 141 und Offb 8, wie auch das Caeremoniale erwähnt. Weihrauch ist nie nur Symbol, sondern jede Inzens geschieht in Verbindung mit ihrerseits durch den Weihrauch symbolisierten Gebeten. Daher das früher grundsätzlich zur Inzensation gesprochene *Dirigatur*. So soll sich also „mit dem symbolischen Akt ausdrücklich auch *orationem, qua verum est incensum* (Sicard) verbinden"[28], damit „gottesdienstliches Tun wirklich ‚im Geiste und in der Wahrheit'"[29] geschieht.

Dieses zentrale Deutungsmotiv erfuhr auch reiche Entfaltung im Mittelalter. So wird das Rauchfass als Sinnbild des liebeglühenden Herzens gesehen, das den Wohlgeruch des Gebetes Gott darbringt.[30] Wie der Weihrauch im Rauchfass, so entzünde sich die Andacht im Herzen am Feuer der göttlichen Liebe, schreibt Durand.[31] Thalhofer/Eisenhofer erklären recht anschaulich: „Ignis, Feuerglut, ist als Symbol der Caritas, ohne welche es kein andächtiges, kein wahrhaft duftendes Gebet gibt, für die liturgische Inzensation wesentlich notwendig."[32]

Der aufsteigende Weihrauch hat somit eine doppelte Funktion. Er ist sichtbares Zeichen der Gebete der Heiligen, die vor Gottes Angesicht aufsteigen; den Gläubigen ist er Mahnung, ihre Gebete mit dem aufsteigenden Rauch zu vereinen, damit er echtes und wahrhaftes Zeichen sei.

In der Liturgie ist – wie gesagt – eigentlich jede Inzensation unter diesem zentralen Motiv zu betrachten. Besonders nachhaltig wird der Eindruck aber bei den Weihrauchriten der Gabenbereitung und der Altarweihe (hier auch mit Deutewort) sein. Es sind die Orte, die am wenigsten ihre Verbindung zum Weihrauchopfer verleugnen können. Ein Opfer, das nicht mehr nach dem alten Gesetz in Blut, Fett und Weihrauch, sondern im Geiste und im Gebet dargebracht wird.

7.4.3 Das Motiv der Reinigung

Zunächst gilt allgemein in der Vorstellungswelt des Alten Orients Feuer und Rauch als etwas Reinigendes.[33] So bedeutet das hebräische אַף (Af) sowohl Nase als auch – als Ableitung davon – Zorn. In 2 Sam 22,9 (par. Ps 18,9) wird die entsprechende Verbindung hergestellt.

> *Rauch stieg auf von seiner [JHWHS] Nase, und Feuer fraß aus seinem Mund, glühende Kohlen brannten aus ihm.*

Das zornige Schnauben des Herrn ist es, das die Erde von seinen Widersachern reinigt. Auch die glühenden Kohlen, mit denen Jesajas Lippen berührt werden, erfüllen einen lustrativen Zweck.[34]

Der liturgische Sitz im Leben ist vor allem im Rahmen von Segnungen zu suchen. Dort und im Zusammenhang mit den Sachbeschwörungen wurde das aus dem Heidentum übernommene Motiv der Dämonenabwehr bereits kurz behandelt. Doch hängt mit der Reinigungsmotivik noch Weitergehendes zusammen.

Zunächst ist die Darbringung des Weihrauchs von Anfang an mit der Idee der Sündenvergebung verbunden. Hierher gehört das hohepriesterliche Weihrauchopfer am Versöhnungstag in Lev 16,18 f. Der Weihrauch soll hier Schutz vor Angriffen aus der Sphäre des Göttlichen bieten. Auch die ersten christlichen Zeugnisse verbinden den Weihrauch mit dem Gedanken der Versöhnung. Solchen Verknüpfungen begegnet man auch im Mittelalter.[35] Auch Ps 51 (50) als Begleitgebet zur Inzens im Osten ist auf diesem Hintergrund zu sehen. Spezielle Ausformung erfuhr dieses Motiv natürlich im Sündenbekenntnis über den Weihrauch bei den Kopten. Aus deren Kirchweihritus bringt Atchley die Deutung, der Weihrauch sei Bitte an Gott, die Wolke unserer Sünden hinwegzunehmen.[36]

Letztlich sündenvergebend aber ist Gott. Neugeschaffen sind wir durch die Erlösungstat Christi. Sein Wohlgeruch vertreibt alles Böse in uns und um uns. So ist auch die christologische Deutung auf dem Hintergrund der Reinigung zu sehen. Am ausführlichsten begegnet sie in den syrischen *etre*,[37] sie ist aber auch im Westen zu finden. Das ganze Mittelalter hindurch wird der Weihrauch auf die guten Werke Christi und der Glieder seines Leibes gedeutet.[38] So wird in den romanischen Sprachen auch *Ruf der Heiligkeit* mit *odor sanctitatis* übersetzt.[39] Wenn, wie in den frühen Kommentaren nicht unüblich, die personifizierte Weisheit, die Wohlgeruch ausströmt, auf Christus gedeutet wird,[40] versteht sich die Deutung des Rauchfassträgers auf die Blutzeugen, wie sie im Frankreich des 13. Jahrhunderts belegt ist.[41]

Es lässt sich somit für den Weihrauch eine polare Struktur gewinnen. Christus selbst, seine Vergebung und sein Segen[42] werden uns geschenkt. Wir bringen unser dankbares und verehrendes Gebet vor ihn. Somit ist der Weihrauch ein wahrhaft liturgisches Symbol, das helfen kann, die katabatisch-anabatische Struktur unseres Gottesdienstes mit allen Sinnen wahrnehmbar zu machen.

7.4.4 Weihrauch als Symbol des Heiligen Geistes

Neben diesen drei grundlegenden Motiven kann man Weihrauch auch als Symbol göttlicher Liebe und Gnade des Heiligen Geistes verstehen, so tut dies besonders die östliche Theologie.[43] Gebete in der Chrysostomus- und der Jakobusliturgie stellen eine solche Beziehung her.[44] Aber auch die Bitte *Supplices te rogamus* im römischen Messkanon, die eigentlich auf Offb 8,3–5 anspielt, wurde in dieser Hinsicht gedeutet.[45]

Auch beim Evangelium ist der Weihrauch Zeichen des Heiligen Geistes. Er erfüllt durch die Botschaft den Raum bzw. die Welt (vgl. Ps 19,5). Dabei ist das Symbol für den Geist selbst immateriell (Duft, Rauch). Umgekehrt wird die Botschaft des Evangeliums sinnenhaft als „Duft der Erkenntnis Christi" im Heiligen Geist (2 Kor 2,14) erfahrbar.

Vierter Abschnitt

Pastoralliturgie

1 | Liturgie und Symbol

Die liturgiegeschichtliche Untersuchung ergab, dass Weihrauch aufgrund seiner Einsatzorte und -weisen innerhalb des Gottesdienstes als ein wahrhaft liturgisches Symbol zu gelten hat. Um den Blick für das Symbolische und damit für die Bedeutung sinnlicher Wahrnehmung in der Liturgie allgemein zu schärfen, folgen zunächst einige kurze Überlegungen zu diesen Themen.

1.1 Das Symbol

1.1.1 Kennzeichen

Unter *Symbol* (von griechisch συμβαλλειν symballein – zusammenwerfen, -legen, -fügen) wurde ursprünglich das Anfügestück, das gebrochene und daher aus zwei Teilen bestehende Zeichen – ein Ring, eine beschriftete Tafel oder Ähnliches – verstanden, durch dessen Zusammenfügen sich seine Besitzer wiedererkannten.[1]

Von daher versteht sich auch die später dem Begriff beigelegte übertragene Bedeutung *Merkmal, Kenn- und Wahrzeichen*. Insofern das Symbol über sich und seine reine Materialität hinausweist, fügt sich in ihm Vordergründiges und Hintergründiges, sinnenhaft Wahrnehmbares und eigentlich Bezeichnetes zusammen.[2]

1.1.2 Definition

Das Symbol hat zunächst eine reale Ebene. Es ist materiell oder wenigstens sinnlich wahrnehmbar. Damit unterscheidet es sich von der rein sprachlichen Metapher. Sodann ist es allgemeinverständlich. In seiner übertragenen Bedeutung hat es anthropologische Tiefe und ist damit eng mit den sogenannten Archetypen, den „urtümlichen Bildern, in denen sich stets wiederholende Erfahrungen der Menschheit bildhaft niederschlagen“, verwandt.[3] Damit ist es mehr als nur ein Zeichen.

Jetter macht für Symbole ein Vierfaches geltend: Sie sind *einfach,* da sie veranschaulichen. Sie sind gleichzeitig *komplex,* da sie nicht der sprachlichen Dimensionalität unterliegen. Sie sind *übergreifend* im Sinne universeller Verständlichkeit. Sie sind *vorausgreifend,* da sie keine Ergebnisse präsentieren, sondern vielmehr für das Lernen öffnen.[4]

Aufgrund seiner Materialität drückt ein Symbol sich ästhetisch aus, mit Hilfe von Lauten, Klängen, Farben oder Räumen. Es drückt sich dramatisch aus, mit Hilfe von Gesten, Handlungen oder Spielen. Es drückt sich geistig aus, mit Hilfe von Sprache oder auch Zahlen. Es drückt sich seelisch aus im Wecken von Erwartungen oder Antrieben.[5]

Daher vollzieht Symbolbildung sich auch nicht durch Übereinkunft oder Reglementierung, sondern ein Symbol wird von der menschlichen Erfahrung selbst geboren.[6] Eine Allgemeinverständlichkeit, oft auch „Selbstmächtigkeit des Symbols“ genannt,[7] ist die Folge. Umgekehrt bleibt es im Erkenntnisvorgang offen für „verschiedene Weisen der Aneignung, für kognitive wie affektive Zugänge, für ganz verschiedene Verständnismöglichkeiten der Angesprochenen und Miterlebenden“[8].

1.1.3 Bedeutung

Charakteristikum des Symbolverständnisses ist die Offenheit auf viele Deutungen hin. Es geht nicht um eine logische Schlussfolgerung aus Einzelaspekten der Wahrheit, sondern vielmehr um eine ganzheitliche Erfahrung der Wirklichkeit. „Diese will den Menschen, der sie schaut, ihrerseits wiederum ganzheitlich ansprechen über seine Sinne und die Kräfte seines Verstandes und Gemütes.“[9] Damit macht die Symbolsprache „das Stück Wirklichkeit, das sie besonders beleuchtet, … sozusagen durchscheinend für die ganzheitliche Erfahrung einer menschlichen Grundsituation und ist damit selbst ein Akt ganzheitlicher Kommunikation. Da sie die Wirklichkeit in einer andeutenden, nicht in einer ausdeutenden Weise ins Spiel bringt,[10] bezieht sie den Adressaten nicht bloß existentiell mit ein, sondern macht ihn in stärkerem Maße zum Mitspieler, läßt ihm mehr Raum, sich mit einzubringen.“[11]

1.1.4 Konsequenzen

Für die Liturgie stellt eine Kommunikation, die sich der Symbole bedient, somit eine Chance dar, die Mitfeiernden zu größerer existentieller Teilnahme zu bewegen. Mittels der Symbolsprache kann unterschiedliches Sprachniveau ausgeglichen und können sogar Sprachgrenzen überwunden werden.[12] Die Verwendung von Symbolen dient insofern sowohl innergemeindlich wie auch übergreifend wahrer Ökumenizität.

Die Wirkung von Symbolen ist abhängig von ihrer eigenen Kraft, mit der sie auf urtümliche Bilder zugreift. Je weniger archetypische Züge ein Symbol trägt, umso mehr ist es anfällig für Vergänglichkeit und Vergessen. Nur der stete sinnvolle aktualisierende Vollzug, die lebendige Tradition also, hilft davor zu bewahren. Gleichzeitig liegt, gerade auch mit Blick auf die Liturgie, hierin die Gefahr des routinemäßigen Gebrauchs und der Verstümmelung.[13]

Doch die Verwendung von Symbolen im christlichen Gottesdienst reicht tiefer. Sie ist keineswegs auf eine „pädagogische Bedeutung im Sinne von für die Erlangung eines Lernzieles notwendigen Medien" beschränkt. „Die Dinge der materiellen Schöpfung spielen in der Liturgie eine wesentliche Rolle", sie sind gewissermaßen „Vehikel der ungeschaffenen Gnade"[14] und künden – obwohl geschaffene Materie – von der ungeschaffenen Wirklichkeit.

1.2 Sinnliche Liturgie

1.2.1 Liturgie als Fest

Ein Fest zu feiern heißt, „die immer schon vollzogene Gutheißung der Welt aus besonderem Anlaß auf unalltägliche Weise begehen"[15]. Zentrales Ereignis christlichen Feierns ist die Eucharistie. Diese Bezeichnung, die auch im Zentrum jeder eucharistischen Liturgie (nicht nur der Messe) in der Aufforderung *Lasset uns danken dem Herrn, unserem Gott* anklingt, bestätigt ebendiese philosophische Überlegung. Eucharistie ist Danksagung für alles Empfangene, für die geschaffene und erlöste Welt.[16] Sie ist das Wesen von Feier und Liturgie überhaupt.

Gehört zu einem Fest die „vielsträhnige Zuordnung" zu den Künsten,[17] so muss sinnliches Erfassen der Feier möglich sein. Nur über die

Sinne ist dem Menschen Wahrnehmungs- und Ausdrucksfähigkeit gegeben. Nur durch sinnliches Erleben wird Liturgie zum Erlebnis.

Wenn in der Liturgie unsere Zustimmung zur Welt gefeiert werden soll, kann dies nicht ohne die Festlichkeit geschehen, zu der Musik und Gesang, Lichter und Farben, der Raum und eben auch der Duft gehören.[18]

1.2.2 Liturgie als Kommunikation

Menschliche Kommunikation vollzieht sich mittels der Sinne. Auch Gott bedient sich in der Offenbarung des sinnenhaft Wahrnehmbaren. Die Rede vom Wort Gottes und seinen Zeichen wird möglich.[19] Die Sinne sind nächstliegender Weg der Gotteserkenntnis. Denn obgleich Abbild polarer menschlicher Sinneserfahrung, die sich in aktiver und rezeptiver Dimension konstituiert, ist für die Liturgie entscheidend, dass die „Phänomene nicht (nur) im ‚natürlichen' Koordinatensystem bleiben ..., sondern zur inneren Teilhabe zwischen Gott und den Versammelten beitragen"[20]. Auch ist für christlichen Gottesdienst kennzeichnend, dass grundsätzlich alle Sinnesorgane in das liturgische Handeln einbezogen sind.[21]

Symbolkommunikation hat von jedem zweckorientierten Handeln frei zu sein.[22] „Die Liturgie schafft eine weite Welt voll reichen, geistlichen Lebens ... Diese Fülle von Gebeten, Gedanken, Handlungen, diese ganze Ordnung von Zeiten usw. wird unverständlich, wenn man sie am Maßstab der sachlichen, gespannten Zweckmäßigkeit mißt. Liturgie hat keinen ‚Zweck', kann wenigstens vom Gesichtspunkt des Zweckes allein aus nicht begriffen werden."[23] So charakterisiert Guardini das Spielerische an der Liturgie und beschreibt damit die Offenheit und die Motivation zur gestaltenden Teilnahme an der Symbolkommunikation. Erst das Bewusstsein von der Zweckfreiheit des Gottesdienstes lässt seine Riten und Zeichen nicht als „überflüssiges Gepränge, als nutzlos verwickeltes, gekünsteltes Wesen"[24] erscheinen. Statt durch die Einfügung des Begriffes *Zweck* den Schwerpunkt des jeweiligen Dinges aus ihm hinauszuverlegen, wächst das Verständnis von einer im strengen Wortsinn zwecklosen, aber gleichwohl sinnvollen Liturgie.[25] Sinnvoll sein aber bedeutet gleichermaßen voll des Sinnes wie auch der Sinne sein. Solche Rückbindung des Geschehens an menschliche Sinnlichkeit hat nichts zu tun mit einem Rückfall in die Stofflichkeit menschlicher Existenz, sie ermöglicht vielmehr dem „Empfinden eine ganz neue Bereicherung und eine neue Wärme"[26], sie ermöglicht erst die Erfahrung der Offenbarung Gottes.

2 | Die zeichenhaften Dimensionen des Weihrauchs

Die Deutungsmotivik des Weihrauchs konnte im Zusammenhang mit den liturgiegeschichtlichen Überlegungen herausgearbeitet werden. Auf einer weiter hinabreichenden Ebene steht nun die Untersuchung der dem Weihrauch eigenen Primärsymbolik an. Drei zeichenhafte Dimensionen, durchweg polarer Struktur, müssen aufgrund der Materie und ihrer Benutzung hier genannt werden. Zunächst ist dies das *Feuer*, das in der überwiegenden Zahl der Fälle die sinnvolle Verwendung des Harzes überhaupt erst ermöglicht. Es folgt der *Rauch* als das sichtbare Ergebnis der Pyrolysation. Im Vordergrund aber wird die Beschäftigung mit dem *Duft* stehen, der dem Weihrauch ureigen ist, seinen Wert ausmacht und demnach vorrangiges, wenn nicht gar einziges Kriterium für seine Auswahl war und sein sollte.

2.1 Das Feuer

Mit Wasser, Erde und Luft zu den vier Grundelementen des Altertums gehörend, hat das Feuer eine große Bedeutung. Es ist vielleicht mehr noch als die drei übrigen zwiespältig, da es einerseits lebenswichtig ist, andererseits vernichtend wirkt. Die hohe Achtung, Ehrfurcht, ja Furcht, die ihm gegenüber bestand, lässt sich an vielen Kulturen ablesen, die einen Gott des Feuers in ihren Panthea beherbergten bzw. das Feuer selbst als Gott verehrten.[27] Der indische Gott Agni Yavishta gehört ebenso hierher wie die römische Vesta. Auch bei den Germanen war das Herdfeuer heilig, und es wurde sorgsam vor dem Verlöschen geschützt.[28] Seine herausragende Stellung hat das Feuer wohl seit den Anfängen der Menschheit, die es als Geschenk des Himmels annahmen und bewahrten. Viele Mythen der Welt beschreiben das Übergehen der Fähigkeit des Feuerentzündens von den Göttern auf die Menschen.[29]

Die global dem Feuer zugesprochene reinigende Wirkung[30] hat vermutlich phänomenologische Ursachen. Die Flammen lassen sich mit nichts mischen und sind daher, weil selbst ganz rein, am besten zur Reinigung geeignet. Auch etymologisch lässt sich eine entsprechende Verbindung nachweisen. Aus der indogermanischen Wurzel *pû* leitet sich sowohl das griechische πυϱ (pyr – Feuer) wie auch das lateinische *purus (rein)* ab, von dem seinerseits das deutsche *pur* entlehnt ist.[31]

Das Feuer begegnet als Begleiterscheinung göttlicher Offenbarungen auch im Alten Testament. Mose vor dem brennenden Dornbusch und die Feuersäule, die den Exodus begleitete, sind nur die bekanntesten Beispiele.[32] Aber auch als Symbol des Zornes JHWHS und der Läuterung taucht das Feuer auf.[33]

Kennzeichnend ist, dass es auch in seiner Zeichenhaftigkeit nicht die ihm eigene Polarität aufgibt. Liebe und Eifer sind die eine Seite, ins Gegenteil verkehrt gilt es als Hass und Gier. Es ist beidesmal aber das Verzehrende, auf das angespielt wird.[34]

Hinsichtlich des Weihrauchs ist vor allem die sozusagen „gebundene" Form des Feuers in Gestalt der glühenden Kohle von Bedeutung, in der sich die Attribute desselben fast vollständig wiederfinden. Auch sie steht für Reinigung, Offenbarung und Zornesgericht.[35] „Die Eigensymbolik der glühenden Kohle hat eine vom Feuer bereits durchdrungene Materie zum Gegenstand, in der es weiterglüht, aber auch neue Brände entfachen kann."[36]

2.2 Der Rauch

Rauch ist ein künstlich entstandener Nebel und damit den Wolken verwandt. Vernebelt ist etwas, das nur noch schemenhaft sichtbar, erahnbar, aber nicht deutlich vor Augen ist. Auch in dieser Symboldimension scheint wieder eine Polarität auf. Eine Rauchwolke eint und trennt zugleich. Sie schließt etwas in sich zusammen, das gleichzeitig durch den Schleier des Nebels getrennt bleibt, sie ermöglicht Identität und bewahrt gleichzeitig die Differenz. Insofern ist sie offenbarend und verhüllend. Sie ist Zeichen dafür, dass der Mensch hineingenommen ist in die Herrlichkeit Gottes und doch Existenz bleibt. Sie ist Symbol der Sinnidentität bei gleichzeitiger Seinsdifferenz.

Auch dafür gibt es biblische Belege. Gott hat die Wolke zum Zeichen seiner Gegenwart gemacht. Und am Versöhnungstag produziert der Hohepriester eine künstliche Wolke mit Räucherwerk, um ins Heiligtum eintreten zu können. Die Wolke dient bei der direkten Begegnung mit

Gott als Schutzschild. Auch im Neuen Testament begegnet die Wolke als Symbol bei Offenbarungen der Herrlichkeit Gottes und bezeichnet andernorts den Himmel, zu dem die aufsteigende Rauchwolke auch reale Verbindung herzustellen scheint.[37]

2.3 Der Duft

Rauch und Duft hingen anfänglich eng zusammen. Denn vor allem durch das Verbrennen von Räucherwerk wurde ein guter Geruch erzeugt. Auch der Begriff Parfüm trägt die lateinische Bedeutung *per fumum (durch Rauch)* in sich.

Im Folgenden sollen allgemeine Grundlagen erörtert werden, die der zeitgemäßen Einordnung des Elementes Weihrauch in der Liturgie dienen. Der breite Raum, den diese Ausführungen einnehmen, scheint vor allem dadurch gerechtfertigt, dass in der zeitgenössischen Liturgie nur noch wenig Raum für den olfaktorischen Sensus geblieben ist. Um die neue Aktualität von Duftstoffen im alltäglichen Leben zu verstehen, ist eine kurze Behandlung der Physiologie des Geruchssinns und der psychologischen bzw. soziologischen Wirkungsweise von Düften notwendig. Die Konsequenzen für einen sinnvollen Umgang mit diesem Sensus auch im Gottesdienst bereitet ein kurzer Exkurs zur religionsgeschichtlichen Bedeutung des Gottesduftes vor.

2.3.1 Physiologie

Riechen gehört untrennbar zum natürlichen Atmen, auf das fast alle höheren Lebewesen angewiesen sind. Diese Verquickung deutet darauf hin, dass der Geruchssinn eine wichtige Funktion für das Leben hat. Tatsächlich werden durch olfaktorische Erlebnisse beim Menschen somatische und psychische Vorgänge beeinflusst. Geruch kann Speichel- und Magensaftsekretion anregen, bildet aber auch einen Schutz, indem unangenehme Gerüche Nies- oder Würgereflexe auszulösen vermögen. Stechend riechende Substanzen können gar reflektorisch Atemstillstand verursachen.[38] Geruchswahrnehmung spielt für die Hygiene eine Rolle (Schweiß, Exkremente) und hat eine bedeutsame soziale Funktion, wird doch vom Menschen eine „heimische" Atmosphäre wahrgenommen, von vielen Tieren mittels Duftdrüsen ein Revier gekennzeichnet oder –

und dies bei Mensch und Tier gleichermaßen – das Sexualleben stark von Lockstoffen (Pheromonen) gesteuert. Auch die Verbindung von den Riechzellen zu den entwicklungsgeschichtlich ältesten Bereichen des Großhirns, dem sogenannten Riechhirn, das aber entgegen dieser Bezeichnung für einen Großteil der menschlichen Gefühlswahrnehmung verantwortlich ist, deutet auf diese herausragende Rolle hin.[39] Der Geruchsreiz stellt, will man eine solche Unterscheidung machen, demzufolge eindeutig eine affektive Wahrnehmung dar. Eine intellektuelle Kontrolle setzt, wenn überhaupt, erst wesentlich später ein als beispielsweise beim akustischen oder optischen Sinn. Trotz hoher Sensibilität bereitet die Beschreibung von Geruchsphänomenen Probleme. Versuche, einer Beschreibungsmatrix, einem sogenannten Geruchsprisma, zum Durchbruch zu verhelfen, sind bislang gescheitert. Womöglich entzieht sich das Riechen einer objektiven Beschreibung auch wegen seiner psychologischen Wirkung.

2.3.2 Psychologie

Es wurde bereits erwähnt, dass unangenehme Gerüche stärkere Reaktionen hervorrufen als angenehme. Allerdings existieren keine angeborenen Empfindungen, die einen Geruch als schlecht- oder übelriechend klassifizieren. Diese Kategorien sind ein Produkt der Sozialisation. Kleinkinder haben ein allgemeines Duftinteresse; sie riechen an allem und jedem. Der Bezug zur Nahrungsaufnahme wird dadurch deutlich, dass Gerüche von relevanten Lebensmitteln Saugaktivität, Atem- und Kreislaufveränderungen auslösen. Neueste Untersuchungen belegen eindeutig, dass das Neugeborene viel geruchsempfindlicher ist, als bisher angenommen wurde.[40]

Trotz dieser ursprünglichen Neutralität der Geruchseinschätzung wird „nur ein Fünftel der nahezu 500 000 heutzutage bekannten Duftkomponenten … von Menschen als angenehm empfunden“[41]. Für diese Wahrnehmung und die Zuordnung ist das Gehirn aufgrund der Reizmeldung der Sinneszellen zuständig, die Angaben über Art, Dauer und Intensität des Impulses enthält. Doch ist dies nicht die in diesem Zusammenhang einzige bedeutsame Tätigkeit des Gehirns. Gerüche werden auch im Gedächtnis behalten. Anders als beim visuellen oder auditiven Sensus fehlt jedoch die Möglichkeit ständiger innerer Wiederholung. Dadurch werden Assoziationen langsamer erworben als bei anderen

Sinnen. Durch die häufige Verknüpfung von Gerüchen mit emotionalen Erlebnissen werden sie aber subjektiv besser verankert. „Das Geruchsgedächtnis scheint wesentlich stabiler (zeitunabhängiger) als das Gedächtnis visueller oder auditiver Reize zu sein.“[42]

Wie eng das Riechen mit Emotionen zusammenhängt, welche große Rolle der odoratische Sinn für die grundlegenden Lebensvollzüge spielt, lässt sich – außer an den rein physiologischen Gegebenheiten – auch im Spiegel der Alltagssprache ablesen. So sagt man, die Luft sei rein, es liege etwas in der Luft, es herrsche dicke Luft oder es stinke etwas zum Himmel. Wer eine gute Nase oder den richtigen Riecher hat, der weiß, woher der Wind weht, und wittert womöglich eine Chance. Für einen anderen ist etwas anrüchig oder erstunken und erlogen. Menschen müssen sich erst mal beschnuppern oder in eine Sache hineinriechen, ehe sie feststellen, dass sie sich nicht riechen können oder die Nase voll haben. Es gibt Leute, die stänkern oder Stunk machen und damit das Klima verpesten. Manchmal bleibt nur übrig zu verduften. Eine Fülle solcher Redewendungen, die sich vom Geruchsempfinden herleiten, lassen sich zusammentragen.

Aus der engen Verbindung von Riechempfinden und Gefühlshaushalt schließt Corbin auf die schiere Unvereinbarkeit dieses Sinnes mit den rationalen Strukturen des menschlichen Seins: „Als Sinn der Lust und Begierde, der Triebhaftigkeit trägt das Riechorgan den Stempel der Animalität. Riechen und Schnüffeln erinnert an etwas Tierisches. Die sprachliche Unfähigkeit, Geruchsempfindungen auszudrücken, würde den Menschen, wenn dieser Sinn vorherrschte, zu einem an die Außenwelt gefesselten Wesen machen. Wegen ihrer Flüchtigkeit könnte die Geruchsempfindung niemals ein dauerhafter Anreiz für das Denken sein. Die Schärfe des Geruchssinns steht im umgekehrten Verhältnis zur Entwicklung der Intelligenz.“[43]

2.3.3 Soziologie

Eine weithin unbekannte Art nonverbaler Kommunikation basiert auf dem Geruchssinn. Viele Lebewesen scheiden leicht flüchtige Substanzen aus, die das Verhalten des Wahrnehmenden beeinflussen können. Diese Pheromone genannten Substanzen spielen bei Pflanzen in Zusammenhang mit der Bestäubung, bei Tieren z. B. bei der Reviermarkierung eine Rolle und begegnen auch beim Menschen.[44]

Seit ältester Zeit macht sich Letzterer aber auch Fremdgeruch zu eigen, um besondere Wirkungen zu erzielen. In Salben und Parfüms wurden und werden via Duft suggestive Nachrichten ausgesandt bzw. empfangen. „Parfüms haben stimmungsstimulierende und korrigierende Wirkungen. Als Möglichkeit der Selbstaktualisierung werden sie Teil der eigenen Persönlichkeit … Parfüms definieren damit die Beziehung zwischen dem Träger und seiner Umwelt. Sie verweisen auf sein kulturelles und ästhetisches Empfinden. Parfüms werden zur Botschaft, deren Entschlüsselung vom Empfänger eine gewisse Sensibilität und das Eingehen auf den Sender erfordert. Parfüms als eine Möglichkeit der non-verbalen Kommunikation können so Sinnlichkeit und Einfühlungsvermögen beim anderen wecken. Die Entschlüsselung kann aber genauso die Aufforderung zu Aktivität, Schwung und Lebensfreude beinhalten."[45] MÜLLER beschreibt die Übernahme des sorgfältig ausgewählten künstlichen Duftes als einen Teil der eigenen Persönlichkeit. Die Botschaften, die die Düfte versenden, sind nicht rational fassbar, sondern haben zumeist unwillkürliche Wirkungen, denen sich willentlich zu verschließen schwerfällt. „Gerüche affizieren weniger durch das, was sie wirklich anzeigen, als durch das, was sie vermuten lassen."[46] Der Umgang mit Düften ist demzufolge ein hochsensibler Bereich.

Die subjektiv-emotionale Qualifizierung von Düften und ihre verhältnismäßig gute Stabilität im Gedächtnis hat aber auch zur Folge, dass in zunehmendem Maße odoratische Elemente in der Wirtschaft eingesetzt werden. Je schwieriger für den Konsumenten die Qualitätsbeurteilung eines Produktes ist, desto größer ist die Rolle, die der Duft als Informationsquelle für die Bewertung spielt.[47] „So wird in der Praxis eine schlechte synthetische Kopie als natürlicher Duft vom Konsumenten akzeptiert, weil die verbal-visuelle Assoziation mit dem natürlichen Duftstoff über die Produkt-Etikettierung vorhanden ist."[48]

2.3.4 Therapie

Die enge Verbindung des Geruchssinns zur Gefühlswelt macht den Einsatz von Duftstoffen auch in der Therapie sinnvoll.[49] Während die einschlägigen Ratgeber zur Aromatherapie, ausgehend von den oben angeführten physiologischen Voraussetzungen, auch mit wissenschaftlichen Experimenten aufwarten können, deren Ergebnisse die Wirkung der in ätherischen Ölen enthaltenen Substanzen belegen sollen und im Übrigen den Kenntnissen der traditionellen Heilkräuterkunde nicht unähnlich sind,[50] ist die Schulmedizin in diesem Punkt etwas zurückhaltender. Es gebe zurzeit keine Kausalbehandlung von Krankheitsbildern, schreibt Müller, „Patienten zeigten aber immer – was für den Genesungsprozeß wesentlich ist – nach der Verabreichung von Duftstoffen eine viel höhere Einschätzung ihres Wohlbefindens als Vergleichspatienten". Er folgert: „Die Duftstoffbehandlung ist damit ein idealer Therapiebegleiter für psychotherapeutische Behandlungen."[51]

2.3.5 Theologie

In vielen Religionen versuchten die Menschen die Gegenwart der Götter sinnenhaft zu erfahren. Anthropomorphe Gottheiten erscheinen als Teil der menschlichen Welt. Des Gottes Gestalt will gesehen und seine Stimme gehört werden. Darüber hinaus lebte in der Antike auch die Vorstellung, die Anwesenheit des Gottes über den dritten der in aristotelischer Sichtweise höheren Sinne, den Geruchssinn, wahrzunehmen.[52] Nachfolgend soll kurz anhand der noch immer einschlägigen Untersuchung von Lohmeyer[53] ein Überblick über diese in Ägypten, Persien, Griechenland und Rom wie auch im Judentum und in christlichen Bereichen verbreitete Anschauung gegeben werden.

Im ägyptischen Tempel von Deir-el-Bahari befindet sich ein Relief, auf dem der Gott Amon und die Königin Ahmose dargestellt sind. Der Gott übergibt der Königin das Henkelkreuz als Zeichen des Lebens. Eine Inschrift deutet die Szene:

> *[Amon] fand sie, wie sie ruhte in der Schönheit ihres Palastes. Sie erwachte vom Geruche des Gottes; sie lächelte seiner Majestät zu … Sie freute sich, seine Schönheit zu sehen, seine Liebe ging in ihren Leib, [der Palast] war überflutet von dem Geruche des Gottes; all seine Düfte waren [Düfte] von Punt.*

Der Wohlgeruch des Gottes ist der Königin Zeichen seiner Epiphanie. Er ist so beeindruckend, dass Ahmose ihn selbst im Schlaf wahrnimmt. Die Qualität des Duftes wird in vielen Texten durch das Lokalattribut *Punt* gekennzeichnet. Von dort kommen die köstlichsten Salben und der Weihrauch, der in Ägyptens Kult verwendet wurde. Die Düfte der Götter unterscheiden sich demzufolge nicht wesentlich von denen der Menschen. Eine anthropomorphe Gottesvorstellung leistete solchem Denken, das sich im Kult z. B. auch im Salben von Götterbildern zeigt, Vorschub.

Zwar bezieht sich die Übergabe des Henkelkreuzes in oben erwähnter ikonographischer Darstellung auf die göttliche Empfängnis der Königin, doch ist der Duft bereits in den Texten der Pyramidenzeit eng mit dem Leben verbunden.

Ich komme zu dir, mit der Salbe dich zu salben, welche ausging von dem Horusauge. Salbe dich damit; sie wird deine Gebeine verknüpfen, deine Glieder vereinen, dein Fleisch an dich binden, sie wird den widrigen Schweiß lösen, [dass er] zur Erde [niedersinkt].

In diesen Worten wendet sich der Priester in ritueller Feier an den Toten. Von der göttlichen Salbe geht dabei ein lebendigmachender Geruch aus, er vertreibt den üblen Geruch, hält den widrigen Schweiß nieder.[54] Dieser Gestank – sicher auch realistische Erfahrung – wird geradezu zu einem Symbol des Todes:

Vergehe nicht, verwese nicht, lass deinen Duft nicht übel werden.

Der üble Verwesungsgeruch ist naheliegendes Symbol des Todes. Doch auch über eine allgemeine Wohldufterfahrung hinaus lässt sich der Geruch des Lebens, der Duft der Götter beschreiben; es ist der Weihrauchduft. Dass die Götter nach Weihrauch duften, sprengt den Rahmen rein menschlicher Analogie; es leitet sich vom Weihrauchopfer im Götter- und Totenkult her. Auch lustrative Elemente spielen eine Rolle.

Anhand von Pyramidentexten lässt sich diese Gleichsetzung des Weihrauchduftes beim Opfer mit dem Duft der Götter nachfühlen. Er ist insofern Symbol des Lebens für Tote, als sich der Verstorbene im Opferduft zu den Göttern erhebt, ihm im Weihrauch Ewigkeitskräfte zuwachsen und er sich im Duft mit den Göttern verbindet.[55] Dass die Götter nach Weihrauch duften, sprengt den Rahmen rein menschlicher Analogie. An anderen Stellen begegnet, dass Weihrauch aus dem Gott hervorgeht bzw. gewissermaßen als *pars pro toto* für den Gott selbst steht.

Im mediterranen Kulturraum begegnen ähnliche Vorstellungen. In Griechenland war ebenfalls anfänglich keine klare Abgrenzung zwischen Götter- und Menschenduft gegeben. Die sinnliche Erfahrung der göttlichen Epiphanie begegnet in Klang und Duft noch vor gestaltlicher Sichtbarkeit. „Der Duft ist das zarteste Symbol der göttlichen Nähe. Hier ist die Gottheit nicht als äußeres Bild dem Menschen sichtbar, sondern unfaßbar und doch unmittelbar nah, unbegreiflich und doch lebend in der Empfindung; sie gibt sich in ihrer gelösten, noch nicht oder nicht mehr verdichteten Leiblichkeit zum Genusse dar. Darum ist der Wohlgeruch diejenige Form der Epiphanie, in der sich Gott beim Kommen und Gehen, beim Nahen und Entschwinden offenbart."[56]

Der Duft gnädiger Götter wird ebenfalls in Gegensatz zum widrigen Geruch menschenfeindlicher göttlicher Mächte gesetzt. Er wird durch seine überwältigende Süße, hervorgerufen durch eine Salbe bzw. durch Speise und Trank, charakterisiert und auch hier zu einem Symbol des Lebens, die Beduftung zur Teilhabe am ewigen Leben der Götter. Blumen, die auf den Gräbern wachsen, sind daher Zeichen der Unverweslichkeit.[57] Wenn der Wohlgeruch auf Menschen z. B. durch Salbung oder Besprengung übertragen wird, erhalten diese Anteil an göttlicher Kraft; der Duft ist somit „Träger und Wirker göttlichen Lebens"[58]. Kein weiter Schritt ist es dann, dass Gott durch seinen Anhauch dem Menschen Leben und göttliche Kraft mitteilt, wie es auch im Alten Testament beschrieben ist.

Interessanterweise begegnet in Griechenland aber der „Weihrauchduft, so verbreitet auch das Weihrauchopfer war, außer im Dionysoskult nie als Symbol der Götter"[59].

Bei den Persern ist der Geruch, der den Göttern anhaftet, nur ein „Gleichnis unter anderen Gleichnissen, ein Bild ohne sinnliche Fülle, ohne lebendige Anschaulichkeit wie in Ägypten"[60]. Dies ist offenbar dadurch bestimmt, dass die Götter hier nicht leiblich geschaute Gestalten sind, sondern Bilder sittlicher Mächte darstellen; „so wird auch der Gedanke von ihrem Geruch zum Gleichnis des Sittlichen"[61]. Statt Leben und Tod stehen sich in Duft und Gestank nun symbolhaft Gutes und Böses gegenüber. „Die Entsinnlichung des Duftsymbols ist in dieser neuen Ausdeutung noch stärker als in der auf die Götterwelt bezogenen Grundvorstellung; es ist eine Allegorie für die im Menschen lebenden sittlichen Kräfte geworden."[62]

Diese Deutung spielt im Judentum eine beherrschende Rolle. Den Israeliten offenbart sich Gott im Gestaltlosen, in Wolke, Wind, Rauch und Feuer. Leibhafte Epiphanien JHWHS sind undenkbar. Daher begegnen auch keinerlei primäre sinnliche Wahrnehmungsmöglichkeiten, nirgendwo ist Duft Begleiterscheinung einer Offenbarung. Erst in späten, griechisch beeinflussten Schriften finden sich Annäherungen an diese Vorstellungswelt. So offenbart sich die Weisheit als göttliche Wesenheit im Wohlduft.[63]

Allerdings ist die Weisheit hier nicht leiblich vorgestellt, weshalb die Duftmotive auch aus allgemeinen Paradiesesvorstellungen und Opferpraktiken entlehnt sind. Der Duft ist nicht der Duft Gottes, sondern „der Duft göttlicher Umgebung, eines erträumten alle Erdenbegriffe übersteigenden himmlischen Gartens“[64].

Dass auch der Opferduft göttliche Wirkmacht haben müsse, zeigt sich an anderer Stelle, an der der Geruch Dämonen verjagt.[65] „Dämonenvertreibung liegt nicht in der Macht eines menschlichen, sondern nur eines göttlichen Wesens. So muß der Geruch des Opfers, der sich so mächtig erweist, göttlicher Art, Zeichen göttlicher Kraft sein. Eine Anschauung bekundet sich hier, die den Opferduft in engen Zusammenhang mit der Offenbarung göttlichen Wirkens auf Erden bringt.“[66]

Eine sittliche (statt sinnliche) Deutung erfährt der Duft schließlich ebenfalls in Sir 39,13 f. „Das Symbol umfaßt hier das Gesamte der menschlichen Haltung vor Gott; was in dem ‚heiligen‘ Menschen göttlich lebendig ist, soll blühen und duften wie Rosen, Lilien und Weihrauch.“[67]

Auch im frühen Christentum haben sich die ägyptisch-griechischen sowie die persisch-jüdischen Entwicklungslinien niedergeschlagen. Erstmals begegnet der Duft als Symbol der Gottesoffenbarung bei Paulus in 2 Kor 2,14 f.[68] Entsprechend der griechischen Vorstellung liegen auch hier Tod und Leben eng beieinander. Allerdings sind beide nunmehr „Bilder der gottgläubigen und -ungläubigen seelischen Kräfte“[69]. Durch jüdische Anschauung motiviert, steht δι ημων (di êmôn – durch uns) im Text; Gott offenbart sich nicht selbst in so sinnlich wahrnehmbarer Weise, sondern erst menschliche Verkündiger dringen in diese Bereiche vor. Vollends als Allegorese lässt die Verse dann schließlich die Näherbestimmung des Duftes als της γνωσεως αυτου (tês gnôseôs autou – [Duft] seiner Erkenntnis) erscheinen. Dennoch finden sich höchst selten Aussagen in der Schrift, die sich ähnlich eng an der ursprünglichen Bedeutung des Namens Χριστος (der [mit Duftöl] Gesalbte) orientieren.[70]

Im späteren Christentum kam die Anschauung zum einen innerhalb der Mystik zum Tragen. Es ist sicher kein Zufall, schreibt LOHMEYER, dass in mystischer Spiritualität, die sich danach sehnt, „sich Gott ganz hinzugeben und in der Hingabe Gott zu genießen, das Duftsymbol neue Gestalt gewonnen hat. Denn gerade diese seelischste aller Frömmigkeiten drängt nach Ausdruck in den sinnlichsten Formen der Erde.“[71] Zum anderen übersetzt sich die Vorstellung, dass Götter sich im Duft kundgeben, ins Christliche in den Legenden um die Märtyrer. Der Kontakt mit ihren Gräbern, Leibern oder Reliquien geht oft mit eindrucksvollen Dufterlebnissen einher.[72]

2.3.6 Liturgie

Düfte, die in der Feier der Liturgie eine Rolle spielen, lassen sich zunächst in eine Gruppe natürlich hervorgerufener und in eine weitere künstlich erzeugter Gerüche einteilen. Die Orte, an denen der jeweilige Gottesdienst stattfindet, sei es eine Kirche, ein Saal, die Straßen der Stadt oder die Felder, spielen für die erstgenannte Gruppe die entscheidende Rolle. Hinzu kommen die Gerüche, die von beteiligten Menschen oder Sachen ausgehen. Unterschieden werden kann hier zwischen denen, die im Schnittpunkt des Geschehens, und denen, die mehr an dessen Rand stehen. Das odoratische Element begegnet nur selten auch als Kernhandlung liturgischen Geschehens, als Salböl (zentral nur bei Firmung und Krankensalbung, verwendet auch bei Taufe, Priester- und Bischofsweihe) oder bei der Segnung von duftenden Kräutern und Blumen. Häufiger ist der Einsatz von Duftstoffen in ausdeutenden Riten. Auch weniger „strahlende" Geruchsereignisse, wie der Duft von Bienenwachs, Brot und Wein, gehören zu der randständigen natürlichen Gruppe. Weihrauch hingegen ist künstlich hervorgerufener Duft.[73]

Schon rein anthropologisch „bildet das Odoratische ein grundsätzlich bedeutsames Medium im Prozeß der menschlichen Kommunikation"[74]. Es ist mittels des Geruchs möglich, Mitteilung und Antwort zu bekunden. Dabei ist „bemerkenswert, daß es hier weniger um intellektuelle Information bzw. Ansporn zur willentlichen Reaktion geht, sondern mehr um Emotionales. Näherhin: sich einander zuwenden im Sinne von beschenken und sich beschenken lassen, Freude, Wohlgefühl, Atmosphäre."[75] Auch jede Liturgie kennzeichnet die Polarität aktiver und rezeptiver Wirkrichtung, also Duft zuwenden sowie Duft entgegennehmen. In diesem Sinn bringt man Duftendes nicht nur Gott dar,[76] sondern man salbt oder inzensiert auch Menschen zum Zeichen ihrer Erwählung. Diese Duftspenden, die als anabatisches wie katabatisches Element entgegengenommen werden, gelten einerseits allen Personen als Trägern des Gottesdienstes, zunächst Gott selbst, dann aber auch seinem Volk, der Gemeinde und ihren Vorstehern bzw. als Sonderfall auch den verstorbenen Mitgliedern. Andererseits empfangen auch Gegenstände Beduftung.

Schließlich wird übergreifend mit dem Duft eine Atmosphäre geschaffen, die „Ausdruck der Allgegenwart des Heiligen“[77] ist und damit Personen und Sachen einschließt. Das polare Gefüge odoratischer Symbolik innerhalb der Liturgie zerfällt also in Preisung und Offenbarung. Die dankbare Verherrlichung Gottes ist die zustimmende Antwort auf seine Offenbarung und seine Gnade, die alles erfüllt und die Schöpfung, die von ihr durchdrungen wird, in neuem Licht aufleuchten lässt. Die beiden Pole gehören wesentlich zusammen, ist doch die Begnadung, deren Zeichen die Duftwolke ist, tiefster Grund für die Geschwisterlichkeit aller.[78] Solchermaßen echter Bestandteil symbolischen Handelns, muss dem inneren Gehalt auch sein äußerer Ausdruck entsprechen. „Angenehmem Duft öffnet sich der Mensch, von ihm läßt man sich durchströmen. Er kann zugleich zum Anlaß werden, Gott für seine Schöpfungsgaben zu preisen. Demgegenüber wirkt unangenehmer Geruch abstoßend, man wendet sich ab, manche Organismen reagieren mit Ohnmacht.“[79] Nicht nur christlicher Alltag, sondern auch christliche Liturgie muss den Duft der Erkenntnis Christi verbreiten.[80]

3 | Perspektiven

3.1 Die Situation

3.1.1 Die Umfrage von 1992

Als Grundlage einer Bewertung der liturgischen Praxis des Sinnzeichens Weihrauch hat der Verfasser eine Umfrage unter sämtlichen Pfarreien und Kuratien der Diözese Würzburg durchgeführt.[81]

In den Gemeinden gilt Weihrauch nach wie vor als Attribut festlicher Gottesdienste. Je höher das Fest im Bewusstsein der Gläubigen angesiedelt ist, desto häufiger ist Weihrauchverwendung anzutreffen. Nur zwei Gemeinden benutzen auch an gewöhnlichen Sonntagen Weihrauch.

Auch innerhalb der Messe gibt es Abstufungen: Die Gabenbereitung mit ihren ausladendsten Weihrauchriten ist innerhalb der Messe auch der Zeitpunkt, an dem von nahezu allen Weihrauch verwendet wird. Allerdings werden dabei nicht überall alle Riten (Gaben-, Altar-, Priester- und Volkinzens) durchgeführt. Der Verzicht auf die Volkinzens in 19 und auf die Priesterinzens in 37 Gemeinden lässt die Schwierigkeiten mit dem Ritus der Personeninzens allgemein aufscheinen. Vielerorts wird auch an einer Differenzierung der Schwingbewegungen festgehalten, wie sie das Trienter Missale vorsah.

Zu den Weihrauchriten der Messe gehört die Altarinzens nach dem Einzug ebenso wie die Verwendung beim Evangelium und zur Wandlung. Allerdings wird nicht überall der Weihrauch auch beim Einzug mitgetragen.

Bei Begräbnissen wird in der Regel in allen Gemeinden Weihrauch verwendet. Da in wenigen Gemeinden Tagzeitenliturgie gefeiert wird, fällt die Gesamtzahl der Antworten recht gering aus. Meistens wird jedoch auch im Stundengebet (zumeist Vesper) Weihrauch benutzt. Die Ergebnisse in Bezug auf Andachten zeigen, dass zur eucharistischen Andacht, die nicht überall gleich häufig ist, meist Weihrauch Anwendung findet.

Erfreulich ist, dass sich die aktive Weihrauchverwendung bei den Hausbesuchen der Sternsinger durchsetzt. In zwei Gemeinden ist es üblich, keinen entzündeten Weihrauch in die Wohnungen zu tragen, sondern den Familien ein Tütchen mit Weihrauchkörnern als Geschenk zu überreichen. Auch wenn dies dem Ritus der Haussegnung weniger entspricht, kommt es doch der Dreikönigsperikope aus Mt 2 nahe und macht den Segen in gutem Geruch in gewisser Weise reproduzierbar.

In mehr als 40 Prozent der Gemeinden existieren verschiedene Weihrauchsorten. In einer Pfarrei verwendet man sie auch während ein und desselben Gottesdienstes.

Auf die Frage, was beim Weihrauch wichtig sei, überwiegt zwar die Zahl derer, für die der Duft im Vordergrund steht, dennoch legt ein Drittel besonderen Wert auf die Rauchentwicklung. Natürlich sind, bevor der Weihrauch mit dem Geruchssinn wahrnehmbar ist, die Wolken aus dem Rauchfass sichtbar. Dennoch enthalten gerade die Räucherstoffe, die dem Weihrauch in Gestalt von Hölzern und Blüten beigemischt sind, Substanzen, die die Atemwege besonders angreifen und zu Hustenanfällen und Übelkeit führen können. Manche stellen demnach auch ausdrücklich diesbezügliche Schwierigkeiten bei den Gemeindemitgliedern fest.

Der Hauptgrund für die Verwendung von Weihrauch ist nach wie vor die Absicht, einen besonderen Festakzent zu setzen. Obwohl AEM 235 den Weihrauch für jede Form der Messfeier (und sinngemäß wohl auch für jede Liturgie) erlaubt, „durchbricht der Weihrauch die Normalität" und „soll nicht zu etwas Alltäglichem werden".

Die Einschätzung der Meinung der Gottesdienstbesucher als geteilt ist zweifellos realistisch. In traditionell geprägten Regionen ist es wohl auch tatsächlich eine Minderheit, die sich ablehnend verhält.

Zu dieser Gruppe zählen die Bearbeiter vor allem die junge Generation: „Das stinkt!", oder die, die nicht regelmäßig kommen: „Gelegentliche Kirchgänger urteilen differenzierter und befürworten bestenfalls eine sehr sparsame Verwendung."

In der Sicht der Pfarrer dient der Weihrauch manchmal auch nur als Vorwand, dem Gottesdienst fernzubleiben. „Dies ist meist eine Schutzbehauptung, mit der mangelnder Kirchenbesuch gerechtfertigt werden soll."

Widerspruch gegen den Weihrauch ist – mancherorts in Bezug auf die Sorte differenziert – auch aus den Reihen der Chöre und Lektoren zu erwarten. Die Verwendung von Weihrauch trifft aber vor allem an Asthma oder Bronchialerkrankungen Leidende, darunter auch zwei Pfarrer. Diese Einschätzung muss sehr ernst genommen werden und ist bei der Auswahl des Weihrauchs unbedingt zu berücksichtigen. Nicht selten kommen noch schlechte Raumverhältnisse wie Enge oder unzureichende Lüftung hinzu. So kann Weihrauch – statt zum sinnerfreuenden Symbol – leicht zur Qual werden.

Auf mehr pastoraler Ebene konstatiert ein Pfarrer, der Weihrauch entspräche „nicht mehr dem Frömmigkeitsgefühl des größten Teils der Gemeinde“, und auch andere halten ihn für „irgendwie nicht mehr zeitgemäß“. Auch nimmt man nicht selten Rücksicht auf konfessionsverschiedene Familien.

Nebenbei sei bemerkt, dass etliche Pfarrer der Meinung der Kirchenbesucher kaum Gewicht beimessen. Das Spektrum reicht von offenem Desinteresse über erkenntnisleitendes Interesse bis zu schlichter Rücksichtslosigkeit. Hier einige Zitate: „Man müsste die Leute fragen.“ – „Die meisten äußern sich nicht und sind einverstanden.“ – „Sie nehmen es zur Kenntnis und in Kauf.“ – „Die Ehre Gottes steht höher als die Meinung der Menschen.“ – „Ich verwende Weihrauch, weil es mir gefällt.“

Insgesamt betrachtet ergibt sich eher das Bild einer Unsicherheit im Umgang mit dem Weihrauch denn dessen selbstverständlicher Verwendung. Die Überlegungen über die Verwendung von Sinnzeichen im Gottesdienst, ja mehr noch über die Wiedererlangung einer sinnlichen Liturgie müssen weitergehen.

3.1.2 Neuere Entwickungen

Auch wenn seither keine ähnlich breite Erhebung von Daten bezüglich der Weihrauchverwendung mehr möglich war, lassen sich doch – ausgehend von Informationen aus der Fortbildungstätigkeit des Verfassers im gesamten damaligen Umfragegebiet – Vergleiche zur Situation von vor mehr als 25 Jahren ziehen und Entwicklungen jüngerer Zeit konstatieren.

Grundsätzlich ist eine neue Offenheit dem Weihrauch gegenüber zu spüren. Er wird keineswegs nur als überkommenes Accessoire erlebt, sondern ohne Berührungsängste neu entdeckt. Das wirkt sich positiv auf seine Symbolik aus: Hinter dem Schleier von Festlichkeit treten die zeichenhaften Dimensionen (Gebet, Verehrung, Reinigung) wieder deutlicher zutage.

In der **Messfeier** bleibt er meist noch auf feierliche Anlässe beschränkt,[82] aber in anderen Gottesdiensten ist ein differenzierterer und bewussterer Umgang mit dem duftenden Harz zu beobachten. Da eucharistische **Andachten** bzw. Formen der Aussetzung des Allerheiligsten seltener werden, ist auch die Weihrauchverwendung in diesem Zusammenhang nicht mehr so häufig anzutreffen. Sie verliert zusehends ihre Selbstverständlichkeit.

Auch bei **Begräbnissen** wird großenteils auf das Mitführen eines Rauchfasses verzichtet. Dies ist meist dem Mangel an Ministranten geschuldet. Oft steht am Friedhof allenfalls ein Küster zur Verfügung. Warum man sich unter den bei der Prozession zum Grab mitzuführenden Utensilien nicht bewusst für den Weihrauch entscheidet, bleibt unklar. Kreuz, Weihwasser und Erde stellt ohnehin der Bestatter zur Verfügung. Die Beräucherung könnte auf der Zeichenebene gerade das Proprium einer kirchlichen Begräbnisfeier darstellen.

Auch beim Haussegen der **Sternsinger**, bei dem 1992 noch ein Aufschwung zu beobachten war, hat offenbar eine Rückwärtsbewegung eingesetzt. Gegängelt durch Brandschutzauflagen und die Aufsichtspflicht für immer jüngere „Könige", werden meist nur leere Rauchfässer symbolisch mitgetragen. Dabei schätzen viele nach dem Besuch der Sternsinger gerade den zurückbleibenden Weihrauchduft in der Wohnung, der noch eine Zeit lang an den von ihnen überbrachten Segen erinnert.

Unter den positiven Entwicklungen sind allen voran diverse Formen der **Tagzeitenliturgie** zu nennen. War der vom Verfasser im Rahmen der Erstauflage dieses Buches vorgeschlagene Ritus der „Gemeindevesper" seinerzeit noch vergleichsweise exotisch, findet sich inzwischen auch im Gotteslob ein Modell, das weitgehend der Struktur der Kathedralliturgie folgt.[83] Sie wird zunehmend als gemeindegemäße Form der Tagzeitenliturgie praktiziert.

Auch innerhalb der **Wort-Gottes-Feier** wird immer wieder an verschiedenen Stellen Weihrauch eingesetzt, vor allem bei den Fürbitten und im Rahmen der Verehrung des Wortes Gottes. Was die Akzeptanz dieser Inzensriten erhöht, ist das Element der Gemeindebeteiligung. Die Weihrauchkörner werden hier meist nicht durch den Zelebranten, sondern im Rahmen einer Prozession durch alle Teilnehmenden aufgelegt.[84] Dies gilt auch für die Kreuzverehrung am **Karfreitag**, in deren Rahmen Weihrauch ein adäquates Zeichen der Verehrung sein kann, wo Kuss, Berührung oder Kniebeuge Schwierigkeiten im Vollzug verursachen. Vielerorts fällt dem Vernehmen nach die Anregung dazu auf fruchtbaren Boden – vor allem dort, wo die Karfreitagsliturgie nicht durch Kleriker geleitet wird.

Ein neu erwachtes Interesse an Weihrauch zeigt sich auch an dem veränderten Angebot von Räuchermaterie. Die traditionellen Räuchermischungen der Wachs- und Kirchenbedarfsgeschäfte spielen eine immer weniger große Rolle. Der Trend geht zu naturreinen Harzen oder zu (leider immer noch eher minderwertigen) Blütenweihrauch-Sorten.

Schließlich haben Ministrantengruppen die Herstellung von großen Rauchfässern initiiert, die bei besonderen Gelegenheiten öffentlichkeitswirksam zum Einsatz kommen.[85]

3.2 Möglichkeiten

Um einer weiteren „Abwirtschaftung" der Liturgie in Bezug auf ihre sinnliche Dimension entgegenzuwirken, ist gezielte Pastoral notwendig. Liturgische Symbole müssen erfahrbar sein, wenn sie wirken und verstanden werden sollen. Mit Verständnis ist hier nicht intellektuelle Einsicht, sondern vielmehr intuitives Erfassen gemeint. Raum für solche Wahrnehmung ist nirgendwo besser gegeben als in der Liturgie selbst durch bewussten Vollzug der mit dem Sinnzeichen verbundenen Riten.

Der Duftbereich als sinnenhafte und symbolische liturgische Dimension verdient es, „weit mehr als üblich im Gottesdienst eine Rolle zu spielen. Dazu ist Hinführung nötig, aber vor allem das ‚Wirkenlassen' entsprechender Wohldüfte."[86] Dieser Satz beschreibt die Polarität aller Symbolkatechesen. Hinführung ist notwendig, kann aber die Erfahrung nie ersetzen.

3.2.1 Anforderungen an die Katechese

Um Erfahrungen zu ermöglichen, ist die Echtheit, Erhabenheit und Wirkmächtigkeit des Zeichens gefordert. Für den Weihrauch bedeutet dies also, Augenmerk auf seine Reinheit, seine gute Qualität und seinen sinngerechten Einsatz zu legen. Geschehen muss sich entfalten können, damit es „die beste primäre liturgische Quelle für bereichernde Erkenntnis und anregendes Modell zur Gestaltung bzw. Nachahmung" sein kann. Damit ist es „einerseits Impuls für verantwortungsbewußte Weitergabe (Tradition), andererseits für zeitgemäße Kreativität (Fortschritt)"[87].

Doch auch eine Vorbereitung des Erlebnisses ist unabdingbar. Verständnis für den Weihrauch kann heute nicht mehr vorausgesetzt werden. Stattdessen bietet sich eine ausführliche Erklärung an, z. B. im Rahmen einer Homilie über Ps 141 oder durch zum konkreten Symbol gestaltete Gottesdienste. Auch „kurze Monitionen im Gottesdienst selbst" werden empfohlen.[88] Die Liturgie ihrerseits beschreitet einen anderen Weg, durch den sie sich gewissermaßen selbst erklärt. Intentionen, seien sie sprachlich gefasst oder nur als Zielvorstellung begriffen, werden in symbolischen Akten ausgedrückt. Den Worten wächst so gegebenenfalls das Symbol zu. Umgekehrt wird das Symbol durch begleitende Worte fassbar gemacht. Es besteht in der Liturgie ein beständiges Wechselspiel zwischen Symbolbildung und Symbolerklärung. In der erneuerten Liturgie entfielen mit wenigen Ausnahmen alle Deuteworte, die mit den Weihrauchriten verbunden waren. Unsicherheit über die durch die Texte beigelegten Deutungen mag Grund dafür gewesen sein, Unsicherheit über die Bedeutung des Weihrauchs aber ist die Folge.[89]

Nicht zuletzt ist es unverantwortlich, den Duftsinn des Menschen von der Beteiligung am Gottesdienst weitgehend auszuschließen. Fehlt ein solcher Erfahrungsbereich gerade in der Liturgie, wird auch das Verständnis von anderem erschwert. Der Duft der Erkenntnis Christi[90] wird dann als eine ebenso kuriose Bemerkung abgetan wie die Bezeichnung des Kreuzestodes als Duft des Wohlgefallens oder das Tun der Christen als Duft.[91] Eine Liturgie, die sich der Hilfen der sinnlichen Wahrnehmung bedient, kann durch sie nur gewinnen.

3.2.2 Praktische Vorschläge

Es kann nicht oft genug wiederholt werden, dass die Voraussetzung für alle sinnlich positive Wahrnehmung die Authentizität des Symbols ist. Authentizität meint hier vor allem Echtheit des Materials und Echtheit des Vollzuges. Schlechte **Qualität des Rauchwerks** stößt auf Ablehnung, ja ruft sogar gesundheitliche Probleme hervor. Unbeholfene Riten stören den Duktus der Feier.[92] Eine Bereicherung der Liturgie stellt der Weihrauch dar, wenn er in jeder Hinsicht in hoher Qualität verwendet wird. Nur dann wird eine sinnliche Atmosphäre geschaffen, in der Liturgie als Quelle der Gnade von den Menschen erfahren werden kann.[93]

Tradition lebendig zu halten gilt es auch in Bezug auf den Weihrauch. Einerseits ist damit die regelmäßige Übung überkommener Vollzüge gefordert, andererseits aber auch aufgrund der Einsicht in die Bedeutung die kreative Neuschöpfung von Riten angeregt. Nachfolgend sollen zum einen die bereits erfolgten Anregungen meist in verkürzter Form überblickshaft zusammengestellt, zum anderen Vorschläge für weitere Verwendungsmöglichkeiten aufgezeigt werden.

Die Symbolkraft eines feierlichen **Einzugs** wird unterstützt durch das Mittragen von Weihrauch. Christus erfüllt den Raum der Versammlung; durch die Wahrnehmung des Duftes wird dies sinnlich erfahrbar. Innerhalb einer liturgischen Feier ist dies der einzige von den Rubriken vorgesehene Moment, bei dem der Weihrauch durch die Kirche getragen wird. Allerdings lassen sich noch andere Gelegenheiten dafür nutzen.

So wäre vorstellbar, mit dem Weihrauchfass durch die Kirche zu gehen, nachdem das **Evangelium** etwa mit dem Wort *Der Duft der Erkenntnis Christi verbreite sich durch euch in der ganzen Welt* beendet wurde. Da vielfach schon der Hallelujaruf als Rahmen auch nach dem Evangelium gesungen wird, könnte eine Evangelienprozession zum und vom Ambo mit Weihrauch und Kerzen einen wichtigen Akzent setzen. Zu wünschen wäre ein besonderer Ort für das Wort Gottes inmitten der Gemeinde, von wo das Buch abgeholt und zu dem es zurückgebracht würde.[94]

Auch die **Volkinzens** nach der Gabenbereitung (und zu den Cantica im Stundengebet, vgl. unten) könnte ausladender gestaltet werden. Würden Rauchfässer durch die Kirche getragen, wie dies ja auch im Mittelalter üblich gewesen war, wäre der Weihrauch wirklich auch als Duft und nicht nur als entfernte Rauchwolke wahrnehmbar.

Vorbehalte gegen die **Zelebranteninzens** beruhen oft auf dem Missverständnis, Weihrauch sei hier Zeichen besonderer Erwählung oder Weihe. Stattdessen ist die Beräucherung allgemeines Würdezeichen der Kinder Gottes. Problematisch könnte allenfalls die meist bestehende Trennung zwischen Priester- und Volkinzens empfunden werden, sowohl in räumlicher und zeitlicher Hinsicht wie auch durch die unterschiedlichen Personen, die die Räucherung vollziehen. Auch eine Differenzierung in der Anzahl der Schwingbewegungen des Rauchfasses ist unangemessen. Eine in der Praxis bereits anzutreffende Lösung ist die an die Gabeninzens anschließende Volkinzens durch den Zelebranten selbst. Denkbar wäre aber auch, dass Priester und Gemeinde zum Zeichen ihrer gemeinsamen Erwählung von einem Ort aus gemeinsam inzensiert werden.

Ein Deutewort zum Weihrauchritus bei der **Gabenbereitung** wäre möglicherweise hier und da angezeigt. Auch die Auswahl eines passenden Liedes könnte diese Stelle einnehmen.

Innerhalb der Messe begegnet man neben der Wiederbelebung alter Formen auch **neuen Vorschlägen**. So wurde angeregt, durch den Weihrauch die vierfache Gegenwart Christi zu unterstreichen und daher am Beginn Gemeinde und Priester, im Wortgottesdienst das Evangeliar, im eucharistischen Teil die verwandelten Gaben zu inzensieren.[95] Ein solcher Einsatz des Weihrauchs kann sicher helfen, den Deutungszug der Verehrung Christi neu und eindrücklich zu akzentuieren. Allerdings bleiben dabei andere Zeichen der Gegenwart Christi (Kreuz, Altar, Osterkerze ...) unberücksichtigt. Andere Deutungsspektren des Räucherns wie Reinigung oder Gebet kommen dann gar nicht mehr zum Tragen.

Andernorts wird von regelrechten Neuschöpfungen im Räucherritus berichtet. So beschreibt Reifenberg die „in der letzten Zeit häufiger erlebte" Sitte, beim Gloria einer Orchestermesse Rauchfassträger am Choreingang räuchern zu lassen.[96] Aus Brixen wird während der Vesper das dauernde raumbeduftende Umschreiten der versammelten Gemeinde berichtet.[97] Bei all solchen Versuchen muss jedoch neben der Tradition und dem Deutungshorizont des Symbols immer auch die jeweilige Gemeinde im Blick stehen. Der Gottesdienst darf weder verarmen noch überladen werden.

Überzeugender wären dagegen innerliturgische Ansätze. So könnte beispielsweise beim **Kyrie**, dem Lobruf an den in seiner Gemeinde gegenwärtigen Herrn, Weihrauch aufgelegt werden. Auch das **Sanctus** könnte durch das Schwingen von Rauchfässern akzentuiert und damit deutlicher in die Nähe der ihm zugrunde liegenden Jesaja-Vision gerückt werden, in der von der reinigenden Kohle und dem Rauch die Rede ist, der den ganzen Tempel erfüllt. Statt zur **Elevation** wäre das Beräuchern der verwandelten Gaben zur Schlussdoxologie des Hochgebets vorzuziehen.

Entsprechend wäre auch am **Karfreitag** Weihrauch neben Kuss, Berührung oder Niederfallen ein adäquates Zeichen der Verehrung des Kreuzes Christi.

Die **Verehrung des Allerheiligsten** wird im Rahmen von Anbetungsstunden inzwischen oft durch das (mehrfache) Auflegen von Weihrauch in einer Schale vor der Monstranz praktiziert.[98] Die traditionelle Form ist dagegen die Inzens mit dem Rauchfass nur zu Beginn und am Ende einer Aussetzung. Allerdings sollte keine festgelegte Zahl der Züge bei der Inzensierung von Allerheiligstem, Priester und Volk eine Unterscheidung hervorrufen. Die Bewegungen sollten sich vielmehr nach den jeweiligen Erfordernissen richten. Ein sakramentaler Segen dauert zumeist länger als die Elevation der Hostie bzw. des Kelches; eine Volkinzens ist mit einem Zug bzw. drei Einzelzügen kein adäquates Sinnzeichen. Meist wird das Inzensieren auch weniger durch Duft und Rauch denn durch das Rasseln der Ketten bei den Bewegungen wahrnehmbar.[99]

Nicht nur bei den Räucherriten selbst, sondern auch bei den dafür verwendeten **Weihrauchgefäßen** ist die Differenzierung der symbolischen Aussage von nicht zu unterschätzender Bedeutung. Als Zeichen des Gebetes muss der Weihrauch frei aufsteigen können. Das Inzensieren mit dem Rauchfass – also das Entgegenfächeln von Weihrauch – hat eher die Bedeutung von Verehrung oder Reinigung.

Eine Schale, die frei inmitten der Versammlung oder vor einem Andachtsbild aufgestellt wird, sollte in Größe und Form dem Raum entsprechen, in dem sie verwendet wird. Ein am Boden abgestelltes Rauchfass genügt diesem Zweck nicht. Auch eine Schale sollte besser erhöht stehen, also beispielsweise auf einem Standfuß ruhen. Sie auf den Altar zu stellen, kommt hingegen nicht in Frage: Die einzigen Opfergaben dort – nach der letztmaligen Darbringung von Weihrauch im Rahmen der Altarweihe – sind Brot und Wein.

Die Probleme, die die Weihrauchriten bei der **Tagzeitenliturgie** aufwerfen, wurden im betreffenden Kapitel bereits ausführlich diskutiert. Auf die dortigen Lösungsvorschläge sei hier nur kurz verwiesen.[100]

Auch ein Räucherritus am Beginn eines Gottesdienstes wäre unter Bezug auf seine reinigende, sündenvergebende Dimension denkbar. Noch dazu schafft das Duftelement hier Atmosphäre, beruhigt und fördert das Sichöffnen. In der Vorabendmesse des Sonntags wäre z. B. als Bußakt denkbar, dass der Diakon, ausgehend vom Altar, das ganze Kircheninnere mit dem Weihrauchfass umschreitet und die Gemeinde dazu Ps 141 oder ein Bußlied singt. Auch sonst ist Weihrauch bei Bußgottesdiensten sicher ein schönes Symbol für die „Wolke der Sünden", die Gott von uns nimmt, oder für die verhärteten Narben an den Wunden der Herzen.[101]

Aufgrund der erhobenen Deutungsmotivik lassen sich in freien Gottesdienstformen mittels des Weihrauchs sicher gute Akzente setzen bzw. zentrale Aussagen versinnbildlichen. Thematische Gottesdienste (z. B. an Epiphanie, dem alten Termin der Weihrauchweihe) könnten helfen, das Symbol besser ins Bewusstsein der Gemeinden zu integrieren und die Scheu davor zu verlieren. Auch erfahrungsorientierte Meditationen schaffen hierzu Gelegenheit.[102]

Wichtig scheint mir, entgegen den Ansichten mancher, häufigere Begegnungsmöglichkeiten mit dem Weihrauch zu schaffen und ihn keinesfalls nur für festliche Anlässe zu reservieren. Dann nämlich würde er zur schmückenden Zutat, zum „überflüssigen Gepränge", wie GUARDINI schreibt.[103] Offenbar verbinden sich mit dem Weihrauch nicht derart archetypische Bilder, die ihm seine Verständlichkeit erhielten, selbst wenn er aus der Praxis verschwände. Es bliebe in den Köpfen der Menschen nur noch die Verbindung zu einem etwas abgestandenen Katholizismus,[104] mit dem man besser nichts zu tun hat. Stattdessen gehört der Weihrauch zum lebendigen Feiern des ganzen Menschen, zu seinem heiligen Spiel vor Gott. Er gehört zu einer Liturgie, die wahrhaft Gott und dem Menschen dient.

3.3 Ein Wort zur Ökumene

Der Gebrauch von Weihrauch ist in den Gottesdiensten der orthodoxen und orientalischen Kirchen eine absolute Selbstverständlichkeit. Kaum eine liturgische Verrichtung kommt in diesen Ritenfamilien ohne ihn aus.

Im westlichen Christentum stellt sich die Situation differenzierter dar. Während die römische Liturgie (und mit ihr die anglikanisch-hochkirchliche Tradition sowie das skandinavische Luthertum) an der Weihrauchverwendung festhielt, stieß sie bei den Reformierten von Anfang an auf Ablehnung und geriet auch bei den Lutheranern außer Gebrauch. Ähnlich wie das Sich-Bekreuzigen oder der Umgang mit Weihwasser ist der Weihrauch fast so etwas wie ein „status confessionis"[105], ein Unterscheidungsmerkmal zwischen „katholisch" und „evangelisch" geworden. Dass dies jedoch eine recht junge Entwicklung ist, zeigt ein Blick in die Geschichte.

Wenn Martin Luther bei der Einweihung der Schlosskirche in Torgau am 4. Oktober 1544 die Gemeinde einlädt, mit ihm zusammen Sprengel und Rauchfass zu ergreifen[106] und damit die überkommenen Rituale der Kirchweihe, also das Besprengen mit Weihwasser und das Beräuchern mit Weihrauch gemeinsam zu vollziehen, ist damit eher das allgemeine Priestertum im Fokus und sind die in Rede stehenden Riten eher als Metaphern für sakrale Handlungen gemeint, die nach katholischer Tradition dem Bischof zustehen. Geistig wird nun gemeinsam vollzogen, was bislang in sichtbaren Riten durch einen einzelnen Kleriker geschah. Entsprechend ist aus diesem Predigtwort weder eine grundsätzliche Ablehnung des Weihrauchgebrauchs noch seine ausdrückliche Befürwortung durch den Reformator abzuleiten. Tatsächlich bleiben die Rauchfässer in den Kirchen der Reformation aber weiterhin üblich. Auch viele andere liturgische Formen, die heute als konfessionsunterscheidend empfunden werden, kamen erst Jahrhunderte später – etwa im Zug der Aufklärung – außer Gebrauch.

Daher ist der Weihrauch in nachreformatorischer Zeit im lutherischen Gottesdienst noch relativ oft anzutreffen. Die Belege[107] sind vielfältig: Im Magdeburger Dom hängte der Küster vor Beginn des Abendmahls ein silbernes Rauchfass an einer Säule auf. In Winkel bei Allstedt wurde bis 1726 in der Christmette geräuchert. In Langenholzen und weiteren Kirchen rund um Alfeld (Leine) wurden noch im 18. Jahrhundert – also mehr als zweihundert Jahre nach der Reformation – neue Rauchfässer angeschafft.[108] Bis 1884 wird in den beiden Kirchen Arnstadts mit silbernen Räucherpfannen inzensiert, und auch im 20. Jahrhundert fehlen die Belege nicht: Mühlhausen, Erfurt und nicht zuletzt Marburg, wo die Gemeinde sich 1852 entschloss, „den alten Ritus des Räucherns" in der Elisabethkirche wieder aufzunehmen, ihn bis 1914 fortsetzte und das Rauchfass noch heute an einem der Chorpfeiler hängt.

Dass sich im 18. Jahrhundert ein evangelischer Theologe mit dem Weihrauch beschäftigt, ist mindestens bemerkenswert.[109] Seit dem 19. Jahrhundert gibt es einzelne Versuche, dem Weihrauch zu einer breiteren Renaissance zu verhelfen.[110] Und auch im 20. Jahrhundert gab es punktuell kaum Berührungsängste mit dem Weihrauch, beispielsweise im Rahmen ökumenischer Feiern oder besonderer Gottesdienste des Weltluthertums.[111] In jüngerer Zeit scheint sich die evangelische Kirche dem Weihrauch auch jenseits hochkirchlicher Zirkel wieder mit größerer Unvoreingenommenheit und ehrlichem Interesse zuzuwenden.[112] Dabei mag die gemeinsame Rückbesinnung auf die biblisch begründete Gebetssymbolik des Weihrauchs seine Verwendung auf evangelischer wie katholischer Seite neu und in ökumenischem Sinn befruchten.

Schließlich könnte der in unseren Breiten zunehmende Kontakt mit der Tradition der östlichen Christenheit für die europäische Konfessionslandschaft wie eine Frischzellenkur wirken und eine wichtige Brücke zu den orientalischen Wurzeln des Christentums herstellen. Die Wiederentdeckung des Weihrauchs mag dazu einen bescheidenen Beitrag leisten.

Anhang I

Materialien

1 | Begleitworte

Begleitwort zur Imposition des Weihrauchs

Gepriesen bist du, Herr, unser Gott, Schöpfer der Welt.
Du schenkst uns das Harz der Bäume und das Öl der Pflanzen,
damit ihr Duft den Menschen erfreue und ihn belebe.
Wie dieser Weihrauch aufsteigt,
so steige auch unser Beten vor dir auf,
denn dir allein gebührt Dank, Ehre und Lobpreis in Ewigkeit.

Guido Fuchs, in: Liturgie konkret 1/1990

Begleitwort zur Beräucherung des Kirchenraumes

Im Grab warst du mit dem Leibe,
mit deiner Seele als Gott in der Unterwelt,
im Paradies mit dem Schächer,
saßest auch auf dem Thron mit Vater und Geist
und erfüllest alles, Unendlicher!

Aus der Chrysostomusliturgie

Begleitwort zur Personeninzens

Ihr seid ein auserwähltes Geschlecht,
eine königliche Priesterschaft,
ein Volk, das Gottes Eigentum geworden ist,
damit ihr den Duft der Erkenntnis Christi verbreitet,
der euch berufen hat.

M. P. nach 1 Petr 2,9 und 2 Kor 2,14

2 | Gebete

Annahme und Geistsendung

Weihrauch bringen wir dir dar, Christus, unser Gott,
als Duft geistlichen Wohlgeruchs.
Nimm ihn gnädig an auf deinem himmlischen Altar
und sende uns dafür die Gnade deines Heiligen Geistes.
Darum bitten wir durch Jesus Christus,
deinen Sohn, unseren Herrn und Gott,
der in der Einheit des Heiligen Geistes
mit dir lebt und herrscht in alle Ewigkeit.

Quelle unbekannt

Lobpreis und Erbarmen

Wie Weihrauch steige unser Gebet vor dein Angesicht,
Herr, unser Gott.
Nimm gnädig an unseren Lobpreis
und sende herab dein Erbarmen.
Darum bitten wir durch Jesus Christus,
deinen Sohn, unseren Herrn und Gott,
der in der Einheit des Heiligen Geistes
mit dir lebt und herrscht in alle Ewigkeit.

Klaus Einspieler, Lobe den Herrn 41

Ehre und Erbarmen

Herr, unser Gott,
vom Aufgang der Sonne bis zu ihrem Untergang
preisen die Völker deinen Namen.
Zu deiner Ehre haben wir den Weihrauch entzündet,
der zusammen mit unseren Gebeten zu dir aufsteigt.
Sieh gnädig auf uns
und sende uns herab dein Erbarmen.
Darum bitten wir dich und senden dir Lobpreis empor,
dem Vater und dem Sohn und dem Heiligen Geist,
jetzt und allezeit und in Ewigkeit.

M. P. nach dem koptischen Stundengebet

Duftender Lobpreis

Gepriesen bist du, Herr, unser Gott, Schöpfer der Welt.
Du schenkst uns den Weihrauch,
damit sein Duft unser Herz zu dir emporhebe.
Hilf uns zu werden, was der Weihrauch bezeichnet:
ein Wohlgeruch für die Menschen
und ein Lobpreis deiner göttlichen Herrlichkeit.
Darum bitten wir durch Jesus Christus,
deinen Sohn, unseren Herrn und Gott,
der in der Einheit des Heiligen Geistes
mit dir lebt und herrscht in alle Ewigkeit.

Klaus Einspieler, Lobe den Herrn 41

Duftender Name Gottes

Christus, unser großer Gott,
einziggeborener Sohn und Wort des Vaters,
dein heiliger Name ist wie ausgegossenes Salböl,
und an allen Orten
wird deinem heiligen Namen Weihrauch dargebracht.
Wir bitten dich, Herr, nimm unser Gebet an,
lass es wie Weihrauch vor dir aufsteigen
und sende uns herab deine Gnade
und die Gabe des Heiligen Geistes.
Darum bitten wir dich und senden dir Lobpreis empor,
dem Vater und dem Sohn und dem Heiligen Geist,
jetzt und allezeit und in Ewigkeit.

M. P. nach dem koptischen Stundengebet

Duft der Erkenntnis Christi

Gott,
du hast uns berufen,
den Duft der Erkenntnis Christi, deines Sohnes,
an allen Orten zu verbreiten.
Erhöre unser Gebet,
das sich wie Weihrauch zu dir erhebt.
Mache uns zu einem Wohlgeruch für die Menschen,
damit sie dich erkennen
und einstimmen in das Lob deiner Herrlichkeit.
Darum bitten wir durch Jesus Christus,
deinen Sohn, unseren Herrn und Gott,
der in der Einheit des Heiligen Geistes
mit dir lebt und herrscht in alle Ewigkeit.

Klaus Einspieler, Lobe den Herrn 40

Licht und Weihrauch am Abend

Großer und allerhöchster Gott!
Du wohnst in unzugänglichem Licht.
Du hast das All in Weisheit geschaffen
und das Licht von der Finsternis geschieden.
Du hast die Sonne zur Herrschaft über den Tag gesetzt,
den Mond aber und die Sterne über die Nacht.
In dieser Stunde treten wir vor dein Angesicht
und bringen dir das Abendlob dar.
Menschenliebender Gott,
lass unser Gebet zu dir aufsteigen wie Weihrauch
und nimm es an als duftenden Wohlgeruch.
Gewähre uns einen friedlichen Abend und eine gute Nacht.
Darum bitten wir dich und senden dir Lobpreis empor,
dem Vater und dem Sohn und dem Heiligen Geist,
jetzt und allezeit und in Ewigkeit.

M. P. nach der byzantinischen Vesper

Sündenvergebung

Wie Weihrauch steige unser Gebet auf zu dir,
als abendliches Opfer nimm an die Reue unseres Herzens:
Gesündigt haben wir,
Unrecht haben wir getan,
beladen mit Schuld stehen wir vor dir,
heiliger, gerechter, barmherziger Gott.
Denk an dein Erbarmen,
denn wolltest du der Sünden gedenken, Herr,
wer würde dann noch bestehen?

Schau auf deinen Sohn,
den du für uns zur Sünde gemacht hast.
Wie Weihrauch sich verzehrt und köstlichen Duft verströmt,
so hat er sich selbst dargebracht in der Hingabe seines Lebens.
Am Kreuz hat er betend die Hände zu dir erhoben.
In seinen ausgespannten Armen
hast du alle Menschen in Liebe umarmt
und die Welt mit dir versöhnt.

Schaffe neu unser Herz durch deinen Heiligen Geist
und erfülle es mit der Glut deiner Liebe.
Lass wachsen unter uns den Geist deines Sohnes,
den Geist der Versöhnung und des Friedens.
Wie der Duft des Weihrauchs diesen Raum erfüllt,
so durchdringe Christi Liebe unser ganzes Leben.
Mit seiner Hingabe vereint
steige unser Gebet wie Weihrauch zu dir empor,
als Opfer und Gabe dir zu lieblichem Wohlgeruch.

M. P. nach Hansjakob Becker und Albert Gerhards,
in: Ringseisen, Morgenlob – Abendlob. Fastenzeit – Ostern 72 f

Sündenvergebung

O Gott,
der du die Gaben des Abel,
die Opfer des Noah und des Abraham
und das Rauchwerk von Aaron und Zacharias angenommen hast,
nimm auch aus unserer Hand diesen Weihrauch
zum lieblichen Wohlgeruch und zum Nachlass unserer Sünden
und der Sünden deines ganzen Volkes auf,
denn du bist gepriesen und dir gebührt Ehre,
dem Vater, dem Sohn und dem Heiligen Geist,
jetzt und allezeit und in Ewigkeit.

Aus der Jakobusliturgie

Oration zu Ps 141: Dunkelheit

Gott, du bist bei uns, auch wenn es Abend wird
und sich das Dunkel unseres Lebens bemächtigt.
Nimm an unser Gebet,
das wie Weihrauch zu dir emporsteigt,
und sende herab deine göttliche Gnade.
Darum bitten wir durch Jesus Christus,
deinen Sohn, unseren Herrn und Gott,
der in der Einheit des Heiligen Geistes
mit dir lebt und herrscht in alle Ewigkeit.

Einspieler, Gotteslob 31

Oration zu Ps 141: Tagewerk

Heiliger Gott,
am Abend erheben wir unsere Hände
und bringen unser Tagewerk vor dich.
Nimm es an und lass den Lobpreis unseres Lebens
wie Weihrauch aufsteigen zu dir.
Darum bitten wir durch Jesus Christus,
deinen Sohn, unseren Herrn und Gott,
der in der Einheit des Heiligen Geistes
mit dir lebt und herrscht in alle Ewigkeit.

Gebete zu den Psalmen, St. Ottilien 1995

Oration zum Magnificat

Gott, unser Retter,
dein Arm vollbringt machtvolle Taten,
und mit deinen Gaben beschenkst du uns Tag für Tag.
Dafür danken wir dir und bitten dich:
Lass unser Gebet wie Weihrauch vor dein Angesicht steigen
und sende herab das Erbarmen,
das du unseren Vätern verheißen hast.
Dir sei Lob und Ehre,
dem Vater und dem Sohn und dem Heiligen Geist,
jetzt und allezeit und in Ewigkeit.

M. P.

Oration zum Benedictus

Barmherziger Gott,
täglich neu vollbringst du Taten des Heils
und umhüllst uns mit deiner Liebe.
Darum preisen dich die Völker
vom Aufgang der Sonne bis zu ihrem Untergang
und entzünden Weihrauch zur Ehre deines Namens.
Wir bitten dich:
Vollende an uns dein Erbarmen
und lenke unsere Schritte auf dem Weg des Friedens.
Dir sei Lob und Ehre,
dem Vater und dem Sohn und dem Heiligen Geist,
jetzt und allezeit und in Ewigkeit.

M. P.

Fürbittgebet

Christus, unser Gott,
durch deinen Tod und deine Auferstehung
hast du die Welt erlöst.
Erhöre unsere Bitten,
die zusammen mit dem Weihrauch zu dir emporsteigen:
Steh den Notleidenden bei,
richte die Unterdrückten auf,
heile die Kranken,
sei bei den Einsamen,
verzeihe den schuldig Gewordenen,
behüte die Gerechten,
begleite die Reisenden
und umsorge die Menschen allerorten.
Leite die Hirten deiner Herde
und eine deine Kirche.
Führe die Regierenden,
segne dein Volk
und halte Krieg und Unruhen fern.
Sorge für die Waisen,
hilf den Witwen
und schütze die Fremden.
Gedenke auch der Verstorbenen
und derer, die um sie trauern.
Lass uns dereinst in deinem himmlischen Reich das Fest feiern,
das kein Ende kennt.
Denn deine Barmherzigkeit ist weiter als das Meer,
und dir senden wir den Lobpreis empor,
auch deinem anfanglosen Vater
und deinem lebenspendenden Geist,
jetzt und allezeit und in Ewigkeit.

M. P. nach einem syrischen Sedro (vgl. Heinz 77 f)

Etro am Sonntag

Herr, nimm diese Weihrauchgabe an
und mache uns würdig,
zusammen mit den heiligen Engeln deine Auferstehung kundzutun,
mit deinen Jüngerinnen sie bekannt zu machen
und mit deinen Aposteln uns über deinen Sieg zu freuen.
So senden wir dir die Ehre empor,
auch deinem Vater und dem Heiligen Geist,
jetzt und in alle Ewigkeit.

Heinz 78 f

Etro an Marienfesten

Strahlende Lilie, wohlriechende Rose,
der Duft deiner Heiligkeit hat die ganze Welt
mit Wohlgeruch erfüllt.
Bitte für uns,
auf dass wir den süßen Wohlgeruch Christi verbreiten
und mit ihm die Welt erfüllen.
Lass unseren Weihrauch den Lebenden zum Schutz des Glaubens
und den Verstorbenen zum Heil gereichen,
auf dass wir die ewige Glückseligkeit erlangen
und die Heilige Dreifaltigkeit preisen,
jetzt und in alle Ewigkeit.

Heinz 115

Etro an Weihnachten

Dich beten wir an, Sohn des Vaters und Sohn der Jungfrau,
dich, der du durch deine Geburt im Fleisch Gott offenbart hast.
Du hast uns *den* nahe gebracht, der in der Höhe thront
und hast den Schleier entfernt, der den Verborgenen verhüllt hat.
Du hast unsere Erkenntnis erleuchtet durch das,
was unser Verstand aus sich nicht erkennen kann.
Nimm unseren Weihrauch an
und gib uns das Licht deiner Erkenntnis,
gewähre uns die Vergebung unserer Sünden
und gib Ruhe unseren Verstorbenen.
Dich verherrlichen wir jetzt und in alle Ewigkeit.

Heinz 156

Etro an Ostern

Herr,
  Meer des Wohlgeruchs,
  duftender Hauch des Lebens für jeden Menschen!
Mit wohlriechenden Salben kamen die Frauen
  zu deinem heiligen Leib, um ihn zu salben.
Gib uns die Gnade,
  dass auch wir gleich den frommen Frauen
  bereitwillig hineilen zum Ort,
  wo dein lebenspendender Wohlgeruch strömt.
Mach uns würdig, zusammen mit den klugen Jungfrauen
  in dein ewiges Reich einzutreten
  durch die geistige Auferstehung.
Und alle zusammen preisen wir dich
  und danken dir, jetzt und in alle Ewigkeit. Amen.

Heinz 263

Weitere *etre* zum Kirchenjahr vgl. HEINZ.

3 | Rufe

Versikel zum Weihrauchritus der Laudes

gewöhnlicher Ton

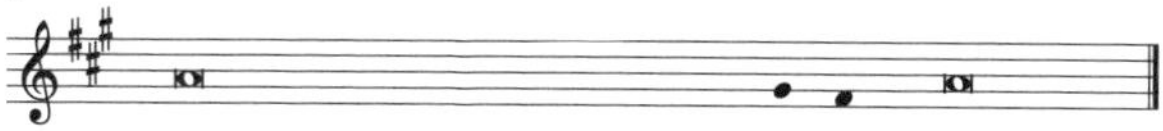

V Vom Aufgang der Sonne bis zu ihrem Untergang
A wird Weihrauch dargebracht deinem Namen.

neumatischer Ton (Osterzeit)

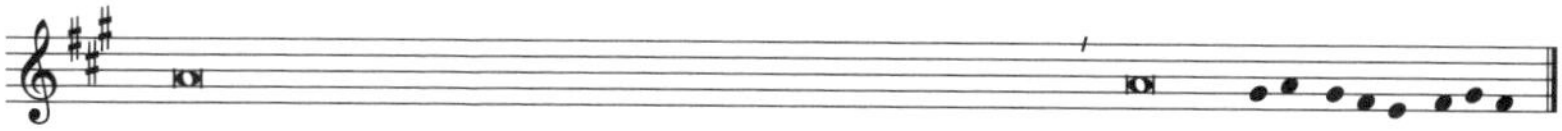

V Vom Aufgang der Sonne bis zu ihrem Untergang, hallelu-ja,
A wird Weihrauch dargebracht deinem Namen, hallelu-ja.

einfacher Ton (Bußzeiten)

V Vom Aufgang der Sonne bis zu ihrem Untergang
A wird Weihrauch dargebracht deinem Namen.

Antiphon zum Weihrauchritus der Laudes

V/A Vom Aufgang der Sonne bis zum Untergang

wird Weihrauch dargebracht deinem Namen.

T: Mal 1,11; M: Michael Heigenhuber

Versikel zum Weihrauchritus der Vesper

gewöhnlicher Ton

V Aufsteige mein Gebet
A wie Weihrauch vor dein Angesicht.

neumatischer Ton (Osterzeit)

V Aufsteige mein Gebet, hallelu-ja,
A wie Weihrauch vor dein Angesicht, hallelu-ja.

einfacher Ton (Bußzeiten)

V Aufsteige mein Gebet
A wie Weihrauch vor dein Angesicht.

Antiphon zum Weihrauchritus der Laudes

V/A Wie Weihrauch steige mein Gebet vor dir auf, Herr, du mein Gott.

T: Ps 141,2; M: Antiphonale zum Stundengebet

Weitere Antiphonen nach Ps 141,2 im Gotteslob Nr. 97 und 98.

4 | Gemeindevesper und Predigtgottesdienst

Das folgende Modell folgt der Tradition des altkirchlichen gemeinsamen Abendgebets in den Gemeindekirchen (vgl. Seite 96 ff). Während klösterliches Beten von Psalmen geprägt ist, lag der Schwerpunkt gemeindlichen Betens auf „erlebbaren" Riten. Die Gemeindevesper bestand denn auch aus drei Elementen: dem Lichtritus, dem Weihrauchritus und dem allgemeinen Fürbittgebet.

Zu Beginn tritt der Liturge zum Licht (z. B. zur zentral aufgestellten Osterkerze) oder trägt es selbst herein. Nach dem Eröffnungsruf wird das Licht in der Kirche ausgeteilt. Dazu singen alle den Hymnus. Abschließend spricht der Liturge die Oration.

Nun kann ein Verkündigungsteil eingeschoben werden. Es eignet sich beispielsweise der Verkündigungsteil der Tagesmesse von (erster) Lesung bis Evangelium. Ein einzelner Schrifttext, der von einem kurzen Responsorium oder einem Psalm beantwortet wird, könnte in geeigneter Weise zu einer besonderen Predigt hinführen. Die klassische Folge wäre der mehrfach wiederholbare Dreiklang aus Lesung, Psalm und Oration, wie er aus der Osternacht bekannt ist.

Sodann legt der Liturge Weihrauch ein, erhebt das Gefäß und stimmt die Akklamation an. Verse aus Psalm 141 begleiten das Aufsteigen des Weihrauchs, mit dem auch der Altar oder die gesamte Kirche inzensiert werden kann. Zu festlichen Anlässen eignet sich auch Psalm 104. Den Abschluss bildet abermals die Oration am Altar.

Der dritte Teil besteht aus einem Fürbittgebet mit abschließendem Vaterunser.

Ein Segenswort, zu dem der Liturge die Gemeinde mit Weihwasser besprengen kann, schließt die Gemeindevesper ab.

Die Hymnen, die Orationen und Fürbitten im folgenden Modell können selbstverständlich durch andere Stücke ersetzt bzw. erweitert werden. Die Gesänge sind jedoch bewusst einfach und nach wiederkehrendem Muster gestaltet. So sind sie nach kurzer Zeit auswendig beherrschbar, weshalb sowohl die Gemeinde wie auch der Liturge auf Textvorlagen verzichten können. Ideal ist es, wenn alle Texte kantilliert werden.

Der Ritus ist klar strukturiert und schlicht. Gleichwohl ist er äußerst sinnenfällig und empfiehlt sich daher besonders als gegengewichtiger Rahmen zu einer Predigt oder einem Wortgottesdienst. Je nach Ausgestaltung eignet er sich zur Feier mit einer großen Gemeinde oder einer kleinen Gruppe.

Weitere Orationen auf *www.incens.de*

LICHTRITUS

ERÖFFNUNGSGRUSS

HYMNUS

T: Neues Stundenbuch 1970
M: Michael Pfeifer 2002

ORATION

V: Lasset uns beten. *— Stille —*

Wir sagen dir Dank, ewiger Vater, durch deinen Sohn Jesus Christus.
Er ist unser Herr, durch den du uns erleuchtet hast,
indem du das unvergängliche Licht in ihm offenbartest.
Nun haben wir den Lauf des Tages vollendet
und sind angelangt an der Schwelle des Abends.
Du hast uns gesättigt mit dem Licht des Tages,
das du zu unserem Nutzen geschaffen hast.
In deiner Güte schenkst du uns nun das Licht des Abends.
Darum loben und verherrlichen wir dich
durch deinen Sohn Jesus Christus, unseren Herrn,
durch den dir Herrlichkeit, Macht und Ehre ist
zusammen mit dem Heiligen Geist jetzt und in alle Ewigkeit.

A: Amen.

LESEGOTTESDIENST

An dieser Stelle können Lesungen eingeschoben werden. Es eignet sich beispielsweise der Verkündigungsteil der Tagesmesse von (erster) Lesung bis Evangelium. Ein einzelner Schrifttext, der von einem kurzen Responsorium oder einem Psalm beantwortet wird, könnte in geeigneter Weise zu einer besonderen Predigt hinführen. Die klassische Folge wäre der mehrfach wiederholbare Dreiklang aus Lesung, Psalm und Oration, wie er aus der Osternacht bekannt ist. Denkbar ist auch, an dieser Stelle die Psalmodie des Stundengebets einzufügen.

WEIHRAUCHRITUS

AKKLAMATION

PSALM 141

M: Michael Pfeifer 2002

ORATION

V: Lasset uns beten. *— Stille —*

Wie Weihrauch steige unser Gebet vor dein Angesicht,
Herr, unser Gott.
Nimm gnädig an unseren Lobpreis
und sende herab dein Erbarmen.
Darum bitten wir durch Jesus Christus,
deinen Sohn, unseren Herrn und Gott,
der in der Einheit des Heiligen Geistes
mit dir lebt und herrscht in alle Ewigkeit.

A: Amen.

ALLGEMEINES GEBET

KYRIE-LITANEI

V: Lasset uns beten zum Herrn.

A: Ky - ri - e e - - lei-son.

V: Für unseren Papst *N.*, unseren Bischof *N.*, unseren Pfarrer *N.*,
für alle Bischöfe, Priester und Diakone,
für alle, die zu einem besonderen Dienst in der Kirche bestellt sind,
lasset uns beten zum Herrn. A: **Kyrie eleison.**

V: Für die Gemeinde des (der) hl. *N.*,
für alle ihre Mitarbeiter und Wohltäter,
für alle, die ihr im Gebet verbunden sind,
lasset uns beten zum Herrn. A: **Kyrie eleison.**

V: Für die Völker der Erde,
für unser Land und diese Stadt *N.* (diese Ortschaft *N.*)
und alle, die darin leben,
lasset uns beten zum Herrn. A: **Kyrie eleison.**

V: Für die Opfer von Krieg, Gewalt und Katastrophen,
für alle, die unter Hunger, Armut und Unterdrückung,
unter Krankheit, Schuld oder Einsamkeit leiden,
lasset uns beten zum Herrn. A: **Kyrie eleison.**

V: Für alle, denen wir unser Gebet versprochen haben *(evtl. N.)*,
für den, der jetzt neben uns steht,
und für alle, an die niemand denkt,
lasset uns beten zum Herrn. A: **Kyrie eleison.**

V: Für die im Glauben an Christus Entschlafenen *(evtl. N.)*
und für die um sie Trauernden
lasset uns beten zum Herrn. A: **Kyrie eleison.**

VATER UNSER

ENTLASSUNG

V: Der Herr segne uns, er bewahre uns vor Unheil
und führe uns zum ewigen Leben.

A: Amen.

5 | Gesänge und Meditationen

Salzburger Weihrauchpsalm

Kehrvers GL 97:
Wie Weihrauch steige mein Gebet vor dir auf,
mein Herr und mein Gott. (Halleluja.)

Dir zur Ehre hat Aaron jeden Abend die Lampen entzündet, *
und zu deinem Lob verbrannte er duftendes Räucherwerk.
Auch ich will dir ein Opfer des Dankes bringen *
und ausrufen deinen heiligen Namen. – *(Kv.)*

Freudig bringe ich dir mein Opfer dar *
und lobe deinen Namen, denn du bist gütig.
Herr, nimm mein Lobopfer gnädig an *
und lehre mich deine Entscheide. – *(Kv.)*

Meine Lippen sollen überströmen von Lobpreis, *
denn du lehrst mich deine Weisung.
Wie ein Rauchopfer steige mein Gebet vor dir auf, *
als Abendopfer gelte, wenn ich meine Hände erhebe. – *(Kv.)*

Wohlan, nun preiset den Herrn, *
die ihr stehet im Hause des Herrn.
Erhebet eure Hände zum Heiligtum *
und preiset den Herrn. – *(Kv.)*

Ehre sei dem Vater und dem Sohn *
und dem Heiligen Geist,
wie im Anfang, so auch jetzt und alle Zeit *
und in Ewigkeit. Amen. – *(Kv.)*

Weihrauchmeditation

Ein Weihrauchkorn,
klein, bunt, aus vielen Harzen.
Allein verloren,
in der Masse verschwindend
und doch wichtig wie jedes andere Weihrauchkorn.
Es erinnert an einen Menschen,
gestaltet und mit vielen Begabungen.
Allein verloren,
in der Masse verschwindend
und doch einzigartig wie jeder andere.
Das Weihrauchkorn,
auf glühende Kohle gelegt,
verbrennt und löst sich auf,
verströmt seine Würze.
Als Duftwolke und Augenweide
allen Sinnen zum Zeichen:
Gott ist mit uns.
Von Gott den Menschen geschenkt,
die Welt zu erwärmen: Feuer der Liebe.
Glut, leuchtendes Leben,
pulsierend, flackernd, jäh lodernd,
an der wir uns entzünden,
Feuer und Flamme werden.
In seinem Geist Liebe verströmen,
Duft und Würze des Lebens
füreinander auf ihn zu.

Nach N. Frantzen / R. Weber

Meditierende Zeichenhandlung

In der Mitte der Versammelten steht eine Schale mit Glut. Weihrauchkörner werden aufgelegt. „Wir beenden diesen Tag mit einem Zeichen. Es ist ein vielsagendes Zeichen. Wir lassen uns etwas von ihm sagen."

Ein weiteres Mal werden Weihrauchkörner aufgelegt und die Versammelten dazu eingeladen, in Worte zu fassen, was ihnen das Zeichen gesagt hat.

Ein Schriftwort (Ps 141,2 oder Offb 5,8) vertieft die Eindrücke und führt in den Symbolgehalt ein.

„Was ich jetzt sehe und erlebe, geschieht in mir, geschieht vor Gott:

Das Aufsteigen der Gedanken, der Sehnsucht zu Gott hin, der Ehrfurcht, der Anbetung, der Hingabe.

Verwandeltwerden in dieses Aufsteigen, in Lobpreis, Anbetung, das Einswerden mit den anderen neben uns.

Christus ist unsere Glut, in die wir fallen, die uns verwandelt, die uns zum Lobpreis Gottes und zur Einheit mit den anderen bringt und uns hineintreibt in den, den die Welt erwartet."

Nach Klemens Tilman, in: Meditation 6 (1960) 18

Weihrauchmeditation für einen Bußgottesdienst in der Quadragesima

In Südarabien und in Somalia wachsen Bäume,
  die ein besonderes Harz in sich tragen.
Es tritt nach außen, wenn der Baum verletzt wird.
Das Harz fließt aus den Wunden der Bäume.
An der Luft wird es hart.
Es verschließt die Verletzungen und schützt so den Baum.
Das Harz des Boswellia-Baumes ist ein besonderes Harz.
Beim Verbrennen entsteht balsamartiger Duft: Weihrauch.
Weihrauchkörner sind hartgewordene Wunden.
Jedes Korn hat seine eigene Größe, Form und Farbe.
Jedes Korn ist für sich zu einem kleinen, harten Schutzpanzer geworden.
Wir selbst spüren das ähnlich.
Wenn wir enttäuscht oder verletzt werden, wenn wir schuldig werden,
  bleibt manchmal eine harte Stelle zurück.
Diese harten Stellen in uns bleiben uns häufig verborgen.
Wir sehen sie nicht gerne an, suchen nicht nach ihnen.

Menschen sagen, dass sie hart geworden sind in ihrem Leben.
Die vielen Verletzungen haben sie hart gemacht.
Sie sind wie die Bäume, die sich mit festem Harz schützen,
ihre Wunden abdecken.
Das Harz der Bäume wird gesammelt und verbrannt.
Aus dem Wundharz wird ein wunderbarer Duft.
Wie ist das bei uns:
Was wird aus unseren Narben, Wunden und Verhärtungen?
„Durch seine Wunden sind wir geheilt",
verkündet der erste Petrusbrief.
Durch seine Wunden sind wir geheilt!
Wenn wir in uns hineinschauen,
entdecken wir vieles, was uns immer noch schmerzt,
vieles, was bei uns und bei anderen
immer wieder neue Wunden verursacht.
Wir entdecken sie immer wieder,
die hartgewordenen Stellen in unserem Innern:
Neid, Wut, Bitterkeit,
Minderwertigkeitsgefühl, Beleidigtsein, Zerrissenheit,
Süchte, Ängste.
Wie oft haben wir mit viel gutem Willen versucht,
uns zu ändern, heil zu werden
– und es ist uns nicht gelungen.
Wir sehen unsere wunden Punkte und können sie selbst nicht heilen.
Es wird zur Frage unseres Glaubens:
Gibt es den Arzt, den Retter, den Heiland?
Die Heilige Schrift spricht von keinem anderen.
Alle, die darin zu Wort kommen, bezeugen ihn:
der auf den Gelähmten zugeht, der sich nicht mehr bewegen konnte,
der die Hand heilt, die verdorrt war und verhärtet,
der den Weg der Heilung durch den Tod hindurch geht.
Und so begegnet uns Gott,
der das verlorene Schaf sucht,
der den Sohn bei seiner Rückkehr in die Arme schließt,
der uns Menschen nicht verwundet und mit dem Tod allein zurücklässt.
Niemand muss aus eigener Kraft umkehren,
um den Rückweg zu finden.

Gott wendet sich unserer Verlorenheit zu,
um gerade dort das Wunder seiner Liebe deutlich zu machen,
wo wir selbst es vielleicht schon aufgeben wollten,
an Wunder zu glauben.
Von Beginn an befinden wir uns in der Liebe Gottes,
die früher und mächtiger ist
als unser eigenes Herz und seine Regungen.
Umkehr bedeutet dann zuerst,
in diesem Glauben aufzubrechen zur Liebe Gottes.
Uns bleibt da nur,
unsere eigenen Verwundungen, unser Leben,
uns selbst mit unserer Zerrissenheit,
mit allem, was uns aufreibt und zerreibt,
Gott hinzuhalten.
Das Zeichen des Weihrauchs kann uns zeigen:
Das kleine, harte und unnachgiebige Weihrauchkorn ist nicht alles
und nicht das Letzte:
Die glühende Kohle macht es wieder weich,
verwandelt es in wohlriechenden, leicht aufsteigenden Rauch.
Das Weihrauchkorn, ein Zeichen,
dass die Verhärtungen, Verletzungen und Verwundungen eines Lebens
verwandelt werden,
dass ein Segen in ihnen ist.
Legen wir, was verhärtet ist in uns,
wie Weihrauchkörner hinein in die dauerhafte Glut der Liebe Gottes,
die sich stärker erwiesen hat als der Tod.
Für uns Christen bedeutet Jesu Leiden,
sein Tod und seine Auferstehung diese Verwandlung:
„Durch seine Wunden sind wir geheilt!"

Quelle unbekannt

Weitere Materialien auf *www.incens.de*

Anhang II

Anmerkungen

Einleitung und Abschnitt 1

1 Gregor BÖCKELER, Die Sakramentalien, in: Die betende Kirche (hg. von der Abtei Maria Laach), Berlin 1924, 420.

2 Vgl. zur Aromatherapie: Christine STEAD, Aromatherapie. Heilen mit ätherischen Ölen, Düsseldorf ^{2}1989; zur Wirtschaft: Hans KNOBLICH / Bernd SCHUBERT, Marketing mit Duftstoffen, München 1989.

3 Vgl. die diesbezügliche Meldung in der Main-Post vom 30. Juni 1992, 6.

4 Dass hier interessante Entdeckungen zu machen sind, belegen die Forschungen von Helmut Schatz, siehe Seite 186.

5 Vgl. FUCHS, Stundengebet.

6 Einen ausführlichen und wohlfundierten Überblick über die in dieser Einleitung angerissenen Themenfelder, über Biologie, Geographie, Chemie und Medizin sowie kulturgeschichtliche Aspekte, bieten MARTINETZ/LOHS/JANZEN. MARTINETZ und LOHS beschäftigten sich an der Forschungsstelle für Chemische Toxikologie der Akademie der Wissenschaften der DDR in Leipzig jahrelang mit der Analyse des Weihrauchs und sind schon früher mit Veröffentlichungen zum Thema hervorgetreten; vgl. Karlheinz LOHS / Dieter MARTINEZ, Olibanum. Die Weihrauch-Droge, in: Naturwissenschaftliche Rundschau 36 (1983) 97–102 und die dort angegebene Literatur.

7 Botanische Beschreibungen finden sich bei H. J. CARTER, A Description of Frankincense Tree of Arabia with Remarks on the Misplacement of the »Libanophorous Region« in Ptolemy's Geography, in: Journal of the Bombay Branch of the Royal Asiatic Society of Great Britain and Ireland 2 (1848, Reprint: 1969) 380–390. Nach CARTER benannte BIRDWOOD späterhin dann eine der Boswellia-Arten; vgl. George BIRDWOOD, On the Genus Boswellia, in: Transactions of the Linnean Society 27 (1870) 111–148. Die erste Erfassung als *nova species* in einem Lehrbuch findet sich 1867: Friedrich August FLÜCKIGER, Lehrbuch der Pharmakognosie des Pflanzenreiches. Naturgeschichte der wichtigeren Arzneistoffe vegetabilischen Ursprungs, Berlin/London/Paris 1867, 31–34. Aus neuerer Zeit ist zu erwähnen F. Nigel HEPPER, Arabian and African Frankincense Trees, in: Journal of Egyptian Archeology 55 (1969) 66–72.

8 Wegen des astparallelen Verlaufs der Kapillaren genügt ein oberflächliches Abschaben, ein tiefes Einkerben ist nicht erforderlich und würde dem Baum schaden; vgl. Jörg JANZEN / Fred SCHOLZ, Die Weihrauchwirtschaft Dhofars (Sultanat

Oman), in: Innsbrucker geographische Studien 5 (1979) 501–541, hier 510. Zum Folgenden vgl. ebd. 532.

9 Johann Ernst BAER, Experimenta chemica cum Gummi-Resins nonnullis instituta, Erlangen 1788. Weitere Angaben zur Forschungsgeschichte bei MARTINEZ/LOHS/JANZEN 153.

10 H.-G. FÄHRMANN, Harze und ihre therapeutische Anwendung in der Medizin, Jena 1949, 25. Vgl. auch Oscar HALBEY, Über das Olibanum, Bern 1898; Laszló VÉRTESY, Über die neutralen Sesqui- und Triterpene des Weihrauchs, in: Monatshefte für Chemie 98 (1967).

11 Vgl. Günther OHLOFF, Riechstoffe und Geruchssinn. Die molekulare Welt der Düfte, Berlin u. a. 1990, 184.

12 Beispiele bei Walter W. MÜLLER, Weihrauch in der Antike, in: Deutsche Apotheker-Zeitung 117 (1977) 74, sowie Diether KELLERMANN, Art. לבנה lebonah, in: ThWAT IV 454–460, hier 460. Auch in Alt-Südarabien galt der Weihrauch als *materia medica*. Armin SCHOPEN, Traditionelle Heilmittel im Jemen, Wiesbaden 1983, 162 f, nennt z. B. folgende Indikationen: mit Mandelöl als Hustensaft, Räucherungen gegen bösen Blick und bei Nervenleiden, als Kaugummi besonders bei Schwangeren beliebt.

13 Vgl. LOHS/MARTINETZ 101 f. Der Aufsatz hatte seit Anfang der 1980er Jahre immer wieder reißerische Artikel in der Tagespresse und in Magazinen zur Folge; vgl. z. B. auch Hermann SÜLBERG, High Noon auf dem Petersplatz, in: Merian 12/1984. Dort heißt es etwas salopp: „… eine Hundertschar von Touristen lauscht andächtig, schnuppert Weihrauch, von dem man noch nicht mit letzter Sicherheit weiß, ob er nun den Haschisch-Wirkstoff Tetrahydrokannabinol enthält oder nicht. Der alte, gemütliche Herr, der den Kübel schwenkt, hat jedenfalls einen beeindruckend friedlichen Ausdruck im Gesicht, als ob er sich sieben mal die Woche ordentlich bekiffen lassen dürfte – ein schöner Beruf." Auch im Herbst 1993 wurde die Frage wieder in der deutschen Öffentlichkeit diskutiert; vgl. z. B. Hasch im Weihrauch: Messe ein »High-Amt«?, in: Münchner Merkur, 22. Oktober 1993, 6. — Von konkreten Krankheitsbildern, die durch Weihrauch hervorgerufen worden sind, berichten BASTO/AZENHA, Contact Dermatitis Due to Incense, in: Contact Dermatitis 24 (1991) 312 f, sowie Göran LÖFROTH u. a., Indoor Sources of Mutagenic Aerosol Particulate Matter – Smoking, Cooking and Incense Burning, in: Mutation Research 261 (1991) 21–28.

14 LOHS/MARTINETZ 102. Die Opfernden aller Religionen haben nicht umsonst dem Weihrauch stets eine die Gottheit besänftigende Wirkung zugesprochen (vgl. z. B. Gen 8,21).

15 Michael PLANK, Sinnesrausch oder Gotteserlebnis. Weihrauch als Droge?, in: Heiliger Dienst 55 (2001) 281–292, hier 287. Seit der Dissertation von Michael KESSLER (Zur Frage nach psychotropen Stoffen im Rauch von brennendem Gummiharz der Boswellia sacra, Basel 1991) hat die Fachwelt die These ohnehin weitgehend fallen lassen. Dagegen beschrieben Forscher des Israelischen Weizmann-Instituts jüngst die psychoaktive Wirkung von Weihrauch; vgl. Ariel Moussaieff u. a., Incensole acetate, an incense component, elicits psychoactivity by activating TRPV3 channels in the brain, in: FASEB Journal 2008, 3024–3034. Auch für Kriminalisten scheint die Frage interessant; vgl. Gisela Skopp / Georg Schmitt, Führt die Einnahme von indischem Weihrauch zu einem positiven Tetrahydrocannabinolbefund im Blut?, in: Archiv für Kriminologie 229 (2012) 154–163.

16 Typische Anwendungsgebiete waren z. B. Husten, Atemnot, Magen-Darm-Erkrankungen, Hautausschlag, Wundpflaster. Zu klinischen Studien vgl. *www.boswellia.org*.

17 H. P. Ammon / H. Safayhi, Mechanism of antiinflammatory actions of curcumine and boswellic acids, in: Journal Ethnopharmacol 38 (1993) 113–119. Seither sind zahlreiche Studien zum Thema erschienen; vgl. Hermann Ammon, Weihrauch – Anwendung in der westlichen Medizin. Historische Anwendung und neue naturwissenschaftliche Erkenntnisse, Heidelberg 2017.

18 Vgl. Rebekka Zirbel, Weihrauch-Harz: Einsatz in der integrativen Medizin. Auswahlkriterien für das therapeutisch wirksame Harz und Einnahmekriterien als Grundlage für eine erfolgreiche Therapie, in: OM & Ernährung 136 (2011) F 24, 2, 4. Dass auch Duftstoffe medizinische Wirkung entfalten, zeigen u. a. die Forschungen von Hanns Hatt, zuletzt bzgl. Darmkrebs: Activation of odorant receptor in colorectal cancer cells leads to inhibition of cell proliferation and apoptosis, in: PLOS One, 2017.

19 Vgl. Zirbel 3 f.

20 Vgl. S. Kirste u. a., Boswellia serrata acts on cerebral edema in patients irridiated for brain tumors, in: Cancer 117 (2011) 3788–3795.

21 Aufschluss gibt die Hochleistungsflüssigkeitschromatographie (HPLC); vgl. Zirbel 6.

22 Zur Geographie des Weihrauchbaumes vgl. die Aufsätze von Gus W. van Beek, Frankincense and Myrrh in Ancient South Arabia, in: Journal of the American Oriental Society 78 (1958) 141–152; ders., Ancient Frankincense-Producing Areas, in: Richard Bowen (Hg.), Archeological Discoveries in South Arabia, Baltimore 1959, 139–142; ders., Francincense and Myrrh, in: BA 23/3 (1960) 70–95. Darüber hinaus Nigel Groom, The Frankincense Region, in: Proceedings of 10th Seminar, Cambridge 1976; Hermann von Wissmann, Das Weihrauchland Sa'kalan, Samarum und Mos-cha, Wien 1977. Für die folgende, mikrogeographische und klimatologische Einordnung vgl. v. a. Janzen/Scholz.

23 Herodot (Hist III 107) berichtet von geflügelten Schlangen als Wächter der Weihrauchhaine. Sie müssten zur Erntezeit durch Storax-Rauch vertrieben werden.

24 Vgl. Klaus Christof / Renate Haass, Weihrauch. Der Duft des Himmels, Dettelbach 2006, 77–79; Janzen/Scholz 517–535; Jörg Janzen, Dhofar – Vom Weihrauchland zum Erdölland, in: Orient 23 (1982) 600–649. — Durch die instabile politische Lage in Jemen, Äthiopien und Somalia sind die Preise großen Schwankungen unterworfen. 1979 kostete trotz zollfreier Einfuhr ein Kilogramm Weihrauch etwa 20 DM. Fünf Jahre später war mehr als das Doppelte zu veranschlagen. In den 1990er Jahren sank der Preis wieder.

25 Vgl. CHRISTOF/HAASS 79.

26 Vgl. Hartmut FIEBIG, Weihrauchland. Auf alten Handelswegen von Muskat nach Mokka, München 2010, 122.

27 Diese Informationen und Angaben zum aktuellen Weihrauchmarkt verdanke ich Gerhard Eggebrecht, Süderau, dessen Firma seit 1929 im Weihrauchimport tätig ist. Weihrauch aus Somalia wird aktuell (2018) für ca. 40 Euro pro Kilogramm gehandelt. In Oman konfektioniertes Harz (oft gleicher Provenienz) kostet dagegen leicht das Doppelte.

28 Allerdings wird auch von Wiederaufforstungen berichtet. 2006 seien in Äthopien 14 000 Bäume neu gepflanzt und damit 5000 neue Arbeitsplätze geschaffen worden; vgl. Meldung in: Christ in der Gegenwart 59 (2007) 2.

29 Vgl. die Angaben bei Walter W. MÜLLER, Art. Weihrauch, in: RECA Suppl. XV 700–777, hier 734 f. Die in der Antike geläufige Bezeichnung *Arabia felix* für die weihrauchproduzierenden Küstenregionen Südarabiens beruht möglicherweise auf einem Missverständnis der mehrdeutigen semitischen Wurzel *YMN – rechts*. Jemen ist zunächst das, wenn man sich gen Sonnenaufgang wendet, rechter Hand liegende Gebiet. Weil die rechte Seite Glück bedeutet, kann *Jemen* auch *glückverheißend, glücklich* beinhalten; vgl. Walter W. MÜLLER, Alt-Südarabien als Weihrauchland, in: ThQ 149 (1969) 350–368. – Zum Weihrauchhandel vgl. die umfassende Darstellung von Alfred SCHMIDT, Drogen und Drogenhandel im Altertum, Leipzig 1927; MÜLLER, Südarabien 361–363; Nigel GROOM, Frankincense and Myrrh. A Study of Arabian Incense Trade, London 1981; Jacqueline PIRENNE, The Incense Port of Moscha (Khor Rori) in Dhofar, in: Journal of Oman Studies 1 (1975); Walter RAUNIG, Bernstein, Weihrauch, Seide. Waren und Wege in der antiken Welt, Wien/München 1971; Brian DOE, The *WD'B* Formula and the Incense Trade, in: Seminar for Arabian Studies 12 (1979) 40–44. Den Weihrauchhandel Dhofars seit dem 17. Jahrhundert bis heute beschreiben JANZEN/SCHOLZ sowie CHRISTOF/HAASS.

30 Vgl. Jes 60,6; Jer 6,20; 1 Kön 10,1–10.

31 Die Unzugänglichkeit des Terrains in Ostjemen und das Fehlen von Überbleibseln historischer Karawanenstraßen legen nahe, dass die dhofarische Ernte per Schiff von der dortigen hadramautischen Handelskolonie Samhuram (Moscha) an der Küste nach Jemen exportiert wurde; vgl. FIEBIG 121.

32 Vgl. MARTINETZ/LOHS/JANZEN 49. Mit dem Auffinden der Stadt Ubar im Süden Omans konnte 1992 die Annahme einer direkten Verbindung zwischen Mos'cha und Gerrha auch archäologisch wahrscheinlich gemacht werden; vgl. Metropole des Weihrauchs, in: Der Spiegel 8/1992, 220 f.

33 Zum Verlauf der Weihrauchstraße vgl. v. a. BEEK 1958, 144–148; Adolf GROHMANN, Südarabien als Wirtschaftsgebiet, Wien 1922; Carl RATHJENS, Die Weihrauchstraße in Arabien. Die älteste Welthandelsstraße, in: Tribus 2/3 (1952/53) 257–304; Klaus DORNISCH, Die Weihrauchstraße. Ein vergessener Welthandelsweg der Antike, in: Nürnberger Blätter zur Archäologie 10 (1993) 9–30; Hartmut FIEBIG, Weihrauchland. Auf alten Handelswegen von Muskat nach Mokka, München 2010; Joachim WILLEITNER, Die Weihrauchstraße, Darmstadt 2013.

34 Hochgerechnet müsste ein Kilogramm Weihrauch heute bis zu 500 Euro kosten (vgl. MÜLLER, Weihrauch 734–737). Allein der Zoll in Saba betrug ein Drittel des dortigen Warenwertes (vgl. Walter W. MÜLLER, Der Weihrauchhandel der Südaraber in der Antike, in: Werner Daum [Hg.], Die Königin von Saba, Stuttgart 1988, 49–54, hier 50). Wenn Weihrauch in Rom dennoch als Spende der Armen galt, dann deshalb, weil in der Regel nur äußerst geringe (mit Daumen, Zeige- und Mittelfinger greifbare) Mengen gespendet wurden (vgl. PFISTER, Art. Rauchopfer, in: RECA I A 267–286, hier 280 f).

35 Unter den griechischen Schriftstellern ist Artemidoros von Ephesos (um 100 v. Chr.) der erste, der davon berichtet (Strabon XVI 4,4).

36 Vgl. Jürgen TUBACH, Art. Weihrauch. Religionsgeschichtlich, in: TRE 35 (2003) 472–475, hier 472.

37 Vgl. FIEBIG 122; DORNISCH 24.

38 Über eine Kultivierung des Weihrauchs in Ägypten ist allerdings nichts bekannt; vgl. F. Nigel HEPPER, An Ancient Expedition to Transplant Living Trees, in: Journal of the Royal Horticultural Society 92/10 (1967); D. M. DIXON, The Transplantation of Punt Inchense Trees in Egypt, in: Journal of Egyptian Archeology 55 (1969) 55–65. — Das Importland Punt wirft beim Versuch der Identifikation zahlreiche Probleme auf. So wird es häufig ans Horn von Afrika verlegt, in Südarabien gesucht, am Oberlauf des Nils vermutet oder auch dann und wann ins Reich der Legende verwiesen. Mit dem „Puntproblem“ beschäftigt sich über die genannten Aufsätze hinaus v. a. auch MÜLLER, Weihrauch 739 ff.

39 Vgl. Walter W. MÜLLER, Rezension zu: NIELSEN, Incense in Ancient Israel, in: BO 44 (1987) 743–750, hier 744. Nach Auskunft der Bibel kam die ismaelitische Karawane von Gilead (Westjordanland) und transportierte die Räucherharze Tragakant, Mastix und Ladanum. Da der Stamm der Ismaeliter den Übergang der Weihrauchstraße nach Palästina kontrollierte, lässt sich vermuten, dass auch sie am Handel mit südarabischen Spezereien beteiligt waren.

40 Vermutlich steht keine Bildung aus ο λιβανος im Hintergrund (vgl. MÜLLER, Weihrauch 706). Einschlägig zur Etymologie ist Walter W. MÜLLER, Zur Herkunft von λιβανος und λιβανωτος, in: Glotta 52 (1974) 53–59.

41 Vgl. BONNET, RÄRG 625.

42 Vgl. Max LÖHR, Das Räucheropfer im AT, Halle 1927, 190.

43 So MÜLLER, Incense 744 unter Verweis auf Renate GERMER, Art. Weihrauch, in: Lexikon der Ägyptologie, Wiesbaden 1986, IV 1167–1169, gegen Kjeld NIELSSEN, Incense in Ancient Israel [VT Supplements 38], 1986, 13–15, der sich seinerseits auf Victor LORET, Le Résine de Térébinthe (sonter) ches les Anciens Égyptiens [Recherches d'archéologie de philologie et d'histoire 19], Kairo 1949, 32 bezieht.

44 Vgl. MÜLLER, Incense 744.

Weihrauch im Alten Orient

1 Vgl. R. Sigismund, Die Aromata in ihrer Bedeutung für Religion, Riten, Gebräuche, Handel und Geographie des Altertums bis zu den ersten Jahrhunderten unserer Zeitrechnung, Leipzig 1884; Allen H. Godbey, Incense and poison ordeals in ancient orient, in: The American Journal of Semitic Language and Literature 46 (1930) 217–238.

2 Einen Eindruck der Problematik in einigen altarabischen Idiomen gibt Walter W. Müller, Incense, dort auch weitere Literatur.

3 Vgl. Walter W. Müller, Notes on the Use of Frankincense in South Arabia, in: Proceedings of 9th Seminar (Seminar of arabic studies) 6 (London 1975) 124–136, hier 127; ders., Südarabien; Josef Henninger, Das Opfer in den altsüdarabischen Hochkulturen, in: Anthropos 37/40 (1942–45) 779–810.

4 Näheres dazu bei Müller, Notes 128 f. Auch zur Weihrauchverwendung in der spätprä- und frühislamischen Epoche finden sich hier wertvolle Hinweise. Einen Überblick bis in die neueste Zeit bieten ferner Christof/Haass 89–100.

5 Vgl. Wolfgang Zwickel, Räucherkult und Räuchergeräte. Exegetische und archäologische Studien zum Räucheropfer im Alten Testament [OBO 97], Göttingen 1990, 167.

6 Vgl. Hans Bonnet, Die Bedeutung der Räucherungen im ägyptischen Kult, in: ZÄS 67 (1931) 20–28; Aylward M. Blackman, The Significance of Incense and Libation in Funerary and Temple Ritual, in: ZÄS 50 (1912) 69–75; A. Lucas, Cosmetics, Perfumes and Incense in Ancient Egypt, in: Journal of Egyptian Archeology 16 (1930) 41–53.

7 So nahmen die Ägypterinnen Bällchen aus Weihrauch und Honig als Kaugummi, um einen angenehmen Atem zu haben; vgl. Edward William Lane, Sitten und Gebräuche im heutigen Ägypten, Leipzig 1856; Max Meyerhof, Der Bazar der Drogen und Wohlgerüche in Kairo, in: Archiv für Wirtschaftsforschung im Orient (1918). Eine Liste in Gebrauch befindlicher Aromata (darunter auch *sn-tr*) findet sich bei Bendix Ebbell, Die ägyptischen aromatischen Harze der Tempelinschrift von Edfu, in: Acta Orientalia 17 (1939) 89–111. Vgl. auch Loret. Einen guten Überblick bis in die neueste Zeit bieten ferner Christof/Haass 101–117.

8 Vgl. Löhr 156 sowie Kellermann 455. Nach Br. Meissner, Babylonien und Assyrien, Heidelberg 1920/21, II 239 ff ist Weihrauch aber als *materia medica* benutzt worden.

9 Vgl. J. Lieblein, Handel und Schiffahrt auf dem Roten Meere, o. O. 1886; Müller, Weihrauch 741 f.

10 Vgl. Zwickel 167; Kjeld Nielsen, Incense in Ancient Israel [VT Supplements 38], 1986, 25–33.

11 Vgl. Herodot, Hist I 183.

12 Auch in dieser Region wird Weihrauch nicht nur zu kultischen Zwecken, sondern auch im Bereich der Mantik und in Medizin bzw. Kosmetik eingesetzt. Vgl. dazu Erich Ebeling, Weissagung aus Weihrauch im alten Babylonien, in: Sitzungsberichte der preußischen Akademie 1935, 869–880; ders., Mittelassyrische Rezepte zur Bereitung von wohlriechenden Salben, in: Orientalia 17 (1948) 129–145, 229–313, 18 (1949) 404–418, 19 (1950) 265–278; Emmerich Paszthory, Salben, Schminken und Parfüms im Altertum, in: Antike Welt (Sondernummer) 1991; Dietlinde Goltz, Studien zur altorientalischen und griechischen Heilkunde. Therapie – Arzneibereitung – Rezeptstruktur, in: Sudhoffs Archiv für Wissenschaftsgeschichte 16 (1974) 82–87, 158–159, 230–237. Einen Überblick bieten ferner Christof/Haass 118–124. Dort auch Hinweise zur Rolle des Weihrauchs in Phönizien und Persien (125–132).

13 Vgl. v. a. den Katalog bei Zwickel.

14 Auch in Personen- und Landschaftsnamen begegnet die Wurzel QṬR (siehe Seite 36).

15 Vgl. Löhr 167 f; Clements, Art. קטר QTR, in: ThWAT VII, 11; Wilhelm Gesenius, Hebräisches und aramäisches Handwörterbuch über das Alte Testament, Berlin [17]1915, 711.

16 Vgl. Clements 11 f: Entweder ist das Aufsteigen des Dampfes (QṬR) aus der Nase das Zeichen für den noch innewohnenden Lebensatem oder es wird dem Verstorbenen geräuchert (QṬR), was ihm ewige Dauer verleiht.

17 Vgl. Rolf Rendtorff, Studien zur Geschichte des Opfers im alten Israel [WMANT 24], Neukirchen-Vluyn 1967, 187; Diana Edelman, The Meaning of *QIṬṬĒR*, in: VT 35 (1985) 395–404.

18 Diese Praxis lässt sich zwar auch archäologisch für bestimmte Orte nachweisen. Wahrscheinlich sind die Verhältnisse in Silo aber nicht ohne weiteres auf andere Kultplätze zu übertragen. Es besteht in vorstaatlicher Zeit durchaus noch eine Vielfalt. Zwickel 116 f beschreibt den Fund von Räucheraltären mit Resten von Fettasche. Demgegenüber ist die 1960 von Menahem Haran, The Uses of Incense in the Ancient Israelite Ritual, in: VT 10 (1960) 113–129, hier 113 f aufgestellte Behauptung, Weihrauch sei – anders als bei vegetabilen Opfern – zwar nicht vom Opfernden mitgespendet, allerdings vom Priester bereits in dieser Zeit „zur Geruchsverbesserung“ mit aufgelegt worden, nicht zu halten. Er engt unter Bezug auf die angeführte Stelle (1 Sam 2,15 f) den Terminus קטר (QṬR) unzulässigerweise auf das Räuchern mit Aromata ein.

19 Im Text sind drei unabhängige priesterliche Handlungen erwähnt: 1. (zum Altar) hinaufsteigen = opfern; 2. räuchern; 3. den Ephod tragen = Orakel erteilen (vgl. Löhr 175). Dennoch ist das Räuchern von Fett keine vom Schlachtopfer abtrennbare Handlung. Löhr u. a. nehmen daher auch einen Ritus an, in dem Rauchwerk entzündet wird. Während für die in 1 Sam 2,12–17 gespiegelten Verhältnisse des 11. Jahrhunderts v. Chr. eine solche Vermutung mit Sicherheit unzutreffend ist, wäre es bei dem späteren Einschub (VV. 27–36 aus der Exilszeit) nicht zuletzt aufgrund seiner Nähe zur Priesterschrift unter Umständen denkbar, dass hier ein Verbrennen von Aromata gemeint ist. HARAN, Uses 122 sieht im Mosessegen Dtn 33,8–11 einen Niederschlag der drei priesterlichen Funktionen aus 1 Sam 2,28; die Identifikation von Ephodtragen einerseits sowie Tummim und Urim andererseits bleibt aber zumindest fragwürdig.

20 Vgl. Hos 4,13ab; Lev 8,28.

21 Vgl. ZWICKEL 312.

22 So überzeugend ZWICKEL 312 gegen NIELSEN 124, Anm. 337.

23 Vgl. Am 4,4 f. Nach Diether KELLERMANN, Art. המע (HMZ), in: ThWAT II 1061–1068, hier 1064, gab es in Kanaan das Sauerbrotopfer unter Beigabe von Honig; vgl. das Verbot in Lev 2,11. Im Alten Orient waren Opfer von Backwaren weit verbreitet; vgl. M. WÄHREN, Brot und Gebäck im Leben und Glauben des alten Orient. Vorderasien sechstes bis erstes Jahrtausend vor Christus, Bern 1967.

24 Vgl. ZWICKEL 188 f.

25 ZWICKEL 241 f übersetzt חדר in V. 12 mit *Grabkammer*. LÖHR 171 vermutet hinter מקטרת Schalen, die auf einem Dreifuß aufruhen. Nach V. 11 waren die Geräte jedoch in einer Hand zu halten. Zu den Funden vgl. ZWICKEL 86–88. Auch in Gräbern vor allem des Ostjordanlandes wurden Räuchertassen und -kästchen gefunden (vgl. ebd. 38–40).

26 W. F. ALBRIGHT, Die Religion Israels im Lichte der archäologischen Ausgrabungen, München/Basel 1956, 183–185, liest aus der Bemerkung in Ez 8,11, dass der Duft (der Wolke) des Räucherwerks genannt wird, es habe sich um Aromata gehandelt. In jedem Fall ist die Konstruktusverbindung ועתר, die nur an dieser Stelle belegt ist (vgl. GESENIUS 631), ursprünglicher als ענן, das in LXX fehlt (vgl. Lev 16,13). CLEMENTS 16 vermutet darüber hinaus, dass narkotisierende Substanzen zur Anwendung kamen. Menahem HARAN, Temples and Temple-Service in Ancient Israel. An Inquiry into the Character of Cult Phenomena and the Historical Setting of the Priestly School, Oxford 1978, 231 versteht unter Bezug auf Ez 16,18 und 23,41 (*mein* Weihrauch) die Perikope nur als Erweis einer frevelhaften Umwidmung des Weihrauchs an die Götzen. Das Aromataopfer selbst sei im JHWH-Kult bereits nicht mehr verwerflich. Dagegen ist einzuwenden, dass zwar eine explizite Verurteilung des Weihrauchopfers fehlt, die beiden genannten Stellen, an denen von JHWHs Weihrauch die Rede ist, jedoch spätere Glossen sind (vgl. Walther ZIMMERLI, Ezechiel I, Neukirchen-Vluyn 1969, 343, 553).

27 Sie werden häufig mit den Räucherkästchen des 1. Jahrtausends v. Chr. identifiziert; vgl. M. DAHOOD, Problems in Isaia, in: CBQ 22 (1960) 400–409, hier 408 f; D. CONRAD, Zu Jes 65,3b, in: ZAW 80 (1968) 232–234; ZWICKEL 316.

28 In Anlehnung an Hos 4,13; vgl. 1 Kön 3,3; 11,8 u. a.; ZWICKEL 262.

29 Vgl. 1 Kön 3,3 (JHWH) und 2 Kön 18,4 (Götter). Num 21 ist wahrscheinlich als Aitiologie für die Übernahme von apotropäischen Schlangenkulten des vorisraelitischen Palästinas in den JHWH-Glauben zu lesen. Zu Funden solcher Kultbilder vgl. ZWICKEL 258.

30 1 Kön 17,11. Nach Jer 44,21 hat das gesamte „Volk des Landes" an den Räucherungen teil, was den Zustand und die Verbreitung dieses häuslichen Kultes veranschaulicht.

31 Vgl. dazu die Literarkritik bei ZWICKEL 291–294.

32 Der Terminus ist erst auf dem Hintergrund von Lev 16,12 f an diese Stelle geraten; daher ist die vorliegende Erzählung nicht auf diesem Hintergrund zu interpretieren.

33 מחתה in V. 1 identifiziert ZWICKEL 281 aufgrund der zeitlichen Einordnung der literarischen Belege (nicht vorexilisch) mit den Räucherkästchen.

34 Vgl. ZWICKEL 281. Anders z. B. Wolf Wilhelm Graf BAUSDISSIN, Die Geschichte des alttestamentlichen Priesterthums, Leipzig 1889, 22, der wie viele nach ihm unter *fremdem Feuer* ein Feuer versteht, das nicht von dem heiligen Feuer genommen ist, das vom Himmel gefallen ist und nun andauernd auf dem Altar brennt (so auch NIELSEN 78; HARAN, Temples 232). Die meisten Exegeten aber bemerkten, dass keine Ablehnung des Räucherns an sich intendiert ist (vgl. Martin NOTH, Das dritte Buch Mose. Leviticus, Göttingen 1962, 70 f).

35 ZWICKEL 282. In der Gesetzesliteratur begegnen keine konkreten Anweisungen für ein Opfer auf Räucherkästchen (vgl. NIELSEN 86).

36 Vgl. ZWICKEL 297, v. a. Anm. 22. Textabgrenzung ebd. 296 f.

37 Vgl. ZWICKEL 294–297.

38 Vgl. Lev 21,7; Ps 106,16 sowie HARAN, Uses 116, Temples 233. LÖHR 187 vermutet in Ex 30,7 f die Fixierung eines Kompromisses im geschilderten Streitfall zwischen Aaroniden und Leviten über die Weihrauchdarbringung.

39 Vgl. ZWICKEL 295 mit Anm. 13. Allerdings sind die Räucherpfannen aus Metall (17,3 f) und nicht wie die Räucherkästchen aus Stein.

40 Vgl. V. 19. Nach ZWICKEL 322 ist die Nennung des Räucheraltares in VV. 16.19 eine Anpassung an neuere kultische Verhältnisse (Ex 30 wird vorausgesetzt) und zählt nicht zur Grundschicht von ChrG.

41 Vgl. NIELSEN 87.

42 Vgl. ZWICKEL 342 mit Anm. 9. Vgl. auch Lev 2,15 f; 6,8; ferner Jes 43,23; Jer 17,26; 41,5; Neh 13,5.9.

43 CLEMENTS 14 interpretiert: Ohne Gewürze schmeckt ein Essen fad. Auch der Opferduft sollte mit Gewürzen angereichert werden, damit das Opfer Gott wohlgefällig sei. HARAN, Uses 113 behauptet gar, Gewürze seien der Weihrauch des Alten Testaments gewesen. ZWICKEL 342 vermutet in der Beigabe von Aromata zum Speiseopfer einen ersten Integrationsversuch des im Volk beliebten Weihrauchopfers in den offiziellen Kult. Warum Weihrauch zwar bei vegetabilen, nicht aber bei tierischen Opfern als Zutat Verwendung fand, erklärt sich möglicherweise durch den Wechsel der Lebensgewohnheiten in Israel. Die frühere viehzüchtende Nomadenkultur wurde zugunsten der Kultur sesshafter Ackerbauern aufgegeben (vgl. NIELSEN 77). Weihrauch ist demnach eine spätere Errungenschaft.

44 Vgl. KELLERMANN 458. LÖHR 188 vermutet dagegen, Gott schaue nur gnädig auf die im Räuchern dargebrachte Huldigung, wenn es sich bei dem Opfernden nicht um einen Sünder (oder um einen, dessen Sünde noch offenbar werden soll) handelt.

45 Der Text wird meist einer spätpriesterlichen Redaktion zugerechnet; vgl. A. CHOLEWINSKI, Heiligkeitsgesetz und Deuteronomium [AnBib 66], Rom 1976, 95–100, 141. Vgl. auch die Notiz zur weiteren Entwicklung dieses Ritus bei KELLERMANN 459. Siehe unten Anm. 62, Seite 224.

46 Julius WELLHAUSEN, Prolegomena zur Geschichte Israels, Berlin [6]1905, 64. Vgl. z. B. Carl Heinrich CORNILL, Das Buch Jeremia, Leipzig 1905, 80 f: Es handle sich um die „früheste sicher datierbare Stelle, wo das Räucheropfer als Bestandtheil des Javecultus erwähnt wird, und zugleich die früheste, wo in der israelitischen Literatur das Wort לבנה vorkommt". Durch Hans von FRITZE, Die Rauchopfer bei den Griechen, Berlin 1894, 28 fand diese Datierung auch Eingang in die klassische Philologie. Vgl. auch PFISTER 278 und 274.

47 Vgl. ZWICKEL 342 f. Bereits HARAN, Uses 118 hält die WELLHAUSENsche These mindestens aus archäologischer Sicht für unhaltbar, ebenso LÖHR 189. In Jer 17,26 sind Speiseopfer und Weihrauch ebenso parallel verbunden wie in Jes 43,23. In Jer 41,5 führen Jerusalempilger nur diese beiden Opfergaben mit sich. Nach Neh 13,5.9 wird beides nebeneinander aufbewahrt. KELLERMANN 459 vermutet, die Erwähnung des Weihrauchs in Bar 1,10 habe sogar die Ergänzung von Speiseopfern in einem Nachsatz impliziert. Außer in den Elephantine-Papyri (siehe Seite 34) findet sich beides parallel auch in Qumran (CD 11,19). – NIELSEN 75 f, 86 sieht einen Zusammenhang zwischen der *Azkarah* und dem Weihrauch. Der Opferanteil stellt die Brücke her zu JHWH, und der Weihrauch trägt in mediatorischer Funktion das Gebet des Opfernden empor.

48 Vgl. ZWICKEL 343.

49 Siehe Seite 102–105.

50 Vgl. Lev 2,1; Jer 41,5.

51 Vgl. Heinrich HERKENNE, Das Buch der Psalmen, Berlin 1936, 438.

52 Vgl. HERMISSON 56.

53 Vgl. ebd. 150. „Das Gebetslied, das in älteren Zeiten die Darbringung der Opfer begleitet haben mag, tritt nun an die Stelle der Opfer" (Hans-Joachim KRAUS, Psalmen II, Neukirchen-Vluyn [2]1961, 929).

54 HERMISSON 57. Vgl. Ps 119,108; 19,15; 104,34.

55 Vgl. HARAN, Temples 208, Anm. 3; Lk 1,8 f.

56 Vgl. HARAN, Temples 208–221. Erst durch den Kult und die Kultgeräte wird das Bundeszelt bzw. der innere Tempel zum Wohnsitz Gottes (vgl. ebd. 226). Zur Deutung vgl. C. HOUTMAN, On the Function of the Holy Incense (Exodus

XXX 34–8) and the Sacred Anointing Oil (Exodus XXX 22–33), in: VT 42 (1992) 458–465.

57 So der gängige Ausdruck in P. Es kann die Zeit zwischen Niedergang und Untergang der Sonne oder zwischen Untergang und völliger Nacht gemeint sein. Vgl. Elberfelder Übersetzung, Anmerkung zu Ex 29,39.

58 Vgl. K. Hruby, Les heures de prière dans le Judaïsme … l'époque de Jésus [Lex Orandi 35], Paris 1963, 59 ff, 71 f, 81 f.

59 Immerhin handelt es sich bei Ex 30 um ein die kultischen Vorschriften aus Kap. 25–29 um den Räucheraltar und das Rauchopfer ergänzendes Kapitel. Gerhard von Rad, Die Priesterschrift im Hexateuch literarisch untersucht und theologisch gewertet, Stuttgart 1934, 61, 75–77, 183.

60 Storax (נחף naṭaf): Harz der *Pistacia lentiscus*; vgl. Kellermann 457. Räucherklaue (שחלת šᵉḥelet): nach Löhr 159 die Deckel mehrerer Murea- und Ampulia-Arten (Flügelschnecken). Galbanum (חלבנה ḥᵉlbenah): der zu einem gummiartigen Harz eingedickte Milchsaft eines Doldengewächses *(Ferula galbaniflua)*; vgl. Kellermann 457. Als letzter Bestandteil wird reiner Weihrauch (לבנה זכה lᵉbonah zakka) erwähnt. Als Reflex dieses Rezeptes kann Sir 24,15 gelten. Später verändern sich die Listen deutlich; vgl. Belege bei Kellermann 458 und vor allem Zwickel 301 f, Anm. 40.

61 Vgl. Haran, Uses 125. Der hebräische Text (wie auch LXX) versteht סמם entsprechend als Sammelbezeichnung der ersten drei Zutaten, zu denen als Nicht-Gewürz der Weihrauch hinzutritt. Demgegenüber führt die Einheitsübersetzung nach *Galbanum* unverbunden noch *Gewürzkräuter* als fünfte Substanz an. Martin Noth, Das zweite Buch Mose. Exodus, Göttingen 1959, 195 f scheidet das zweite סמם ganz aus. — Salz als Zutat war weit verbreitet und dient der besseren Brennbarkeit der Mischung; vgl. Haran, Uses 125 sowie Victor Hurovitz, Saltet Incense – Exodus 30,35; Malq– VI 111–113; IX 118–120, in: Bib 68 (1987) 178–194. Andere Interpretationen dieser Anweisungen bespricht Haran, Temples 242, Anm. 23.

62 Das ist mit dem „unerlaubten Rauchopfer" in V. 9 gemeint. Neben Lev 24,7 (im Zusammenhang mit den im Tempelinneren ausgestellten Schaubroten) wird Weihrauch nur hier das Epitheton זכה (zakkah – rein) beigelegt. Beide Male handelt es sich um Mischungen, die im Innern des Heiligtums verwendet werden. Haran unterscheidet daher zwischen innerem und äußerem Weihrauch; vgl. v. a. Haran, Temples 208, 230–245 sowie B. D. Eerdmans, Alttestamentliche Studien IV, Gießen 1912, 33. Nielsen 69 f lehnt diese Differenzierung unter Hinweis auf das Fehlen eines eigenen Rezeptes für den äußeren Weihrauch ab. Vermutlich handelt es sich bei dem Rezept in Ex 30, das die innere Mischung angibt, um ein in P übernommenes älteres Traditionsstück. Nur für diesen Verwendungszweck wurde die Rezeptur geschützt. Für andere, aber nicht ausschließlich kultische Zwecke benutzte man gewöhnliches Räucherpulver, wie es die Salbenmischer herstellten. — Beispiele für andere Rezepte bietet Zwickel 301 f, Anm. 40.

63 Weihrauch als Beigabe zu Gedächtnisanteilen wird demgegenüber in P immer mit לבנה bezeichnet; vgl. HARAN, Temples 233.

64 Vgl. 1 Chr 23,13; 2 Chr 2,3.5.

65 Vgl. NIELSEN 101.

66 So auch SapSal 18,21; TestLev 3,5 f. Vgl. Eduard LOHSE, Märtyrer und Gottesknecht. Untersuchung zur urchristlichen Verkündigung vom Sühnetod Jesu Christi [FRLANT 64], Göttingen ^{2}1963, 22 mit Anm. 9. Auffällig ist, dass – entgegen dem Verständnis der umliegenden Völker – der Weihrauch in Israel keine Bedeutung als Reinigungsmittel hat; vgl. NIELSEN 88.

67 Vgl. ZWICKEL 188 f.

68 Vgl. 2 Kön 23,4a, dazu ZWICKEL 222–233, bes. 232.

69 Indiz hierfür ist nicht zuletzt der Singular מזבח יהוה in Lev 17,6; vgl. ZWICKEL 266.

70 Lev 8,28.

71 Ex 25,6; 31,8.11; Lev 4,7; Num 4,16; vgl. ZWICKEL 303.

72 „Die hervorgehobene Bedeutung des Weihrauchs hängt möglicherweise auch mit dem kultischen Rang dieser Opfermaterie in Ägypten zusammen" (ZWICKEL 307). Siehe Seite 23 und 171 f. Warum ZWICKEL hier an ein vom Speiseopfer unabhängiges Weihrauchopfer denkt, bleibt unverständlich. Wahrscheinlich ist Weihrauch entsprechend Lev 2 als Beigabe zur *Azkarah* zu sehen; vgl. KELLERMANN 456.

73 Vgl. EP 27, 31 und 32 nach der Ausgabe von A. E. COWLEY, Aramaic Papyri of the Fifth Century B. C., Oxford 1923.

74 Vgl. ZWICKEL 306 f.

75 Vgl. ebd. 301. Zum historischen Anknüpfungspunkt auch die Notiz von 2 Makk 2,5–8, mit der das Fehlen des Altares über Jahrhunderte hinweg zu erklären versucht wird.

76 Vgl. Ex 40,6.

77 Vgl. Philo, Her 226; VitMos 2,101–104; Josephus, Bell V,218; Ant III,147.198.

78 SyrBar 6,7; 2 Makk 2,4–8; Offb 8,3.

79 Der Verfasser des Hebräerbriefes war ganz sicher kein „Monstrum an Unwissenheit", wie F. DELITZSCH, Commentar zum Briefe an die Hebräer, Leipzig 1857 (Reprint: Gießen 1989), 358 bemerkt.

80 Erich GRÄSSER, An die Hebräer II [EKK 17], Zürich/Einsiedeln 1993, 122.

81 Vgl. Harold S. CAMACHO, The Altar of Incense in Hebrews 9:3–4, in: Andrews University Seminary Studies 24 (1986) 5–12, hier 12.

82 Vgl. Bell V,5,5; Ant III,6,8; III,8,2 f; VIII,3,8; VIII,4,1; XII,7,6.

83 Vgl. KELLERMANN 460. Siehe Seite 174.

84 Vgl. Spr 27,9; Sir 39,14; 40,1; 50,9. Vgl. auch die Sabbatvorschrift in CD 11,4: Das Kleid soll gewaschen oder mit Weihrauch abgerieben werden. Nach KELLERMANN 459 f liegt hier evtl. ein Missverständnis vor und die Vorschrift will besagen, man solle das Kleid in den Rauch hängen. In einigen arabischen Ländern gibt es besondere Kleiderständer, unter denen ein Räuchergefäß positioniert wird; vgl. FIEBIG 122. Heute werden „in den Supermärkten sogar Weihrauchbrenner für PKWs angeboten, die an den Zigarettenanzünder anschließbar sind!"

85 Aromata wurden in Öl oder Wasser gelöst; vgl. Othmar KEEL, Das Hohelied, Zürich 1986, 142.

86 Vgl. Hld 3,6. Myrrhe spielt im Alten Testament im Zusammenhang mit dem Liebesleben eine außerordentliche Rolle; vgl. KEEL 119.

87 Vgl. Hld 4,14. Möglicherweise liegt darüber hinaus in V. 11 ein Missverständnis von *lebonah* und *Libanon* vor.

88 Der in Hld 4,6 genannte, abends von Westen her auffrischende und Kühlung spendende Tagwind lässt vor allem diese Interpretation zu. Formal wäre auch an die Wangen der Frau oder ihren Schoß zu denken. *Weihrauchberg* hat dabei einen durchaus kultischen Beiklang und mag an die Kulthöhen mit ihren Räucheropfern erinnern; vgl. KEEL 140 f.

89 Vgl. Gen 25,1.4; Claus WESTERMANN, Genesis II, Neukirchen-Vluyn 1981.

90 Vgl. Gen 43,11; 1 Kön 10,2; Mt 2,11.

Weihrauch im mediterranen Raum

1 In Sapphos »Lied auf der Scherbe« ist die Rede von „Wolken von Weihrauch", die auf den Altären des Aphroditetempels aufstiegen.

2 Vgl. PFISTER 279 und Erika SIMON, Die Götter der Griechen, München 1985, Index. Späterhin wurden Rauchopfer immer beliebter und verschiedenen Göttern gewidmet; vgl. FRITZE und Samson EITREM, Opferritus und Voropfer der Griechen und Römer, Kristiania 1915 (Reprint: Hildesheim/New York 1977), ferner DERS., Orakel und Mysterien am Ausgang der Antike [Albae vigilae NF 5], Zürich 1947. Besonders im Rahmen des Mithras-Kultes spielte Weihrauch eine Rolle; vgl. Reinhold MERKELBACH, Mithras, Hain 1984, 101; Manfred CLAUSS, Mithras. Kult und Mysterien, München 1990, Register. Allgemein auch PFISTER sowie MÜLLER, Weihrauch 752–757 und CHRISTOF/HAASS 140–148.

3 Vgl. MÜLLER, Weihrauch 756. Ihren Niederschlag findet die Huldigung mit Weihrauch auch in Dan 2,26.

4 Vgl. Krister HANELL, Art. Trankopfer, in: RECA VI A 2137; EITREM. – Als erster Römer, dem *in Rom* Weihrauch dargebracht wurde, ist in der Literatur der Prätor Marius Gratidianus (in den 80er Jahren v. Chr.) genannt; vgl. Benedikt DORBATH, Die Logik der Christenverfolgungen durch den Römischen Staat, Diss. Würzburg 2016, 40, Anm. 158.

5 Vgl. PFISTER 280.

6 Zum Kaiserkult vgl. die Quellensammlung von Antonie WLOSOK, Römischer Kaiserkult, Darmstadt 1978. Spätere Profanriten beschreiben Andras ALFÖLDI, Die monarchische Repräsentation im römischen Kaiserreich, Darmstadt 1934 (Reprint: 1970); Otto TREITINGER, Die oströmische Kaiser- und Reichsidee nach ihrer Gestaltung im höfischen Zeremoniell, Darmstadt 1938 (Reprint: 1969). – Einen Überblick über die italische Weihrauchverwendung bieten CHRISTOF/HAASS 149–159.

7 Besprochen werden im Folgenden nur die drei Belege von λιβανος bzw. λιβανωτος. Zu Lk 1,9.11 (θυμιαματος).

8 Vgl. zur Rolle des Weihrauchs als Staatsgeschenk Gen 43,11; 1 Kön 10,2.

9 Vgl. Ulrich LUZ, Das Evangelium nach Matthäus I [EKK I,1], Zürich/Neukirchen-Vluyn 1985, 121.

10 Vgl. ebd.

11 Vgl. Clemens, Paed 2,63,4.

12 Vgl. Irenäus, Haer 3,9,2; Origenes, Cels 1,60; Mk 15,25; Joh 19,39.

13 Vgl. KEEL 119. LUZ 121 f führt auch folgende hochmittelalterliche Deutung an: Das Gold lindere die Armut der Eltern Jesu, der Weihrauch vertreibe den Gestank im Stall und die Myrrhe gewähre dem Säugling Gesundheit.

14 Franz WELLNER (Hg.), Adam von St. Viktor. Sämtliche Sequenzen, Wien 1937, 82/84. Dort auch eine metrische Übertragung.

15 Vgl. G. Ryckmans, De l'or (?), de l'encens et de la myrrhe, in: Revue Biblique 58 (1951) 372–376.

16 Dornisch 29, Anm. 3, dort auch weitere Belege.

17 In Offb 18,13 wird Weihrauch (λιβανος) im Rahmen der Klage der Kaufleute über den Fall Babylons genannt. Diese Stelle kann hier unberücksichtigt bleiben.

18 Vgl. Offb 5,8; Tob 12,12.

19 Vgl. die metaphorische Identifikation von Räucherwerk und Gebet in Offb 5,8. Vorbild ist sicher Ps 141,2. Engel erfüllen den priesterlichen Dienst des Vor-Gott-Tragens; vgl. Eduard Lohse, Die Offenbarung des Johannes, Göttingen ^{8}1960, 50.

20 Es gäbe dann in Analogie zum alttestamentlichen Heiligtum zwei getrennte Altäre für die verschiedenen Opferarten; vgl. Ulrich B. Müller, Die Offenbarung des Johannes [ÖTK], Gütersloh/Würzburg 1984, 187.

21 Vereinzelt wird die himmlische Liturgie, wie sie der Seher beschreibt, als ein Spiegel christlicher Liturgie der Frühzeit verstanden. Häufiger wird die Apokalypse allerdings Vorbild für kultische Vollzüge gewesen sein.

22 Vgl. Gilgamesch-Epos XI,160: *Die Götter rochen den Duft … sie sammelten sich wie Fliegen über dem Opfernden.* Lukian, De Sacr 9: *Opfert ihnen jemand, so sperren sie ihre Mäuler so weit auf, wie sie können, um den stinkenden Rauch als etwas Deliziöses einzuschlürfen.*

23 Vgl. Hans-Josef Klauck, Kultische Symbolsprache bei Paulus, in: Josef Schreiner (Hg.), Freude am Gottesdienst [FS Plöger], Stuttgart 1983, 112.

24 Wolfram Strack, Kultische Terminologie in ekklesiologischen Kontexten in den Briefen des Paulus [BBB 92], Weinheim 1994, 132. Eine Zusammenstellung der in den Kommentaren begegnenden Übersetzungsmöglichkeiten ebd. 121–124.

25 Vgl. Hans Windisch, Der zweite Korintherbrief [KEK VI,9], Göttingen 1924 (Reprint: 1970), 97; Karl Prümm, Diakonia Pneumatos. Der zweite Korintherbrief als Zugang zur Apostolischen Botschaft. Auslegung und Theologie, Rom/Freiburg/Wien 1960/67, I,1,79. Zu den Begriffen vgl. Bonnie Bowman Thurston, 2 Corintians 2:14–16a: Christ's Incense, in: Studies in Christian Scholarship 29 (1987) 65–69.

26 Vgl. Strack 132 ff.

27 Bringt man das orientalische Verständnis von lebenspendendem, Dauer verleihendem Duft einerseits und dem üblen Gestank des Todes andererseits in Anschlag (die ägyptische Theologie des Duftes kann als besonders weit entwickeltes Beispiel gelten, siehe Seite 171 f), wird man – anders als Klauck – V. 16 kaum als „Überstrapazieren“ oder „Verlassen“ des Bildes verstehen können.

1 Vgl. Hans-Jürgen HERMISSON, Sprache und Ritus im altisraelitischen Kult. Zur »Spiritualisierung« der Kultbegriffe im Alten Testament [WMANT 19], Neukirchen-Vluyn 1965, 132.

2 Ebd. 143.

3 Jes 66,3 greift einen synkretistischen Kult auf und ist daher hier ohne Belang.

4 Philo, De migratione Abrahae 89 ff.

5 Vgl. Mk 1,44.

6 Vgl. Mt 12,6; 26,61; 27,40; Johannes BEHM, Art. θυω, θυσια, θυσιαστηριον, in: ThWNT III, 180–190, hier 184.

7 Vgl. Mt 9,13; 12,7 (Hos 6,6).

8 Vgl. Mt 5,23.

9 Vgl. Hartwig THYEN, Art. θυσια, in: EWNT [2]1992, II 399–405, hier 401 f; HERMISSON 143 f.

10 Gemeint ist der zentrale Jerusalemer Tempelkult.

11 Z. B. Theophrast, De abstinentia II,19.

12 Corpus Hermeticum: Asclep 41, zitiert nach KLAUCK 114, Anm. 9.

13 Vgl. HERMISSON 132–134. Auch die Qumran-Texte spiegeln dieses lange Zeit mehr für den hellenistischen Bereich angenommene Geschehen; vgl. STRACK 384–390.

14 Vgl. Odo CASEL, Die λογικη θυσια der antiken Mystik in christlich-liturgischer Umdeutung, in: JLw 4 (1924) 37–47, hier 37 f und John Pairman BROWN, The Sacrificial Cult and its Critique in Greek and Hebrew, in: Journal of Semitic Studies 24 (1979) 159–173.

15 Vgl. ApConst VII,23,2; Apg 3,1; 13,5. Nach CASEL 41 nehmen die Apostel zwar am Gebetsgottesdienst im Tempel, nicht aber an den dort stattfindenden Opfern teil.

16 Vgl. Karl KERTELGE, Die »reine Opfergabe«. Zum Verständnis des »Opfers« im Neuen Testament, in: Josef Schreiner (Hg.), Freude am Gottesdienst [FS Plöger], Stuttgart 1983, hier 347.

17 Vgl. H. SCHÜRMANN, Neutestamentliche Marginalien zur Frage der Entsakralisierung, in: DERS., Ursprung und Gestalt. Erörterungen und Besinnungen zum Neuen Testament, Düsseldorf 1970, 299–325, hier 303 f.

18 Vgl. Mk 10,25 par.; Mk 14,22–25 parr.; 1 Kor 11,23–25. Vgl. hierzu KERTELGE 351 f.

19 Vgl. Röm 3,25; Lev 16. Nach KLAUCK 113 sollte man Röm 3,25 übersetzen: *Gott hat ihn öffentlich herausgestellt als Sühneort, durch Glauben in seinem Blut.*

20 Vgl. Martin HENGEL, Der stellvertretende Sühnetod Jesu. Ein Beitrag zur Entstehung des urchristlichen Kerygmas, in: IKaZ 9 (1980) 1–25, 135–147, hier 18.

21 Apg 6,13. Näher bestimmt ist diese Anklage durch seine Rede in Apg 7.

22 Röm 12,1.

23 Vgl. KLAUCK 114.

24 Vgl. KERTELGE 358.

25 Vgl. Röm 12,1; Hebr 13,15 f; Phil 4,18.

26 Vgl. CASEL 45, 47.

27 Ebd. 45.

28 Im Westen geschieht dies in großem Stil erst in karolingischer Zeit.

29 Barn 2,4; Klaus WENGST, Didache (Apostellehre), Barnabasbrief, Zweiter Klemensbrief, Schrift an Diognet, Darmstadt 1984, 140.

30 Barn 2,6; WENGST 140.

31 Barn 2,10; WENGST 142.

32 Dies schließt eine prinzipielle Übernahme jüdischer Sitten aus dem Bereich der Haus- und Synagogenliturgie nicht aus. Siehe Seite 91 f.

33 Justin, Apol I,13; PG 6, 345 B.

34 Athenagoras, Legatio pro Christianis 13; PTS 31.

35 Vgl. WENGST 197, Anm. 21 sowie Apg 17,25 und 2 Makk 14,35. Allerdings existieren auch schon in atl. Zeit vergleichbare Vorstellungen (Ps 51). Klaus GAMBER, Sacrificium vespertinum. Lucernarium und eucharistisches Opfer am Abend und ihre Abhängigkeit von den Riten der Juden [Studia patristica et liturgica 12], Regensburg 1983, 61 meint, die Formulierung *nicht bedürfen* hieße noch nicht *nicht benutzen*. Um diese These zu stützen, sind aber die Formulierungen bei den Vätern zu eindeutig: Nirgendwo begegnet die Konstruktion „Zwar benötigt Gott unsere Opfer nicht, dennoch opfern wir ihm".

36 Vgl. Irenäus, Haer IV,17.

37 Dies war in der alten Kirche gängige Praxis. Die Kommentatoren und Prediger konnten mit dem lebendigen Bibelwissen ihrer Leser bzw. Hörer rechnen.

38 Tertullian, Apol I,13,1; CChrL 1, 141 f.

39 Tertullian, Corona X,4 f; CChrL 2, 1054.

40 Vgl. Tertullian, Idol II.

41 Clemens, Paed III,12,90,4; SChr 158, 172.

42 Clemens, Stromata VII,6.

43 Origenes, Cels VIII,17; SChr 150, 210.

44 Origenes, HomLev XIII,5.

45 Unberührt davon bleibt die private Verwendung durch Christen, wie sie Tertullian bezeugt. Dass Sitten der Raumbeduftung auch in liturgisch genutzten Räumen Einzug hielten, ist nicht auszuschließen. Siehe auch Seite 56 und 117.

46 Plinius, Epistula X,96.

47 Die Juden hatten sich frühzeitig mit der geforderten *supplicatio* arrangiert. Es galt ihnen als Opfer für das Wohlergehen des Kaisers.

48 Plinius, Epistula X,97.

49 Vgl. Rudolf FREUDENBERGER, Das Verhalten der römischen Behörden gegen die Christen im 2. Jahrhundert dargestellt am Brief des Plinius an Trajan und den Reskripten Trajans und Hadrians [Neue Beiträge zur Papyrusforschung und antiken Rechtsgeschichte 52], München 1967, 138.

50 Barbaren bedrohten die Grenzen. Pest und wirtschaftliche Not waren Probleme im Inneren.

51 Vgl. FREUDENBERGER 125.

52 Papyrus 13430, Staatliche Museen, Berlin: *Den als Aufseher über die Opfer | Erwählten von Aurelia Charis | von der Ortschaft Theadelphia. | Ich habe immer den Göttern unablässig geopfert als auch | Frömmigkeit erwiesen | und nun habe ich | in eurer Anwesenheit | gemäß den Vorschriften | Trankopfer dargebracht und geopfert | und ich habe von den Opfertieren gekostet, | und ich bitte euch | mir dies zu bestätigen. | Ihr habt beständig Glück. | Wir, Aurelius Serenus und Aurelius Hermas | sahen, wie du das Opfer dargebracht hast. | Hermas hat es sich aufgezeichnet. | Im Jahr 1 des Herrschers Kaisar (= röm. Caesar) | Gaius Messius Quintus Traianus | Decius, des Frommen, | des Glücklichen, des Erhabenen (= röm. Augustus).*

53 Vgl. HANELL 2137. Auch am Geburtstag brachten die Römer dem Genius des Betreffenden Weihrauch dar; vgl. PFISTER 282.

54 Vgl. Commodian, Carm apol 875.

55 Vgl. DORBATH 112 f. — Einen Beleg aus der christlichen Hagiographie findet man bei Johannes BOLLANDUS, Acta Sanctorum, Antwerpen 1643, 16. Januar: De S. Marcello Papa. Tom. II, cap. III, pag. 11(11), wo es heißt: *Inter quos milites duos initiantes, Papiam & Maurum, cum tripodam ad thurificandum sibi delatam cominissent imperio orationum, a Laodicio Praefecto in eculeo suspensi, & scorpioribus caesi, flammatis exusti, & ad ultimum capite truncati, praemittuntur ad regnum.*

56 Johannes H. EMMINGHAUS, Die Messe. Wesen – Gestalt – Vollzug, Klosterneuburg [4]1987, 165.

57 Johannes Chrysostomus, HomJoh XXXIII; PG 59, 190. Allerdings ist wahrscheinlich, dass Chrysostomus mit dem Gebrauch des Weihrauchs bereits vertraut war (siehe Seite 56). Edward Godfrey Cuthbert Frederic ATCHLEY, A History of the Use of Incense in Divine Worship [ACC 13], London 1909, 88, nimmt daher an, es handle sich hier um eine Zurückweisung des neuen Gedankens, Weihrauch als Opfer zu verstehen.

58 Augustinus, EnarrPs 49,21; CChrL 38, 591.

59 Vgl. Codex Theodosianus XVI,10,12.

Erste Hinweise auf Weihrauch in der Liturgie

1 Joseph LECHNER, Liturgik des römischen Ritus, Freiburg [5]1950, 83.

2 Die hinsichtlich der Einführung des Weihrauchs in das Christentum sicherlich aufschlussreiche Dissertation von Beatrice Agnes CASEAU war trotz intensiver Bemühungen in Europa nicht zu beschaffen.

3 Ephräm, Carm Nisib 17,4; CSCO 219, 55.

4 Siehe Seite 57.

5 Siehe den Text Seite 118.

6 Johannes Chrysostomus, HomMt LXXXVIII,4; PG 58, 781.

7 ApConst II,26,7; FUNK 105.

8 Vgl. ApConst II,57; VIII,6–15.

9 *Atque utinam nobis quoque adolentibus altaria sacrificium deferentibus assistat angelus, imo praebeat se videndum* (Ambrosius, ExpoLk 1,28; CChrL 14, 20).

10 Vgl. ATCHLEY 95, Anm. 2.

11 Vgl. Ambrosius, Joseph III,17.

12 Vgl. Hans LIETZMANN, Messe und Herrenmahl. Eine Studie zur Geschichte der Liturgie, Berlin [3]1955, 88.

13 Vgl. zum Folgenden ebd. 88–93. Zu späteren Gebeten siehe Seite 141 ff.

14 Did 14,1–3; FC 1, 133/135.

15 WENGST 55/57.

16 Zum Text siehe Seite 25.

17 Vgl. GAMBER 61; ATCHLEY 125.

18 LIETZMANN 91.

19 So heißt es im römischen Kanon: *Dein heiliger Engel trage diese Opfergabe auf deinen himmlischen Altar vor deine göttliche Herrlichkeit*, und in der Bittektenie nach der Anaphora der Chrysostomusliturgie ruft der Diakon: *Für die dargebrachten und geheiligten Gaben lasst uns beten zum Herrn: auf dass unser menschenliebender Gott sie annehme auf seinen heiligen, überhimmlischen und geistigen Altar, zum Duft und geistigen Wohlgeruch, und uns dafür seine göttliche Gnade und die Gabe des Heiligen Geistes herabsende.*

20 Vgl. Theodor KLAUSER, Der Ursprung der bischöflichen Insignien und Ehrenrechte [Bonner akademische Reden 1], Bonn o. J., 10.

21 „Wäre die Einreihung der Bischöfe in die staatlichen Rangklassen nicht schon gleich 313 erfolgt, so wäre sie spätestens bei der Verleihung der richterlichen Vollmacht, also 318, zum unabweisbaren Bedürfnis geworden." Denn „in einem hochentwickelten höfischen Protokoll, wie dem spätrömischen, mußte von vorneherein klargestellt sein, welche Funktionäre der staatlich zugelassenen Religionsgemeinschaften Hoffähigkeit besaßen und wie sie bei Empfängen und sonstigen Staatsfeierlichkeiten zu behandeln waren" (ebd. 14 f).

22 EMMINGHAUS 108.

23 Klauser 25.

24 Klauser 24.

25 Vornehme ließen Fackel und Kohlenpfanne vor sich hertragen. Dies wurde in geschlossenen Räumen durch Kerze und Weihrauch stilisiert nachempfunden; vgl. Emminghaus 165.

26 *Dictis ergo his tribus psalmis, et factis orationibus tribus, ecce etiam thiamataria inferuntur intro spelunca Anastasis, ut tota basilica Anastasis repleatur odoribus. Et tunc ubi stat episcopus intro cancellos, prendet euangelium, et accedet ad hostium et leget resurrectionem Domini episcopus ipse* (Aetheria, Itinerar 24,10; SChr 21, 196).

27 Übrigens geschah dies auch nicht am regulären Verkündigungsort, sondern in der Anastasiskapelle. Auch heute wird im byzantinischen Ritus das sonntägliche Auferstehungsevangelium vom Zelebranten auf der Südseite des Heiligen Tisches gen Norden verkündet; vgl. Sergius Heitz, Mysterium der Anbetung. Göttliche Liturgie und Stundengebet der Orthodoxen Kirche, Köln 1986, 95, Anm. 33. Auch im Westen finden sich Belege für die sonntägliche Auferstehungsverkündigung durch den Vorsteher; vgl. z. B. RB 11,9.

28 Vgl. Hieronymus, Contra Vigilantium 7.

29 Von Bedeutung dabei ist bestimmt auch das „Nachspielen" der Szene am leeren Grab, in der der Engel den Frauen die frohe Botschaft von der Auferstehung Jesu verkündet; vgl. Mk 16,5–8.

30 Auch der Passus *tota basilica Anastasis repleatur odoribus* steht dem nicht entgegen, beschreibt er doch nur den Effekt, den durch die Kirche in die Grotte getragene Weihrauchfässer haben: Der ganze Raum wird von Duft erfüllt.

31 So z. B. Richard Hugh Connolly, The Use of Incense in Roman Liturgy, in: EL 43 (1929) 171–176, hier 173.

32 Atchley 181.

33 OR V,2 f; Michel Andrieu, Les Ordines Romani du haut moyen age. II: Les Textes [Spicilegium Sacrum Lovaniense 23], Louvain 1948, 209.

34 OR I entstand kurz vor 700. Atchley 181 hält dafür, dass die darin fixierten Riten schon wesentlich früher, evtl. bereits im 6. Jahrhundert, in gleicher Form in Gebrauch waren.

35 Als die Kirche den Weihrauch als Ehrenzeichen übernahm, war diese Mutation längst vollzogen. In das römische Hofzeremoniell hatte er aber aus ebendiesem Grunde Einlass gefunden.

1 Vgl. AEM 82, 128.

2 OR I,41.46; Andrieu 80, 82.

3 OR II; Andrieu 115.

4 Wenn eine Kirche den römischen Pontifikalritus auf ihre Bedürfnisse übertrug, trat selbstverständlich der jeweilige Ortsbischof an die Stelle des Pontifex.

5 OR IV,8; Andrieu 158.

6 Vgl. Andrieu 205 f.

7 *Tunc ministri cum timiaterio et turibulis non amplius quam ternis procedunt ante ipsum, mittentes incensum, et septem acoliti, portantes septem cereostata foras ecclesiam accensa, procedunt ante pontificem usque in chorum. Post turibula portatur evangelium propius episcopo* (OR V,16; Andrieu 329 f). Wie auch bei Andrieu sind die Veränderungen im Vergleich zu OR I hervorgehoben.

8 Vgl. OR VI,6.17; Andrieu 242, 244.

9 Vgl. Andrieu 326.

10 OR IX,3–5; Andrieu 329 f.

11 OR IX,12; Andrieu 331.

12 Vgl. Atchley 186 f. Auch das päpstliche Zeremoniell maß dem Duft besondere Bedeutung zu: Eine Rose – später eine aus Gold gefertigte und mit Duftstoffen gefüllte – wurde im Mittelalter zum Sonntag Laetare, an dem folglich auch rosafarbene Gewänder getragen wurden, als besondere Auszeichnung von Päpsten verliehen; vgl. E. Cornides, Rose und Schwert im päpstlichen Zeremoniell von den Anfängen bis zum Pontifikat Gregors XIII., Wien 1967.

13 Vgl. IgnMagn 6.

14 Vgl. Dionysios Areopagita, De ecclesiastica hierarchia 3,3.

15 Vgl. F. E. Brightman, Liturgies Eastern and Western, Oxford 1896, 527.

16 Erst seit dem 8. Jahrhundert ist die Enarxis mit ihrer Psalmodie dem Einzug vorgelagert. Die früher am Beginn der Liturgie der Katechumenen anzutreffende Beräucherung der Kirche durch den Bischof ist nun an den Beginn der Enarxis vorgezogen worden und wird darüber hinaus immer vom Diakon ausgeführt; vgl. Hans-Joachim Schulz, Die byzantinische Liturgie. Glaubenszeugnis und Symbolgestalt, Trier 1980, 50 f.

17 Philipp Hartmann, Repertorium Rituum. Übersichtliche Zusammenstellung der wichtigsten Ritualvorschriften für die priesterlichen Funktionen, Paderborn [13]1916, 417. Beim Pontifikaleinzug, und nur bei diesem (vgl. Emil Joseph Lengeling, Die neue Ordnung der Eucharistiefeier. Allgemeine Einführung in das Römische Messbuch. Endgültiger lateinischer und deutscher Text. Einleitung und Kommentar. Münster 1970, 275), wird dann auch ein Kreuz vorangetragen, vor dem der Thuriferar das Rauchfass schwingt.

18 Vgl. Dominik Daschner, Per ecclesiam ad altare, in: GD 27 (1993) 137–139.

19 Vgl. Liturgikon 418. Siehe auch Seite 85 und den Materialanhang. Zu den Zeitpunkten der Kirchenrauminzens vgl. Johannes Maslow, Die Bedeutung des Weihrauchs in der orthodoxen Kirche, in: Stimme der Orthodoxie (1978/1982) 57–59, hier 57.

20 Vgl. AEM 82b.

21 Vgl. AEM 93–96, 131; CE 92, 140; Notitiae 14 (1978) 301. Vgl. hierzu auch die Diskussion in GD 1995/96, siehe Seite 246 Anm. 33.

22 OR I,59; Andrieu 87 f.

23 Vgl. Atchley 174.

24 Ebd. 184. Einzug und Evangelienprozession sind im Osten gleichwohl zwei verschiedene Dinge.

25 Atchley 184 f.

26 Vgl. Hieronymus, Contra Vigilantium 7.

27 Atchley 183. Deutlicher noch wird das sogenannte Baumstarksche Gesetz bei der Durchsicht des Formulars des Sabbato Sancto nach dem Missale Pius' V., in dem über die Kerzen beim Evangelium hinaus Introitus, Offertorium, Communio sowie das besonders spät in die Messliturgie eingefügte Agnus Dei fehlen. Mir scheint allerdings, dass im MR 1970 das Fortlassen von Kerzen nicht aus historischen Erwägungen beibehalten wurde, ist doch die Lichtsymbolik des eröffnenden Luzernars ein solcher Schwerpunkt in der Dramaturgie der Osternacht, dass alles weitere bedeutsame Tragen von Lichtern eine Schwächung derselben zur Folge haben könnte.

28 Atchley 185 weiß von sieben Kerzen ohne Weihrauch in gallikanischen Riten des 4. bis 5. Jahrhunderts.

29 Vgl. Atchley 185 und 235.

30 DH 601.

31 Vgl. Jungmann II 89.

32 Vgl. OR V,32 f; Andrieu 215 f.

33 *Descendente diacono de ambone, subdiaconus … recipit evangelium, quod tenens ante pectus suum super planetam porrigit osculandum primum episcopo aut presbitero, deinde omnibus per ordinem graduum qui steterint et universo clero necnon et populo. Et turibula per altaria portantur et postea ad nares hominum feruntur et per manum fumus ad os trahitur* (OR V,38.41; Andrieu 217 f, siehe Anm. 9).

34 Connolly 174 und Atchley 208 gegen Valentin Thalhofer / Ludwig Eisenhofer, Handbuch der katholischen Liturgik, Freiburg ^{2}1912, 400. Vgl. 2 Kor 2,14; Amalar, Off III,18; Sicard, Mitrale III,4; Durand, Rationale IV,24. Alfons Kirchgässner, Die mächtigen Zeichen, Freiburg 1959, 348 f beschreibt ein byzantinisches Lesepult in Freudenstadt, aus dessen an den vier Ecken befindlichen Löchern während des Evangeliums Weihrauch entströmt. Weitere Beispiele bei Hiltrud Westermann-Angerhausen, Mittelalterliche Weihrauchfässer von 800 bis 1500, Petersberg 2014, 39.

35 OR IX,19 f; ANDRIEU 332.

36 OR X,30 f; ANDRIEU 357.

37 ATCHLEY 243. Hier auch weitere Belege für den zuletzt genannten Ritus.

38 Eine Geste, die noch heute in manchen orthodoxen Kirchen zu beobachten ist; vgl. HEITZ 11.

39 Vgl. Durand, Rationale IV,24.34.

40 Vgl. MR, OM.

41 Diese und weitere Belege bei ATCHLEY 240.

42 *Odore caelestis inspirationis suae accendat et impleat Dominus corda nostra ad audienda et implenda Evangelii sui praecepta* (MARTÈNE I 181 und öfter).

43 Vgl. Sicard, Mitrale III,4.

44 Vgl. William R. BONNIWELL, A History of the Dominican Liturgy 1215–1945, New York 1945, 124.

45 Vgl. Josef Andreas JUNGMANN, Missarum sollemnia. Eine genetische Erklärung der römischen Messe, Wien 1952, I 579. Altarinzens nach dem Evangelium wurde bereits in OR IX,19 erwähnt.

46 Oft wird daher bereits während der Epistel inzensiert.

47 Bereits im OR X legt der Bischof selbst Inzens ein – sowohl vor dem Einzug wie auch vor der Evangelienprozession; vgl. OR X,7.25; ANDRIEU 352, 356.

48 Gemeint sind drei Doppelzüge, von denen der erste gegen die Mitte, der zweite nach links und der dritte nach rechts zu führen ist, wie HARTMANN 430 schreibt.

49 Vgl. MR, RS VI,5.

50 Vgl. AEM 95, 131.

51 AEM 35. Vgl. den bereits erwähnten Kanon des 2. Konzils von Nikaia.

52 Nicht zu verwechseln mit dem Antwortpsalm nach der ersten Lesung, der meditativen Charakter besitzt und von allen gemeinsam gesungen und gehört werden soll; vgl. hierzu auch LENGELING 281. Gemeint ist hier ein durch mehrere und nicht unbedingt den Psalmen entnommene Verse „gestreckter" Hallelujagesang.

53 Vgl. AEM 51, 105, 133.

54 AEM 51.

55 Amalar, Off Procemium 21; HANSSENS 18.

56 Vgl. Micrologus 9.

57 PL 125, 774 B.

58 *Post oblationem ponitur incensum super altare* (OR V,55; ANDRIEU 220).

59 Vgl. OR X,46; ANDRIEU 360.

60 Vgl. CONNOLLY 175.

61 Vgl. THALHOFER/EISENHOFER I 392.

62 Vgl. die ähnliche Praxis in der byzantinischen Liturgie. Die Gaben vor der Liturgie zu bereiten, ist allerdings eine relativ späte Entwicklung, die in der bischöflichen Liturgie auch zugunsten der älteren Tradition (Gabengebet und Verhüllung der Gaben unmittelbar vor der Übertragung) zurücksteht.

63 Vgl. Nicolas Cabasilas, Liturgia Expositio 24. Im Westen ist dies für Bourges noch im 18. Jahrhundert bezeugt; vgl. ATCHLEY 246 f.

64 Vgl. CONNOLLY 175. Unwahrscheinlich ist auch nicht eine Sekundärentwicklung der Gabeninzens aus der Altarinzens.

65 Vgl. JUNGMANN II 88.

66 OR XIV,53; MABILLON II 302. Hier wird das *Dirigatur* allerdings noch zur Gabeninzens gesprochen, wohingegen es in Trient erst bei der Altarinzens verwendet wird. Die Reihenfolge der Gebete im MR 1570 im Einzelnen: *Per intercessionem – Incensum istud – Dirigatur – Accendat*. Zu den Texten siehe Seite 141 ff.

67 Vgl. OR X,46; ANDRIEU 360.

68 Vgl. MARTÈNE I 511; Durand, Rationale IV,31.

69 Vgl. AEM 51.

70 Zur Opferthematik siehe Seite 57.

71 Die Thematik „Gebet" wäre noch leichter mit Offb 8,3 als mit Ps 141,2 erklärt. So auch Durand, Rationale IV,31. Vgl. Michael PFEIFER, Lieber mehr als weniger. Ein Plädoyer für deutende Gebete und Einladungen, in: GD 28 (1994) 84.

72 Vgl. JUNGMANN II 93.

73 Romano GUARDINI, Von heiligen Zeichen, Mainz 1992, 48. Das entspricht der Deutung bei Durand, Rationale IV,31.

74 Vgl. Bernhard STÜRBER, In Vergessenheit geraten. Die Inzensationsriten in der Messe, in: GD 29 (1995) 49–51, hier 51.

75 Vgl. Florian KLUGER, Benediktionen. Studien zu kirchlichen Segensfeiern, Regensburg 2011, 357, Anm. 1081.

76 C. G. JUNG deutet den Ritus als eine *Circumambulatio*: linksdrehend ins Unbewusste, rechtsdrehend in Richtung des Bewusstseins; vgl. DERS., Gesammelte Werke 11. Zur Psychologie westlicher und östlicher Religion, Zürich 1963, § 318.

77 Vgl. AEM 27, 85, 129, 235b; 51, 105, 145, 235d; AES 261. Zur Problematik dieser Rubrik siehe Seite 107–111.

78 JUNGMANN I 101 f.

79 Zitiert nach ATCHLEY 162.

80 Vgl. Rhabanus Maurus, De clericorum institutione II,45 und die bei ATCHLEY 189 angeführten Belege.

81 Zitiert nach ATCHLEY 164, Anm. 1.

82 Vgl. Synode von Agde (506), Canon 14.

83 Zitiert nach ATCHLEY 165, Anm. 1.

84 Vgl. ebd. 165.

85 … *qui continue altare circuit incensat* (PR 106). Zum gallikanischen Ursprung des Ritus vgl. Joseph BRAUN, Der christliche Altar in seiner geschichtlichen Entwicklung, München 1924, I 676–720, bes. 705.

86 Vgl. ATCHLEY 215.

87 Vgl. ebd. 216.

88 OR X,14; ANDRIEU 354.

89 Vgl. MARTÈNE I 205.

90 Vgl. OR XI,18; MABILLON II 126 f.

91 OR V,55; ANDRIEU 220.

92 OR X,46; ANDRIEU 360.

93 Vgl. Sicard, Mitrale III,2 und IV,5.

94 Vgl. Durand, Rationale IV,8.

95 Vgl. Josef Andreas JUNGMANN, Der Gottesdienst der Kirche. Auf dem Hintergrund seiner Geschichte kurz erläutert, Innsbruck/Wien/München [3]1962, 121; LECHNER 212; THALHOFER/EISENHOFER 399.

96 *Praeter mysticam rationem ob hoc etiam incensatur altare, quatenus ab eo omnis nequitia daemonis propellatur; fumus enim incensi valere creditur ad daemones effugandos* (Innozenz III., SacrMiss 2,17, zitiert nach THALHOFER/EISENHOFER 402).

97 Vgl. Durand, Rationale IV,10.

98 Vgl. LENGELING 191 zu AEM 27. Zum Ritus vgl. AEM 236.

99 THALHOFER/EISENHOFER 395 f.

100 EMMINGHAUS 165.

101 *Etiam sacerdos et populus incensari possunt a diacono vel alio ministro, post incensata oblata et altare* (AEM 51).

102 Eine erste Regel zur Vereinfachung der früheren Riten bietet die Instruktion zur Durchführung der Liturgiereform vom 26. September 1964 Inter œcumenici IX,36b; EDIL 234.

103 Vgl. Johannes Chrysostomus, HomMt 88.

104 Vgl. Thomas von Aquin, Summa Theologiae III q. 83 v ad II 3.

105 OR V,41.

106 Detaillierte Erläuterungen zu Reihenfolge und Ritus der Inzens bietet übersichtlich HARTMANN 221 f und 437 f. Das Inzensieren der Obrigkeit folgt Röm 13,4; vgl. Ludwig EISENHOFER / Joseph LECHNER, Grundriß der Liturgik des römischen Ritus, Freiburg [5]1950, 84.

107 THALHOFER/EISENHOFER 399.

108 Vgl. die Begleitworte des heutigen Begräbnisritus.

109 Im Westen wird die Aussage des Psalms, der im Anschluss an den Weihrauchritus gesprochen wird, durch die zeichenhafte Umsetzung des Verses 4 in der Handwaschung veranschaulicht.

110 Liturgikon 418.

111 Ähnlich Georg LANGGÄRTNER, Der Weihrauch, in: Liturgie konkret 12/1986, 4 unter Bezug auf SC 7.

112 Analoges gilt selbstverständlich, wenn ein Diakon der liturgischen Feier, etwa der Tagzeitenliturgie, vorsteht.

113 Vgl. Peter BROWE, Die Verehrung der Eucharistie im Mittelalter, München 1933, 28.

114 Vgl. ebd. 17.

115 Vgl. ebd.

116 Vgl. Rituale Moguntiae von 1400, Nr. 50; Hermann REIFENBERG, Sakramente, Sakramentalien und Ritualien im Bistum Mainz seit dem Spätmittelalter [LQF 53 f], Münster 1971 f, I 710.

117 Vgl. Rituale Moguntiae von 1671, Nr. 273 ff; REIFENBERG, Sakramente II 602; Incense on Good Friday when small ritual is used, in: Ecclesiastical Review 102 (1940) 535 f. Inzwischen kommt es zu der Diskrepanz, dass das Altarsakrament am Gründonnerstag zwar mit Weihrauch zum Aufbewahrungsort geleitet wird, am Karfreitag aber ohne dieses Ehrenzeichen wieder hereingetragen wird.

118 Vgl. ATCHLEY 265. Gegen THALHOFER/EISENHOFER 392, die eine „allmähliche Aufnahme" bereits im 11. Jahrhundert annehmen.

119 Vgl. BONNIWELL 126.

120 *Thuriferarius autem in festis duplicibus ... retro sacerdotem genuflectens incenset versus sacramentum. Caveat tamen ne fumus incensi sit talis aut tantus quod visum sacramentum impediat vel aliunde offendat sacerdotem* (BROWE 56, Anm. 176).

121 Vgl. BROWE 44.

122 Vgl. MARTÈNE I 219.

123 Vgl. ATCHLEY 266.

124 Vgl. ATCHLEY 264.

125 Vgl. AEM 235e; CE 155.

126 Vgl. HARTMANN 649.

127 Vgl. ebd. 651.

128 Ebd. Vgl. auch Bell and Incens During Benediction, in: Ecclesiastical Review 131 (1954) 346.

129 Vgl. Eucharistieverehrung 85, 93, 97.

130 Ebd. 106. CE 299, 306, 388 und 391 sprechen von mehreren Fässern bei den eucharistischen Prozessionen an Gründonnerstag und Fronleichnam.

131 Vgl. Eucharistieverehrung 96.

132 Vgl. Notitiae 4 (1968) 134. Zum aufgeworfenen Fragenkomplex vgl. FUCHS, Stundengebet 121–123.

Weihrauch bei der Tagzeitenliturgie

1 Gabriele Winkler, Über die Kathedralvesper in den verschiedenen Riten des Ostens und Westens, in: ALw 16 (1974) 53–102, hier 55; vgl. Anton Arens, Die Psalmen im Gottesdienst des Alten Bundes. Eine Untersuchung zur Vorgeschichte des christlichen Psalmengesanges [Trierer Theologische Studien 11], Trier ²1968, 118 f.

2 Vgl. z.B. Lk 24,53; Apg 3,1; 5,12.

3 Vgl. Apg 2,46; 5,42.

4 Vgl. Arens 69 f, 78 f, 80 f.

5 Vgl. Johann Maier, Zur Verwendung der Psalmen in der synagogalen Liturgie (Wochentag und Sabbat), in: H. Becker / R. Kaczynski (Hg.), Liturgie und Dichtung. Ein interdisziplinäres Kompendium I, St. Ottilien 1983, 55–90, hier 77 f.

6 Vgl. Notker Füglister, Die Verwendung und das Verständnis der Psalmen und des Psalters um die Zeitenwende, in: Josef Schreiner (Hg.), Beiträge zur Psalmforschung, Würzburg 1988, 319–394, hier 338.

7 Vgl. Zusammenstellung und Forschungsbericht bei Frieder Schulz, Die jüdischen Wurzeln des christlichen Gottesdienstes, in: JLH 28 (1984) 39–54.

8 Vgl. Lk 4,16–30; Apg 13,5; 14,1.

9 Mischna, Traktat Berakot, Kap. VIII.

10 Vgl. Apg 1,14; 2,1.46; 4,23–31; 12,5.12.

11 Bei Paulus findet sich eine Hochschätzung des Tempelgottesdienstes; vgl. Röm 9,4.

12 Vgl. Offb 2,9; 3,9, wonach der christliche Synagogengottesdienst der einzig wahre ist. Vgl. Peter Fiedler, Zur Herkunft des gottesdienstlichen Gebrauchs von Psalmen aus dem Frühjudentum, in: ALw 30 (1988) 229–237, hier 235 ff.

13 Vgl. Robert Taft, The Liturgy of the Hours in East and West. The Origins of the Divine Office and its Meaning for Today, Collegeville 1985, 3, 11.

14 Vgl. Taft, Hours 7 f.

15 Vgl. Klaus Einspieler, Lobe den Herrn, meine Seele! Handbuch für die Vorbereitung von Morgenlob, Abendlob, Vigil und Komplet, Klagenfurt 2001, 24 f; Mechthild Bitsch-Molitor / Michael Pfeifer, Lebendige Liturgie. Liturgische Grundlagen und praktische Gestaltungshilfen (nicht nur) für Kirchenmusiker, Mainz ⁵2014, 39; Paul Ringseisen, Morgen- und Abendlob mit der Gemeinde. Geistliche Erschließung, Erfahrungen und Modelle, Freiburg ²1994, 84–87.

16 Vgl. Apg 2,1.15; 10,9; 3,1; 10,3.30.

17 Did 8 bringt unter Bezug auf Mt 6,5 die Fassung des Herrengebetes fast wörtlich in der matthäischen Fassung (Mt 6,9–13) und fügt eine Doxologie an.

18 Vgl. 1 Clem 40, metaphorisch gefasst auch in Kap. 24.

19 Vgl. Tertullian, Orat 25,5.

20 Vgl. TradAp 41. Kap. 25 beschreibt die abendliche Zusammenkunft als

Agape mit vorgeschaltetem Lichtritus, wie er in Synagogen- und Hausliturgie, aber auch in der heidnischen Umwelt üblich war.

21 Vgl. ApConst II,59; VIII,37; FUNK I 171 f, 544 f.

22 Vgl. Eusebius, CommPs 64,9b.

23 Vgl. Johannes Chrysostomus, CatBapt III,7,17 f.

24 Vgl. *Buße:* Robert TAFT, »Thanksgiving for the Light.« Toward a Theology of Vespers, in: ders., Beyond East and West. Problems in Liturgical Unterstanding, Washington 1984, 127–149, hier 141. *Fürbitte:* Chrysostomus im Anschluss an 1 Tim 2; PG 62, 640. *Danksagung:* Basilius, Regula fusius qu. 37 (PG 31, 1013 A); ApConst VIII,37 (FUNK I 544).

25 TAFT, Thanksgiving 134.

26 Vgl. ApConst II,59.

27 Vgl. TAFT, Hours 11.

28 Origenes, De Oratione 12,2.

29 Eusebius, CommPs 64,9b.

30 Johannes Chrysostomus, ExpoPs 140,1.

31 ApConst II,59,5. In VIII,35 sind die Luzernarpsalmen erwähnt, zu denen höchstwahrscheinlich auch Ps 141 (140) gehört. Preces beschließen die Feier.

32 Das letzte der sogenannten Luzernariumsgebete, die heute – entgegen ihrer ursprünglichen Anordnung – vom Priester während des Eingangspsalmes 104 (103) gesprochen werden, nimmt Bezug auf Ps 141 (140),2. Es heißt darin: *Du hast uns gewürdigt, auch in der gegenwärtigen Stunde mit unserem Bekenntnis vor Deinen Altar zu treten und Dir das Abendlob darzubringen. Du menschenliebender Gott, laß unser Gebet zu Dir aufsteigen wie Weihrauch, und nimm es an als duftenden Wohlgeruch.* Zitiert nach HEITZ 26; siehe auch die Bearbeitung im Materialanhang.

33 Vgl. Valentin THALHOFER, Erklärung der Psalmen und der im römischen Brevier vorkommenden biblischen Cantica mit besonderer Rücksicht auf deren liturgischen Gebrauch, Regensburg 1860, 733.

34 WINKLER 66, vgl. auch 63.

35 TAFT, Hours 43 ist der Ansicht, dass Chrysostomus noch keine solche symbolische Umsetzung des Weihrauchverses innerhalb der Vesper kennt. Er beruft sich dabei auf ExpoPs 140 (PG 55, 430–432).

36 Theodoret, QuaestExod 28; Natalio Fernandez MARCOS / Angel SÁENZ-BADILLOS, Theodoreti Cyrensis Quaestiones in Octateuchem, Madrid 1979, 142.

37 Die Abendpsalmen der heutigen byzantinischen Vesper sind alle unter dem Gesichtspunkt *Buße* stichwortverkettet. Ps 117 (116) stellt ein abschließendes Lob für das Erbarmen Gottes dar.

38 Ansgar FRANZ, Die Tagzeitenliturgie der Mailänder Kirche im 4. Jahrhundert. Ein Beitrag zur Geschichte des Kathedraloffiziums im Westen, in: ALw 34 (1992) 23–83, hier 27.

39 Vgl. TAFT, Hours 42.

40 Vgl. TAFT, Hours 39.

41 Vgl. ApConst II,59.

42 Vgl. Aetheria, Itinerar 24.

43 Siehe Seite 58.

44 WINKLER 77.

45 Vgl. TAFT, Hours 241–243; Jakob THEKEPARAMPIL, Prayers after incense, in: Parole de l'Orient 6/7 (1976/77) 325–330. Bei den Maroniten auch als Bußakt der Messe. Vgl. Andreas HEINZ, Die Heilige Messe nach dem Ritus der Syrisch-maronitischen Kirche, Trier 1996.

46 Ebenso ist das der Fall bei der eröffnenden Räucherung der heutigen byzantinischen Liturgie. Es handelt sich bei genanntem Psalm nicht um einen horenspezifisch, sondern aufgrund seiner Stellung am Beginn einer gottesdienstlichen Handlung als Schuldbekenntnis ausgewählten Text.

47 Mitgeteilt bei WINKLER 70 f, Anm. 92 f.

48 Zu den Intentionen syrischer Weihrauchgebete siehe Seite 148 ff.

49 Ein ähnliches und weitgehend zeitgleiches Phänomen lässt sich im Westen beobachten. Die fränkischen Könige und Kaiser adaptierten die römische Liturgie für ihre Bedürfnisse im Reich und vermischten sie mit eigenen Entwicklungen vor allem gallikanischer Prägung. Später waren es die Impulse aus dem Frankenreich, die die Liturgie Roms aufs Neue befruchteten. Von Rom aus wurden sie schließlich verbindlich vorgeschrieben.

50 Vgl. WINKLER 73.

51 Vgl. ebd. 73 f.

52 Zitiert nach WINKLER 82.

53 Vgl. hierzu ebd. 91.

54 Im Liber cathemerinon des Aurelius Prudentius (348–405) findet sich z. B. ein *Hymnus ad incensum lucernae*, die Synode von Toledo kennt im Jahr 400 ebenfalls diesen Ritus (MANSI III 1000) und auch das Itinerar der aquitanischen Nonne Aetheria lässt Rückschlüsse auf die Gebräuche in ihrer Heimat zu (Kap. 24).

55 Vgl. hierzu WINKLER 91 f.

56 Ambrosius, ExpoPs Sermo VIII,48.

57 Vgl. Beroldus 80, 83, 116.

58 Vgl. WINKLER 95.

59 Vgl. Eusebius, CommPs 64.

60 *Transmissimus enim per praedictum presbyterum aliquantum cozumbri, quod incensum Domino offeratis, temporibus matutinis et vespertinis, sive dum missarum celebratis solemnia, miri odoris atque fragrantiae* (PL 89, 755).

61 Vgl. Hansjakob BECKER, Zur Struktur der »Vespertina Synaxis« in der Regula Benedicti, in: ALw 29 (1987) 177–188, hier 182 f. Zum Lichtritus bei Benedikt vgl. Josef DÖLGER, Lumen Christi, in: Antike und Christentum 5 (1936) 1–43, hier 37 f.

62 Bereits der Codex Alexandrinus kennt die drei Cantica aus Lk 1 f zusammen mit etlichen alttestamentlichen als Bestandteil der Ostervigil. Im Osten werden Benedictus und Magnificat auch heute noch im Morgengottesdienst gesungen. In Rom scheinen die Cantica schon sehr früh auf Laudes, Vesper und Komplet aufgeteilt worden zu sein. Das Magnificat ist seit Benedikt sicher als Bestandteil der Vesper belegt, muss aber in dieser Funktion schon für frühere Zeit angenommen werden; vgl. BECKER 178, Anm. 15.

63 Vgl. Rhabanus Maurus, De clericorum institutione II,7.

64 OR XIII; MABILLON II 234.

65 *Cum ipso verso offertur incensum … Intendat summus sacerdos, qui vicem tenet Aaron in ecclesia, quis debeat incensum offerre Domino super altare. Post hoc sequitur ymnus sanctae Mariae* (Amalar, Off IV,7,19 f; HANSSENS 435).

66 AES 50.

67 BECKER 182, Anm. 43.

68 Vgl. TAFT, Hours 232.

69 Vgl. Lk 1.

70 Vgl. Sicard, Mitrale III,2; IV,5. Bis zur Reform der Stundenliturgie 1970 war Ps 141,2 übrigens reguläres Begleitgebet aller Altarberäucherungen.

71 Vgl. AES 261.

72 So sieht das byzantinische Typikon bei besonderen Anlässen (z. B. Gründonnerstag) vor, dass die Komplet jeder Mönch in seiner Zelle betet.

73 Vgl. FUCHS, Stundengebet 97.

74 Vgl. THALHOFER/EISENHOFER II 329.

75 Zitiert nach ATCHLEY 149, Anm. 1.

76 Siehe Seite 83.

77 Vgl. THALHOFER/EISENHOFER 392.

78 THALHOFER/EISENHOFER 396. Nach OR XIII (MABILLON II 239) wurde in St. Peter zu Rom bei bestimmten Horen auch in der Confessio geräuchert.

79 Ebd. 398.

80 Vgl. auch GAMBER 63 und ATCHLEY 154.

81 BECKER 182, Anm. 44. Soll der Weihrauch tatsächlich die „versöhnungsstiftende Opferhingabe Christi am Kreuz" vergegenwärtigen – und nur in diesem Fall –, wäre auch ein „Weihrauch*opfer*" *auf* dem Altar theologisch nachvollziehbar.

82 Der Begriff „Weihrauchspende" stellt eine Verbindung zum Verehrungsgedanken her. In den meisten Fällen jedoch ist stattdessen das Zeichen des Gebets gemeint. Vgl. Gotteslob Dienstebuch, Trier 2015, 98; Wort-Gottes-Feier. Werkbuch für die Sonn- und Festtage, Trier 2004, 196; Paul RINGSEISEN (Hg.), Morgenlob – Abendlob. Mit der Gemeinde feiern. Advent – Weihnachtszeit, Planegg 2000, 80. Das Gotteslob 2013 spricht dagegen neutral vom „Weihrauchritus" (Nr. 613,2).

83 Versammelt in Seinem Namen, Trier 2008, 82 bringt zur Imposition am Beginn des Magnificats folgenden neuen Ruf des Zelebranten ins Spiel: *Wie Weihrauch steige unser Lobpreis empor zu Gott.*

84 Im Gotteslob fehlt leider sogar eine erwartbare Oration zu Ps 141 (vgl. Nr. 661,3), nachgetragen im Dienstebuch 100. Vorschläge für Magnificat- und Benedictusorationen finden sich im Materialanhang.

85 Vgl. VISN 84.

86 Vgl. z. B. die Aufsätze von Angelus A. Häussling, Ist die Reform der Stundenliturgie beendet oder noch auf dem Weg?, in: Theodor Maas-Ewerd (Hg.), Lebt unser Gottesdienst? Die bleibende Aufgabe der Liturgiereform, Freiburg/Basel/Wien 1988, 227–247, und Martin Klöckener, Eine Liturgie der Tagzeiten. Wünsche zur Ergänzung des Stundenbuches, in: GD 26 (1992) 137–139; auch Fuchs, Stundengebet.

87 Vgl. Michael Pfeifer, Eine Pfarrei ist kein Kloster. Stundengebet in Gemeindekirchen feiern, in: GD 45 (2011) 4–5, erweitert in: Ordenskorrespondenz 55 (2014) 35–38.

88 Vgl. Albert Gerhards / Reinhold Richter, Neue Vespergottesdienste. Ein Werkbuch, Freiburg/Basel/Wien 1986; Paul Ringseisen (Hg.), Morgenlob – Abendlob. Mit der Gemeinde feiern, Planegg 2000.

89 Siehe auch hier das Materialangebot im Anhang.

90 Eine Vorlage für eine altkirchliche Gemeindevesper hat der Verfasser unter dem Titel *Gemeindevesper* herausgegeben (Aschaffenburg 2010, [2]2017); vgl. dazu Michael Pfeifer, Licht und Weihrauch. Plädoyer für ein gemeindegemäßes Stundengebet, in: GD 36 (2002) 49–51; ders., Eine Pfarrei ist kein Kloster. Stundengebet in Gemeindekirchen feiern, in: GD 45 (2011) 4–5, erweitert in: Ordenskorrespondenz 55 (2014) 35–38. Anregungen fanden sich bereits z. B. bei Hansjakob Becker, Luzernarium, in: W. Meurer (Hg.), Volk Gottes auf dem Weg. Bewegungselemente im Gottesdienst, Mainz 1989, 169–174; vgl. auch Fuchs, Stundengebet. Im Gotteslob 2013 ist nun unter dem Titel *Abendlob* ebenfalls ein solches Schema zu finden, allerdings hält dieses inkonsequenterweise am Magnificat aus der klösterlichen Tradition fest.

91 Vgl. Franz Kohlschein, Den täglichen Gottesdienst der Gemeinde retten, in: LJ 34 (1984) 195–234; ders., Die Tagzeitenliturgie als „Gebet der Gemeinde" in der Geschichte, in: Heiliger Dienst 41 (1987) 12–40. Diese alte liturgische Form könnte somit ein Gerüst für einen abendlichen Wortgottesdienst bilden. Warum sollten beispielsweise nicht auch Fasten- oder Adventspredigten in diese Struktur eingebunden werden können? Verkündigung muss nicht immer in die Messe oder in einen ihr nachgestalteten Wortgottesdienst integriert sein. Hier schüfe die betont sinnhafte Struktur des entwickelten Schemas ein wohltuendes Gegengewicht zur Wortverkündigung. Vgl. Michael Pfeifer, Vortrag oder Feier? Fastenpredigt – ein katholischer Predigtgottesdienst, in: GD 45 (2011) 44.

Weihrauch bei der Wort-Gottes-Feier

1 Wort-Gottes-Feier. Werkbuch für die Sonn- und Festtage, Trier 2004 (WGF). Für die deutschsprachigen Bistümer der Schweiz erschien nach einer ersten Publikation aus dem Jahr 1997 (WGFds 1997) und dem zehn Jahre später veröffentlichten Heft »Feierliche Kommuniongebete für die Wortgottesfeier mit Kommunion« schließlich »Die Wortgottesfeier am Sonntag« 2014 (WGFds 2014).

2 Zum gemeinsamen Dienst berufen. Die Leitung gottesdienstlicher Feiern. Rahmenordnung für die Zusammenarbeit von Priestern, Diakonen und Laien im Bereich der Liturgie, 8. Januar 1999. Zur Schlichtheit vgl. Nr. 38, zum Weihrauch vgl. Nr. 22, 47, 49, 64. Problematisch ist die Formulierung „Darbringung von Weihrauch" im Zusammenhang mit dem Weihrauchritus bei den Cantica in Laudes und Vesper (Nr. 22).

3 Vgl. WGF 15.

4 Vgl. ebd. 36 (Nr. 55). Für den Fall, dass kein Kreuz mitgetragen wird, siehe die Vorschläge Seite 67.

5 Vgl. ebd. 36 f (Nr. 65 f), 51.

6 Vgl. ebd. 42 (Nr. 90). Während im Einleitungskapitel die Rubriken recht detailliert sind, fehlt im Ablauf der Feier jeder Hinweis auf die Möglichkeit, Weihrauch bei der Übertragung des Allerheiligsten einzusetzen; vgl. ebd. 65.

7 Vgl. ebd. 56. Zu Segnungen siehe Seite 126 ff.

8 Vgl. VISN 119, 121 (Nr. 3, 9). Auch Leuchter zum Evangelium werden wochentags nicht erwähnt, wohl aber die Begleitung durch Ministranten.

9 WGF 197.

10 Ebd.; VISN 84. Die Bezeichnungen „Weihrauch-Spende" und „Darbringen von Weihrauch" für diesen Weihrauchritus ist kaum irgendwo irreführender als an diesen Stellen. Sonntags ist zudem als alternativer Versikel auch *Vom Aufgang der Sonne bis zum Untergang* angegeben.

11 Vgl. ebd. 31 (Nr. 45), 196–199.

12 Ebd. 31 (Nr. 45), 196, vgl. PEB 30.

13 Ebd.

14 Vgl. VISN 25 (Nr. 20).

15 WGF 196.

16 VISN 389.

17 Siehe Seite 171–175, vgl. auch Hld 1,3 und darauf anspielende Weihrauchgebete.

18 Siehe Seite 93.

19 Siehe Seite 157 ff.

20 WGF 31 (Nr. 45).

21 Ebd. 196.

22 Ebd. 39 (Nr. 76). Eine Weihrauchschale *auf* dem Altar könnte dem Missverständnis Vorschub leisten, Weihrauch sei eine Naturaloblation. Siehe hierzu Seite 243, Anm. 81. – Das Schweizer Liturgiebuch zur Wort-Gottes-Feier sieht die Schale unterschiedslos beim Lobpreis bzw. bei den Fürbitten am „Ort des Buches" (WGFds 2014, 23, Nr. 80). Das Räucherbecken sollte eine gewisse Größe besitzen, damit es im Kirchenraum gut sichtbar ist.

23 Nach WGF 197 ff kann die Schale während der Antiphon emporgehoben werden. Eine Geste, die leicht an die *Darbringung* eines Weihrauch*opfers* denken lässt.

24 WGF 196.

25 Zu den Begrifflichkeiten siehe Seite 243, Anm. 82 und Seite 245, Anm. 10.

26 WGF 196.

27 Ebd. 198.

28 Vgl. ebd. 200. Kuss und Kniebeuge werden hier ebenfalls nicht erwähnt. Das Schweizer Rituale von 1997 kannte noch das Weihrauchauflegen (allerdings nicht vor dem Buch, sondern vor einem Christusbild); vgl. WGFds 1997, 12 (Nr. 4), 51 (Nr. 50). Im Rituale von 2014 liest man davon nichts mehr, stattdessen wird das „Darbringen" von Kerzen angeregt; vgl. WGFds 2014, 67–70.

29 Vgl. ebd. 19 (Nr. 51 f). Dass die Überlegungen hierzu schon eine längere Vorgeschichte haben, zeigt Helmut Fussbroich, Neuere Bemühungen, dem Evangeliar einen Ort im Kirchenraum zu geben, in: Hanns Peter Neuheuser (Hg.), Wort und Buch in der Liturgie, St. Ottilien 1995, 497–507, dort auch Abbildungen. Allgemein vgl. Johannes Helmrath, Die Inthronisation des Evangelienbuches auf Konzilien, in: ebd. 233–279.

30 Vgl. WGF 37 (Nr. 66).

31 WGFds 2014, 19 (Nr. 51). WGF 37 (Nr. 66) bietet keine entsprechende Deutung.

32 Vgl. WGFds 2014, 19 (Nr. 52).

33 Eine solche Kombination wurde beispielsweise beim Kirchenneubau 2015 in Waigolshausen (Diözese Würzburg) verwirklicht. Eine polare Anordnung weist die bischöfliche Privatkapelle im Dom zu Passau auf.

34 Vgl. Benedikt Kranemann, Anmerkungen zur Dramaturgie des Wortgottesdienstes der Messfeier, in: Ansgar Franz (Hg.), Streit am Tisch des Wortes? Zur Deutung und Bedeutung des Alten Testaments und seiner Verwendung in der Liturgie, St. Ottilien 1997, 759–768, hier 767. Weitere Fragen rund um die Wortverkündigung wurden 1995/96 in GD diskutiert: Alfred Rössler, Nur Äußerlichkeiten? Probleme mit dem »Tisch des Wortes«, in: GD 29 (1995) 177–179; Rudolf Pacik, Was sagen die Zeichen?, in: GD 30 (1996) 33–35; Günther Hoffmann, Zu: »Schwierigkeiten mit dem Wort«, gd 23/95 und »Was sagen die Zeichen?«, gd 5/96, in: GD 30 (1996) 54.

35 Vgl. WGFds 2014, 41 (Nr. 13). In der Messfeier umgesetzt beispielsweise beim Katholikentag 2016 in Leipzig; vgl. Jürgen Bärsch, Die Messe als Prozessionsliturgie, in: GD 50 (2016) 181.

Weihrauch bei Begräbnis und Totenkult

1 Tertullian, Apol 42,7; CChrL 2, 157.

2 Tertullian, Idol 11,2; CChrL 2, 1110.

3 Vgl. Tertullian, Corona 10,4 und Adolph FRANZ, Die kirchlichen Benediktionen im Mittelalter, Freiburg 1909 (Reprint: Graz 1960), I 422.

4 Vgl. LECHNER 83.

5 So das Resümee von Edmund BECK in CSCO 335, XIV.

6 Ephräm, Test; NPNF 13, 135

7 Acta sincera Sancti Petri; PG 18, 465 f.

8 Vgl. ATCHLEY 101 ff.

9 Gregor von Tours, Vitae Patrum 13; PL 71, 1067.

10 Vgl. Gregor, Epistula IX; PL 77, 989.

11 Vgl. REIFENBERG, Sakramente I 446, 453, II 277.

12 Vgl. Lev 5,11 und Num 5,15 ff.

13 THALHOFER/EISENHOFER 403.

14 Vgl. KIRCHGÄSSNER 533.

15 Vgl. THALHOFER/EISENHOFER 403.

16 Vgl. REIFENBERG, Sakramente I 446, 453, II 277.

17 Ähnlich geht man in Rumänien und Südungarn sechs Wochen nach einem Todesfall mit dem Rauchfass um das Grab (HWDA VIII 1061).

18 RR 185 (OExsequ. 13).

19 Vgl. KIRCHGÄSSNER 533.

20 *Rore coelesti perfundat animas vestras Deus. / Odore coelesti pascat animas vestras Deus* (ManRit 283). Die erste Zeile war während der Aspersio zu sprechen. Ein Mainzer Rituale hat den Spruch in der Form *Rore et odore caelesti pascat animam tuam deus* fakultativ; vgl. REIFENBERG, Sakramente I 453.

21 THALHOFER/EISENHOFER I 402.

22 *Ut omnis immundorum spirituum praesentia arceatur* (Durand, Rationale VII,35).

23 Vgl. THALHOFER/EISENHOFER I 402.

24 Ebd.

25 Vgl. FBegr 1972, Pastorale Einführung Nr. 31; FBegr 2009, Praenotanda Nr. 10; ManBegr 2012, Pastorale Einführung Nr. 61.

26 War der Weihrauchritus bislang fakultativ (in den liturgischen Büchern eingeklammert), ist dies nun nicht mehr der Fall; vgl. FBegr 1972, S. 67, Nr. 28–33; FBegr 2009, Nr. 98–102; ManBegr 2012, Nr. 53–57.

27 FBegr 2009, Nr. 100; ManBegr 2012, Nr. 55. In FBegr 1972, S. 67, Nr. 31 lautete es dagegen: *Dein Leib war Gottes Tempel. Der Herr schenke dir ewige Freude.*

28 Vgl. FBegr 2009, Nr. 193; FBegr 1972, S. 114, Nr. 13. ManBegr 2012, Nr. 88 bietet mit *Der Herr nehme dich auf in seine ewige Herrlichkeit* eine Alternative.

29 Vgl. FBegr 2009, Nr. 220, 228 f; ManBegr 2012, Nr. 186.

Weihrauch bei Sakramenten und Benediktionen

1 Gleichwohl wurde Weihrauch auf dem Weg zur Krankensalbung mitgetragen; vgl. Reifenberg, Sakramente I 396 und 404. Allerdings ist das mehr als Eucharistieverehrung denn als rituelles Element der Krankensalbung zu verstehen.

2 Vgl. Hans Bissig, Das Churer Rituale 1503–1927. Geschichte der Agende – Feier der Sakramente [Studia Friburgensia 56 NF], Freiburg/Schweiz 1979, 285, Anm. 122.

3 Ebd. 289.

4 Erwähnt sei noch die Benedictio thalami, innerhalb derer oft mittels Räucherungen das beginnende Eheglück störende Dämonen vertrieben werden sollen; vgl. Tob 8,2 f. Weihrauch als Räuchermaterie bildete eher die Ausnahme; vgl. Franz II 179, Anm. 3 und 180.

5 Reifenberg, Duft 341. Vgl. FBuße, S. 94, Nr. 13. Gerade in diesem Rahmen eignet sich wegen seiner Gesamtthematik auch besonders Ps 141 als Begleittext.

6 Reifenberg, Sakramente I 349.

7 Ebd.

8 Den Hinweis auf dieses Gottesdienstmodell verdanke ich Florian Frick; siehe den Text im Materialanhang.

9 Vgl. Georg Graf, Ein Reformversuch innerhalb der koptischen Kirche im 12. Jh. [Collectanea Hierosolymitana II], Paderborn 1923; ders., Über den Gebrauch des Weihrauchs bei den Kopten, in: Franz Fessler (Hg.), Ehrengabe deutscher Wissenschaft dargeboten von katholischen Gelehrten dem Prinzen Johann Georg von Sachsen, Freiburg 1920, 223–232, hier 224; ders., Liturgische Anweisungen des koptischen Patriarchen Kyrillos ibn Laklak, in: JLw 4 (1924) 119–134.

10 Graf, Reform 56.

11 Ebd. 57.

12 Ebd. 71.

13 Vgl. E. Hammerschmidt, Das Sündenbekenntnis über den Weihrauch bei den Äthiopiern. Nach einem Manuskript aus dem Nachlaß von S. Euringer bearbeitet und herausgegeben, in: Oriens Christianus 43 (1959) 103–109.

14 Es wird hier, wie allgemein im Deutschen, in der Regel nicht streng zwischen Segnung und Weihe differenziert (vgl. PEB 11, bes. Anm. 5). Weihehandlungen, die dem Weihrauch selbst gelten, werden im nächsten Abschnitt besprochen.

15 PEB 12.

16 PEB 30.

17 RR Bened., Praenotanda Generalia 26e.

18 Kreuzzeichen und Besprengung mit Weihwasser gehen der Beräucherung voraus. Es ist „die betreffende Sache, schon bevor der Inzens angewendet wird, zur res sacra geworden, weshalb die Inzensation desselben in erster Reihe als religiöse Ehrenbezeigung aufzufassen ist; aber hier gilt suo modo: qui iustus est, iustificetur adhuc; quod sanctum est, sanctificetur adhuc – daß durch die Thurifikation als odor gratiae noch neue übernatürliche Kräfte mitgeteilt werden" (THALHOFER/EISENHOFER I 401).

19 Vgl. KLUGER 354–358. „Die nonverbale Bezeichnung des Segensobjektes ist in der Regel als wesentlich für die Feiergestalt von Benediktionen zu erachten, da es gerade das Element des nonverbalen Zeichens bzw. der Bezeichnung ist, die eine Benediktion vom bloß lobpreisend-fürbittenden Gebet bzw. von der Fürbitte unterscheidet" (ebd. 358). — Auch die zahlreichen Kreuzgesten (auch mit dem Rauchfass) in der byzantinischen Liturgie sind als Zeigegesten zu verstehen.

20 In Bezug auf die Kirchweihe ist es für THALHOFER/EISENHOFER II 482 „gewiß nur Zufall, wenn uns erst aus dem Jahre 314 die erste Nachricht von einer feierlichen Einweihung einer christlichen Kirche erhalten ist". Die Altarweihe reicht ebenfalls ins 4. Jahrhundert zurück; vgl. BRAUN I 674.

21 Vgl. dazu BRAUN I 676–720.

22 Vgl. PR ODed, Ordo Imponendi primarium lapidem 27.

23 So in Rom teilweise noch bis ins 6. Jahrhundert; vgl. THALHOFER/EISENHOFER II 481.

24 Ebd.

25 Vgl. PR 88.

26 Vgl. PR 104. Bei der Antiphon handelt es sich um *Stetit Angelus juxta aram templi …*

27 *Tus non uritur neque in processione neque in Missa ante ritum incensationis et illuminationis altaris et ecclesiae* (ODedE 31).

28 Vgl. Alfons NEUGART, Handbuch der Liturgie für Kanzel, Schule und Haus, Einsiedeln [2]1933, II 89.

29 Joseph SAUER, Symbolik des Kirchengebäudes, Freiburg [2]1924 (Reprint: Münster 1964), 160.

30 MARTÈNE II 254. Ähnliche Anweisungen sind wenigstens bis ins frühe 9. Jahrhundert zurück nachweisbar. Bis ins 13. Jahrhundert scheint sich dagegen auch kein Widerspruch gerührt zu haben; vgl. BRAUN I 623–629.

31 Obwohl später der Brauch, Hostien ins Altargrab einzuschließen, aufgegeben wurde und die betreffende Sequenz in den Rubriken entfiel, ist die ursprüngliche Zuordnung noch nachvollziehbar. Darüber hinaus existieren Zeugnisse, die eine Reliquienimposition ohne Beifügung von Weihrauch kannten; vgl. BRAUN I 630 f.

32 Ebd.

33 Vgl. ebd. 666.

34 Nach BRAUN I 701, 715 gehörte diese Inzensierung gallikanischen Ursprungs zunächst zum eröffnenden Lustrationsritus und bildete gleichsam die Überleitung zum Salbungsritus. Als man die Reliquienbeisetzung vor der Salbung einschob, behielt die Beräucherung ihren Platz direkt vor der Salbung.

35 Hierzu singt man die Antiphon *Dirigatur oratione mea …*

36 Vgl. PR 127. Ersatzweise kann heute auch eine Schale mit glühenden Kohlen auf die Mensa gestellt und der Weihrauch in ihr verbrannt werden; vgl. hierzu ODedE 66 und ODedA 53.

37 *Ascendit fumus aromatum in conspectu Domini de manu Angeli* oder wiederum *Stetit angelus …*

38 *Dirigatur, Domine, oratio nostra / sicut incensum in conspectu tuo; / et sicut haec domus suavi repletur odore, / ita Ecclesia tua redoleat Christi fragrantiam* (ODedE 66 und ODedA 53). Die deutsche Studienausgabe bleibt im engen Anschluss an die Vorlage des Psalmes bei *mein Gebet*. Während des Ritus selbst wird eine der Antiphonen *Stetit angelus* oder *Ascendit fumus aromatum* gesungen. FKirchw 66a und FAltarw 53 sehen die Möglichkeit vor, zuvor den Hallelujavers *Veni, Sancte Spiritus* einzufügen.

39 „Ist die Würde des Gotteshauses gegründet auf dem Altare, so beruht dessen Heiligkeit vor allem auf dem Opfer, das auf ihm dargebracht wird. Um dies auch äußerlich zu zeigen, bringt der Bischof ein symbolisches Opfer dar" (Thalhofer/Eisenhofer II 495).

40 Vgl. Braun I 706. Ursprünglich wurden die Salbstellen wohl bloß inzensiert. Bis Ende des 14. Jahrhunderts setzten sich die Weihrauchfeuer durch.

41 *Tunc Episcopus in aliqua turibula incensum immittit et (benedicit atque) altare incensat. Deinde revertitur ad cathedram, incensatur et sedet. Ministri autem per aulam ecclesiae transeuntes, populum et parietes incensant* (ODedE 67). In Klammern die Ergänzung, die CE 905 bietet.

42 Auch dies ist nach Braun I 705 dem gallikanischen Altarweiheordo der Karolingerzeit entlehnt und fehlt auch in jenen Pontifikalien selten, die das Weihrauchverbrennen auf der Mensa kennen. – In den Riten des Ostens ist es vor allem diese Inzensation zum Abschluss der Altarweihe, die besondere Bedeutung erlangte. Es ist hier das Zeichen der Verehrung, die dem nun Heiligen Tisch entgegengebracht wird. Auch wird im Anschluss Allerheiligstes und Kirchenraum wie zu Beginn eines jeden Gottesdienstes inzensiert und die Liturgie begonnen. In einigen Riten (z. B. bei den Kopten) gibt es zusätzlich eine lustrative Inzensierung am Beginn der Weihehandlung; vgl. hierzu auch Braun I 744–750.

43 Vgl. ODedE 67. Zeitgleich damit werden die zuvor ähnlich dem Altar gesalbten Wände der Kirche inzensiert.

44 Vgl. ODedA 53. Hinsichtlich der Volkinzens innerhalb der Altarweihe fällt ein Unterschied zwischen der Editio typica und der Studienausgabe auf. Erstere hat wie gesagt eine Volkinzens in gewöhnlicher Form *(minister populum incensat)*, Letztere erwähnt sie überhaupt nicht. Der lateinische Text (vgl. CE 947 mit der Zutat des Segens über den Weihrauch!) sieht deshalb für das Beräuchern des Altares an dieser Stelle auch nur ein Rauchfass vor. Die deutsche Studienausgabe spricht inkonsequenterweise wiederum von mehreren Rauchfässern.

45 FKirchw, PE 16b.

46 *Ad Evangelium non portantur luminaria nec incensum* (ODedE 54). Interessanterweise fehlt diese Vorschrift bei der Feier der Altarweihe. *Non incensantur tamen nec oblata nec altare* (ODedE 73 und ODedA 58).

47 Gleichwohl werden gegen Ende der Feier der Kirchweihe bei der Prozession mit dem Allerheiligsten zum Aufbewahrungsort ein Rauchfass sowie Kerzen mitgetragen. Auch wird das Allerheiligste am Ausgangs- und am Zielort der Prozession, vor dem neuen Tabernakel, inzensiert. CE 911 sieht hierzu *duo turiferarii cum turibulis fumigantibus* vor. ODedE 80 und die deutsche Studienausgabe lassen die Zahl der Rauchfässer offen.

48 Vgl. RR Bened. 854 und 870.

49 Vgl. ebd. 887 und 891.

50 Das Formular im RR Bened. 900–918 hat weder Aspersio noch Thurificatio. Im Rahmen der Altarweihe wird ein neuer Ambo zusammen mit dem Altar zu Beginn der Feier mit Weihwasser besprengt; vgl. ODedA 36.

51 Vgl. RR Bened. 922. Im Rahmen der Kirchweihe beim Ingebrauchnehmen der Sakramentskapelle ist keine eigene Tabernakelweihe vorgesehen. Es unterbleibt auch eine Beräucherung des Tabernakels selbst. (Diese war auch nach dem Trienter Pontifikale bzw. dem Benediktionale nicht vorgesehen [vgl. PR II 283; ManRit 252 f; RR 367 f, tit. IX, cap. IX, ord. 6 und 7].) Stattdessen heißt es, dass die Pyxis auf den Altar zu stellen ist *aut in tabernaculo, cuius porta aperta manet; et Episcopus genuflexus Ss.mum Sacramentum incensat* (ODedE 81; vgl. RR Bened. 927).

52 Der Vollständigkeit halber sei die Segnung eines neuen Kirchenportals erwähnt, bei der Besprengung und Beräucherung fakultativ sind; vgl. RR Bened. 957.

53 Text bei Martène II 246; vgl. Thalhofer/Eisenhofer II 503.

54 Die Forderung eines karolingischen Kapitulares des Jahres 789 *Ut cloccas non baptizent* legt es wohl weniger auf begriffliche Differenzierung bzw. rituelle Veränderungen der Kirchenglockenweihe (vgl. z. B. Winfred Ellerhorst, Handbuch der Glockenkunde. Die akustischen, technischen und künstlerischen Grundlagen sowie die Geschichte und Pflege der Glocken, Weingarten 1957, 200) denn auf die Unterbindung der Weihe von Schellen und kleinen Glocken zur Gewitter- und Dämonenabwehr (vgl. Thalhofer/Eisenhofer II 503) an. Dennoch unterscheidet man zwischen getauften (christlichen) und ungetauften (heidnischen) Glocken (vgl. HWDA III 868).

55 Ebenfalls bereits in dem genannten Ordo des 8. Jahrhunderts erwähnt.

56 Seit 1962 erfolgt dieser *Lustratio campanae* überschriebene Akt nur noch durch Besprengung.

57 Die Chrisamsalbung ist der eigentliche konsekratorische Akt. Seit 1962 fehlt die Salbung mit Krankenöl.

58 *Tum sedet Pontifex, et accepta mitra, imponit in thuribulo thymiama, thus, et* *myrrham, si haberi possunt, alioquin, quae ex ipsis habentur: quibus impositis, thuribulum ipsum supponitur Campanae, seu signo, ut totum fumum recipiat* (PR 299 f).

59 Im genannten Ordo aus Martènes Sammlung heißt es nur *thymiama et myrrham*. Da *thymiama* in alter Zeit auch *Weihrauch* bezeichnete, ist es wahrscheinlich, dass, sobald sich *thus* als Terminus technicus für Weihrauch eingebürgert hatte, *thymiama* als *Thymian* gelesen und in den Rubriken als zusätzlicher Bestandteil einer Räuchermischung belassen wurde.

60 Den Glauben an die apotropäische Wirkmacht übernahmen die Christen aus dem Heidentum; vgl. HWDA III 868. Dabei fließen das heidnische Dämonenvertreiben mittels Lärm und der Weihrauch als verchristlichtes Mittel zu diesem Zweck zusammen; vgl. Atchley 155. Ursprünglich galt auch nicht die Glocke, sondern ein auf ihr angebrachtes Kreuz als apotropäisch wirkmächtig; vgl. Fuchs, Geweihte Glocken 368 f.

61 Thalhofer/Eisenhofer II 505.

62 Vgl. RR Bened. 1048.

63 Vgl. Benediktionale 164. Hingewiesen sei an dieser Stelle auch auf die durch die Liturgiereform veränderte Reihenfolge von Waschung – Salbung – Räucherung zu Besprengung – Beräucherung – (Salbung).

64 Guido Fuchs, Geweihte Glocken, in: A. Heinz / H. Rennings (Hg.), Heute segnen. Werkbuch zum Benediktionale, Freiburg/Basel/Wien 1987, 367–373, hier 372.

65 Vgl. PR 238.

66 Vgl. RR Bened. 979. Auch erfolgt konsequenterweise keine Aspersio. Beim einfachen Kreuzweihritus gibt es keinen Weihrauch, da es dort auch keine gemeinsame Kreuzverehrung gibt.

67 RR Bened. 980 geht von „ortsüblichen Verehrungsriten" aus. Hier und auch bei der Kreuzverehrung am Karfreitag sollte Weihrauch selbstverständlich seinen Platz haben; vgl. Michael Pfeifer, Nur ein festlicher Dekor? Zur wahren Symbolik des Weihrauchs, in: GD 46 (2012) 197–199, hier 199.

68 Im Trienter PR fehlt ein Ordo zur Weihe eines Christusbildes. Ein Marienbild wird zu Beginn der Feier (wohl als Lustratio) besprengt und beräuchert (vgl. PR 275), nach dem Weihegebet allerdings nur mit Weihwasser besprengt (vgl. PR 281). Im Ritus der Weihe eines Heiligenbildes fehlt jeder Hinweis auf Weihrauch.

69 Im russischen Ritus der Ikonenweihe, der eine direkte Übersetzung aus dem lateinischen RR darstellt, ist dieser Unterschied in der Weihrauchverwendung beibehalten worden. Zu weihende Christusikonen werden zu Beginn der Feier und nach der Aspersio beräuchert. Die Inzensation fehlt bei Ikonen der Gottesgebärerin oder der Heiligen; vgl. Alexios von Maltzew, Bitt-, Dank- und Weihegottesdienste der orthodox-Katholischen Kirche des Morgenlandes, Berlin 1897, 1049–1076.

70 Vgl. RR Bened. 1111; Benediktionale 157.

71 Bzw. die fünf Kreuze, die bei einer bischöflichen Weihe des Friedhofs aufgestellt wurden.

72 Vgl. RR Bened. 1130.

73 Vgl. ebd. 75. So auch im früheren ManRit 283. Der heutige lateinische Ritualefaszikel *De Benedictionibus* enthält keinen vergleichbaren Ritus.

74 Unter Benutzung von Weihrauch wurden beispielsweise geweiht: Wein am Johannestag (Bamberg 1587: vgl. REIFENBERG, Sakramente I 591; Konstanz 1781: vgl. Benedictionale Constantiense 22; FRANZ I 315; ManRit 238; nicht aber RR), Osterspeisen (Würzburg 1480: vgl. REIFENBERG ebd.), Salz (ManRit 235), Kräuter an Assumptio Mariae (Mainz 1400, Bamberg 1587: vgl. REIFENBERG ebd. 615 f, 621; Konstanz 1781: Benedictionale Constantiense 88 [Hier wird in einer Einführung zum Formular eingeschärft: *admoneatur autem populus, ut his non utatur ad cremandum seu fumigandum*, ebd. 87]; FRANZ I 404; RR 289).

75 Vgl. Benediktionale 169; RR Bened. 1065. Dies ist – nebenbei bemerkt – auch aus orgelpflegerischen Gründen sinnvoll.

76 Vgl. Benediktionale 31.

77 Ergänzend sei darauf hingewiesen, dass Weihrauch auch zur Begleitung der geweihten Öle im Anschluss an die Chrisammesse begegnet. In FÖlw 27 bleibt unklar, ob der Weihrauch vor dem Kreuz, also wie gewöhnlich an der Spitze der Prozession, oder vor dem Öl getragen werden soll.

78 Vgl. REIFENBERG, Sakramente II 471; auch umgangssprachlich: „Jemandem die Bude ausräuchern".

79 Das RR enthält Segnungsformulare für Epiphanie, Karsamstag und die Osterzeit sowie das übrige Jahr. Allerdings ist dabei nur am 6. Januar Weihrauch vorgesehen. Das Benedictionale Constantiense 1781 hat auch eine *Benedictio Domorum in Vigilia Nativitatis Domini* und sieht auch für Epiphanie und Karsamstag Weihrauch vor.

80 Dieser Periode scheint schon in sehr früher Zeit besondere Bedeutung zugemessen worden sein; vgl. Alexander TILLE, Die Geschichte der deutschen Weihnacht, Leipzig 1893, 3.

81 Selten wird auch der 13. Dezember (Luzia) als Rauchnacht begangen. Dies rührt daher, dass aufgrund astronomischer Berechnungen bis zur gregorianischen Kalenderreform 1582 dies der Mittwintertermin war. Der Zeitpunkt wurde bei Korrektur des Datums beibehalten; vgl. Leopold KRETZENBACHER, Rauchen und Sprengen, in: Blätter für Heimatkunde 28 (1954) 93–102, hier 94, Anm. 2.

82 Ebd. 93.

83 Vgl. Ernst BURGSTALLER, Rauchnächte in Oberösterreich, in: Oberösterreich 1 (1951) 40–45. Hinzu kommen, wie erwähnt, mancherorts Thomas- und/oder Luzientag.

84 Zum Folgenden vgl. L. WEINHOLD, Die Zeit der Räucherungen, in: Tiroler Heimatblätter 24 (1949) 201–207; KRETZENBACHER.

85 Verwendet werden in der Steiermark Palmzweige des Vorjahres, Segenbaum und Kranewittzweige (vgl. KRETZENBACHER 96). Auch von Waldrauch, Weihrauch, Wacholder, Speik, Enzian, Masterwurz und einem nicht näher bezeichneten Harz weiß er zu berichten (vgl. ebd. 101). In Tirol verwendet man neben einigen auch in der Steiermark benutzten Räuchermitteln Kranewittbeeren, Weihbusch und Weihrauch, den man als weiße Harzkügelchen im Ameisenhaufen findet (vgl. WEINHOLD 205; HWDA IX 285).

86 Zitiert nach KRETZENBACHER 97.

87 J. B. AUBANUS, Omnium gentium mores, leges et ritus, 1520. Übersetzt nach KRETZENBACHER ebd.

88 Zitiert nach KRETZENBACHER 98.

89 Ebd. 100.

90 EHAM meint unter Bezug auf PEB 18, dass der Hausvater als Leiter ein Hinweis auf das allgemeine Priestertum sei; vgl. Markus EHAM, Segensbrauchtum an Epiphanie, in: A. Heinz / H. Rennings (Hg.), Heute segnen. Werkbuch zum Benediktionale, Freiburg/Basel/Wien 1987, 177–191, hier 186. Darüber hinaus wird deutlich, dass das Benediktionale offenbar noch immer eine ausschließlich patriarchale Familienstruktur annimmt.

91 Vgl. WEINHOLD 205.

92 Vgl. ebd. 206.

93 Vgl. BURGSTALLER.

94 Mündliche Tradition der Ministranten in Dettingen am Main.

95 Monika MASSMANN, … daß Hand und Mund dein Freundlichkeit verkünden. Sternsingen und Häusersegnung an Epiphanie, in: Liturgie konkret 1/1992.

96 KRETZENBACHER 102.

97 Zeitweilig wurde der 6. Januar, erster großer Feiertag aus kirchlicher Sicht, als Beginn des Jahres verstanden; vgl. Dietz-Rüdiger MOSER, Bräuche und Feste im christlichen Jahreslauf, Graz/Wien/Köln 1993, 16, 128.

98 EHAM 186.

99 Auch nach der Karwochenreform 1951/55 wurde noch Weihrauch zur Palmweihe genommen.

100 Es gab regionale Bräuche, bei der feierlichen Form der Taufwasserweihe Weihrauch (und Chrisam) zu verwenden; vgl. REIFENBERG, Sakramente I 576, II 610.

101 Vgl. Incense in »Nails« in Paschal Candle, in: Ecclesiastical Review 100 (1939) 170. Man beachte den Übergang der Handlung vom Diakon auf den Priester, der seit 1955 die Körner selbst in die Kerze einfügt. Dies ist verständlich, da die Vorbereitung der Kerze am Feuer nun unabhängig vom diakonalen *Praeconium paschale* geschieht.

102 Auch wurde die Osterkerze erst während des Weihegebetes, als welches das Exsultet durch die Überschrift *Benedictio Cerei* ausgewiesen war, entzündet. Seit 1956 ist das Exsultet *Praeconium Paschale* betitelt.

103 Die Rubrik aus OHS 1956, Nr. 6: ... *grana incensi, quae idem celebrans, si non sunt benedicta, ter aspergit et ter adolet incenso, nihil dicens. Deinde infigit quinque grana in foramina.* Die Körner werden also evtl. mit Weihwasser und Weihrauch, aber ohne Weihegebet gesegnet. Das MR 1970 hat mit allen anderen Weihrauchsegnungen auch diese eliminiert.

104 Vgl. Franz I 528.

105 Text bei Franz I 527 f.

106 Nach Franz I 529 (v.a. Anm. 1) schloss ursprünglich *Veniat* ohne zwischengeschaltete Rubrik und auch typographisch ungetrennt an das Präkonium an.

107 Ebd. Dies erkennend benutzt das MR 1570 das Gebet *Veniat* auch als *Benedictio cerei* unmittelbar vor dem Einzug mit der neu entzündeten Kerze in die dunkle Kirche.

108 Im Präkonium eigentlich *diese entzündete (Kerze).* Die Form *hunc* (Akkusativ Singular Maskulinum) ist nicht auf das neutrale *incensum* beziehbar. — Dem umgekehrten Missverständnis erlag im 5. Jahrhundert Cassian. Er verstand *hora incensi* aus Lk 1,10 (Vulg.) als Stunde des Lampenentzündens (vgl. Atchley 157, Anm. 10). Diese Sichtweise erklärt sich aus Ex 30,7 f allerdings auch als berechtigt, denn das Weihrauchopfer findet zur Zeit des Lampenanzündens statt.

109 Vgl. ebd. 530.

110 Vgl. OR X,16; Mabillon II 103.

111 Das *ergo* des Gelasianum, das das Gebet als Anschluss und Teil des Präkoniums kennzeichnet, fehlt allerdings konsequenterweise im Trienter Missale (vgl. Franz I 531). Auch wurde die früher bestehende grammatikalische Spannung zu *hoc incensum* aufgelöst. Mit der Wiederherstellung der ursprünglichen Funktion als Weihegebet über die Kerze durch die Reform der Osternacht 1955 fügte man nach dem ursprünglichen *hunc incensi* zur Präzisierung *cereum* ein (vgl. OHS 1956, Nr. 8). Heute fehlt das Gebet völlig. — Im MR 1970 wurde darüber hinaus innerhalb des Präkoniums die missverständliche Stelle *incensi sacrificium* in *laudis sacrificium* verändert und damit einer mehr spirituellen Deutung der Vorzug gegeben. Vgl. zur Inkonsequenz dieser Umgestaltung auch Guido Fuchs / Hans Martin Weikmann, Das Exsultet. Geschichte, Theologie und Gestaltung der österlichen Lichtdanksagung, Regensburg 1992, 82 f.

112 Vgl. H. Rabotin, Les grains d'encense du cierge pascal. Notes pour l'histoire d'un rite, in: La vie et les arts liturgiques 7 (1921) 221–225, hier 222; B. Capelle, Le rite de cinq grains d'encens, in: Questions liturgiques et paroissiales 17 (1932) 1–11, hier 9.

113 *Deinde faciant crucem de incenso in cereo* (PL 78, 336 B).

114 *Cum igitur diaconus dixerit: Suscipe sancte Pater, incensi hujus sacrificium vespertinum, sint ibi praeparata quinque grana incensi purissimi. Quae accipiens diaconus imprimat ea cereo in modum crucis. – Quae sic infixa haereant, ut non facile cadant.*

Quod ut facilius et aptius fiat, sint prius in ipso cereo quinque loca illa aperte designata et aliquantulum effossa, ut granis impositis fumiget ipsum cereum cum turibulo (zitiert nach CAPELLE 9).

115 Vgl. FRANZ I 548.

116 Dies legt auch der Kontext unmissverständlich nahe, wenn er auf das Wachs der Bienen Bezug nimmt.

117 Zur Bedeutung von Ps 141 (140),2 im Vesperritus siehe Seite 140–143. Zu seiner Zitation im Exsultet vgl. FUCHS/WEIKMANN 81.

118 Vgl. z. B. Statuten Lanfrancs (PL 150, 467 C).

119 Im MB 1975 heißt es im Osternachtsordo: „dann kann Weihrauch eingelegt werden wie zum Evangelium der Messe" (Nr. 16); „zuvor kann er [der Diakon resp. der Priester] das Buch und die Kerze inzensieren" (Nr. 17).

120 Vgl. Durand, Rationale VI,80. Offen bleibt hierbei die Interpretation der Fünfzahl.

121 FRANZ I 548. Andere meinen, das Einschließen der Körner in die Kerze versinnbildliche das Eingeschlossensein Christi im Grab; vgl. NEUGART II 89.

122 Vgl. CAPELLE 3, Anm. 2: *Hymnus de novo lumine paschalis sabbati.*

123 Vgl. FRANZ I 531.

124 *Lumen quod famulans offero suscipe / Tinctum pacifici chrismatis unguine* (Vers 155 f, zitiert nach CAPELLE 4).

125 Vgl. CAPELLE 6. Ähnlich die Weihekreuzchen an den Kirchenwänden bzw. auf der Altarmensa.

126 Das Einfügen der Weihrauchkörner war weitaus verbreiteter als ihre Segnung; vgl. ATCHLEY 138.

Gebete über den Weihrauch

1 Vgl. FRANZ I 423.

2 Vgl. ebd. 427.

3 Vgl. THALHOFER/EISENHOFER I 401. Wahrscheinlich sind sie aber schon länger in Gebrauch.

4 Vgl. Sicard, Mitrale III,6 mit Bezug auf Ex 30,37 f und Durand, Rationale I,4.

5 Vgl. Eric SEGELBERG, »Ευχη του θυμιαματος«. Towards the History of a Prayer in the Liturgy of St. James, in: FS Amilka Alivisatos, Athen 1958.

6 Mit Ausnahme der Benediktion an Epiphanie.

7 THALHOFER/EISENHOFER I 401.

8 Die Weihrauchweihe entfällt auch bei Elevation oder Aussetzung (siehe Seite 89). Versteht man allerdings *honore* als Terminus technicus für „Gottesdienst", löst sich das Problem in einer poetischen Verschränkung auf; vgl. Andreas HEINZ, Rez. Michael Pfeifer, Der Weihrauch, in: ALw 40 (1998) 127 f, hier 128.

9 *Benedic, Domine, hoc incensum vel thymiama a te cretum, et praesta, ut acceptabile sit tibi in odorem suavitatis* (MARTÈNE I 210).

10 Vgl. FRANZ I 424, Anm. 1. Zur folgenden Entwicklungsgeschichte des Gebetes vgl. ebd.

11 MARTÈNE I 208 und öfter.

12 Vgl. Dan 10,21; 12,2; Offb 12,7.

13 Vgl. FRANZ I 424.

14 Vgl. FRANZ I 425; Ceremoniale Episcoporum Sanctae Romanae Ecclesiae … in duos tomos distributum … commentariis auctum a Josepho Catalano, Rom 1750/51, I 321.

15 KIRCHGÄSSNER 533.

16 LECHNER 232; vgl. Durand, Rationale IV,31.

17 Zum propitiatorischen Charakter der Weihrauchriten bei der Gabenbereitung vgl. THALHOFER/EISENHOFER 393.

18 Vgl. z. B. PL 78, 249 C.

19 Vgl. MARTÈNE I 220, ein Ordo aus dem Jahre 1260. Vgl. auch LIETZMANN 88–93.

20 THALHOFER/EISENHOFER I 396, Anm. 3.

21 CanApost 4. ATCHLEY 201 schließt daraus eine ähnliche Verwendung von Weihrauch und Öl. Beides sei in Hängeampeln verbrannt worden.

22 Vgl. LECHNER 232.

23 Vgl. JUNGMANN II 92 f. Eine Ausnahme bildet in diesem Zusammenhang die Osterkerze. Im Exsultet hat sich die Opferterminologie noch erhalten; vgl. FUCHS/WEIKMANN 80–87.

24 Vgl. JUNGMANN ebd.

25 JUNGMANN II 90 f.

26 Vgl. ebd.

27 Vgl. PFEIFER, Lieber mehr.

28 Guido FUCHS, Plädoyer für den Weihrauch, in: Liturgie konkret 1/1990.

29 Damit fußt es auf jüdischen Berakah-Formeln; vgl. die Bräuche beim Sabbat-Ausgang (Sidur, Sefat, Emet, Basel 1956–64, 198).

30 Vgl. den Versuch eines anderen Deutewortes bei FUCHS, Geweihte Glocken 372, siehe Seite 132.

31 Vgl. MARTÈNE II 253. Zur Datierung vgl. FRANZ I 425, Anm. 3.

32 Vgl. PR 126 f und 272.

33 *Domine, Deus omnipotens, cui adsistit exercitus Angelorum cum tremore, quorum servitium spirituale et igneum esse cognoscitur, dignare respicere et benedicere hanc creaturam incensi, ut omnes languores, omnesque infirmitates atque insidiae inimici odorem ejus sentientes effugiant et separentur a plasmate tuo; ut numquam laedatur a morsu antiqui serpentis quod pretioso Filii tui sanguine redemisti* (PR 272); vgl. FRANZ I 425. [Statt *spirituale … cognoscitur* bei FRANZ mit direkterem Anklang an Naturerscheinungen: *in vento et igne convertitur.* FRANZ: *ut omnes languorum insidias odorem ipsius sitientes effugiant.*]

34 So auch der Titel im Benedictionale Constantiense 1781: *Benedictio thuris seu incensi pro fumigatione contra maleficia* (vgl. ebd. 129). Solche Zielrichtungen begegnen sonst hauptsächlich bei Sachbeschwörungen (siehe Seite 151 ff).

35 Vgl. EISENHOFER/LECHNER 67.

36 Es handelt sich um Neuschöpfungen ohne Affinität zu den früher an dieser Stelle verwendeten Sachbeschwörungen. Darum wird das Gebet auch hier besprochen, während die früheren Weihrauchbenediktionen an Epiphanie im folgenden Abschnitt zur Sprache kommen werden.

37 Ebd. 42.

38 So weist SEGELBERG die Verwendung eines griechischen Gebetes bei Syrern, Ägyptern, Kopten, Äthiopiern, Armeniern, Maroniten, Georgiern, Slawen und schließlich auch Lateinern nach.

39 Siehe Seite 86.

40 Zur Verbindung der Inzens mit dem Heiligen Geist siehe Seite 160.

41 Liturgikon 414.

42 Vgl. zum Folgenden THEKEPARAMPIL, Prayers und DERS., Weihrauchsymbolik in den syrischen Gebeten des Mittelalters und bei Pseudo-Dionysios, in: Margot Schmidt (Hg.), Typos, Symbol und Allegorie bei den östlichen Vätern und ihre Parallelen im Mittelalter, Regensburg 1982, 131–145.

43 *Prumiyun*: kurzes doxologisches Einleitungsgebet; *sedro* (Pl.: *sedre*): Hauptweihrauchgebet mit reichem theologischem Inhalt, zurückgehend ins 7. Jahrhundert; *qolo*: strophische Gemeindelieder, die um die Annahme des Weihrauchs bitten; *etro* (Pl.: *etre*): Oration gleichen Inhalts, seit dem 8. Jahrhundert belegt. Zur Anordnung und Bedeutung der Gebete im Stundengebet siehe Seite 99 f.

44 Vgl. die Zusammenstellung bei THEKEPARAMPIL, Weihrauchsymbolik 136.

45 Mitgeteilt bei THEKEPARAMPIL, ebd. 132–135.

46 Vgl. Eph 5,2.

47 THEKEPARAMPIL, ebd. 137.

48 Ebd.

49 Ebd. Zur Verbindung von Christus und Wohlgeruch vgl. v. a. patristische Kommentare zu Hld (THEKEPARAMPIL, ebd. 144 f, Anm. 35).

50 Amalar, Off III,19,22; HANSSENS 318.

51 THEKEPARAMPIL, ebd. 140.

52 Dieser Begriff wurde gewählt in Anlehnung an Elmar BARTSCH, Die Sachbeschwörungen der römischen Liturgie. Eine liturgiegeschichtliche und liturgietheologische Studie [LQF 46], Münster 1967, worauf im Folgenden hauptsächlich Bezug genommen wird. Eine Abgrenzung zu den liturgischen Weihrauch(segens)-gebeten ist mit dieser Begrifflichkeit intendiert. Im Unterschied zu diesen richten sich Beschwörungen in der Regel an die Sache oder die unreinen Geister, die vertrieben werden sollen. Zum entwicklungsgeschichtlichen Hintergrund vgl. BARTSCH 45–109.

53 Die Entstehung der Agnus Dei (urspünglich Wachsstücke der Osterkerze, die an die Gläubigen verteilt wurden; späterhin eigens zu diesem Zweck hergestellte Wachstäfelchen) ist ein eindrückliches Beispiel für eine solche Praxis. Palmzweige, geweihte Kräuter und vor allem natürlich die private Verwendung von Weihwasser und Weihrauch zeugen ebenso hiervon.

54 THALHOFER/EISENHOFER I 400.

55 Vgl. Otto BÖCKER, Dämonenfurcht und Dämonenabwehr. Ein Beitrag zur Vorgeschichte der christlichen Taufe, Stuttgart/Berlin/Köln/Mainz 1970, 152 f.

56 Auch gegen Vogelfraß (vgl. HWDA V 1456) und Viehzauber (ebd. I 1345).

57 BÖCKER 193. Während durch das antike Rauchopfer auch positive Bannungen erzielt werden wollten, wird es im christlichen Brauch nur noch apotropäisch verwendet. Dies erklärt sich nach BARTSCH 255 aus Aussagen, wie sie im Psalm oder bei Augustinus zu finden seien: Die Götter der Heiden sind Dämonen.

58 Vgl. Tob 6,7 f und die Einweihung in den Dionysoskult.

59 Andere Motive der Weihrauchverwendung kommen in den Sachbeschwörungen kaum zur Sprache; vgl. FRANZ I 431 f; BARTSCH 411.

60 Vgl. OR XI,69; MABILLON II 150; Innozenz III., De s. alt. myst. II,17; II,58; Durand, Rationale IV,10; IV,31.

61 Deutlich dafür: Viehsegnung vor Austrieb (vgl. HWDA I 735), Segnung neuer Bienenstöcke (ebd. I 1238); auch Liebeszauber (ebd. VII 530).

62 Vgl. HWDA IX 284.

63 Vgl. Sicard, Mitrale III,6.

64 FRANZ I 429.

65 Vgl. ebd. 428.

66 Vgl. die damaligen Anschauungen über die Bedeutung des Weihrauchs in der Beschwörung eines Prager Rituale von 1520 bei FRANZ I 431 f.

67 Vgl. ebd. 434.

68 RR 273 f, tit. IX, cap. III, ord. 4.

69 Vgl. BARTSCH 4–11.

70 Über den Zweck dieser Anrufungen schreibt BARTSCH 184: „Der menschliche Beschwörer hat seit je erkannt, daß seine Schwäche gegenüber einer geheimnisvollen Macht nichts vermag, wenn nicht besondere Mittel angewendet werden." Ein solches Mittel ist, „den gemeinten Geist oder Gegenstand durch eine Macht zu beeindrucken, die stärker ist als er und der er unbedingt gehorchen muß". Um keine dieser bannenden Mächte auszulassen, kommt es im Mittelalter zu regelrechten Katalogen von Gottesnamen (vgl. eine Beschwörungsformel aus einem Missale von 1462; FRANZ I 430 f).

71 Vgl. die Formulierung im oben wiedergegebenen Weihrauchweihegebet bei Altar- und Kreuzweihe.

72 Vgl. BARTSCH 318.

73 Vgl. ebd. 336–340.

74 Leofric-Missale, zitiert nach BARTSCH 409.

Vorschriften und Deutungen

1 Davon abgeleitet auch *thymiamateria* und *thuribulum*.

2 Vgl. die Rezepte bei Rudolf FATTINGER, Pastoralchemie, Freiburg 1930.

3 Siehe Seite 178.

4 Vgl. Michael PFEIFER, Ein wohlgefälliger Duft für den Herrn. Weihrauchherstellung am Berg Athos, in: Der Christliche Osten 49 (1994) 226–229. Es existieren zahllose verschiedene Duftnoten, die innerhalb des Gottesdienstes durchaus bewusst eingesetzt werden; vgl. DERS., Wohlgerüche, in: GD 27 (1993) 104. Die Vorstellung, im Osten könne man liturgische Festzeiten ähnlich wie bei uns an den Farben der Paramente am Weihrauchduft erkennen (so REIFENBERG, Mit allen Sinnen 36), ist allerdings irrig.

5 Vgl. Fritz WITTE, Thuribulum und Navicula in ihrer geschichtlichen Entwicklung, in: Zeitschrift für christliche Kunst 23 (1910) 101–112, 139–152, 163–174. Zu vorchristlichen Räuchergeräten vgl. Karl WIGAND, Thymiateria, in: Jahrbücher des Vereins von Altertumsfreunden im Rheinlande [Bonner Jahrbücher] 122 (1912).

6 Vgl. die umfangreiche Studie von WESTERMANN-ANGERHAUSEN.

7 Belege ebd. 85 f.

8 Grundsätzlich stehen alle Mariensymbole in Bezug zu Christus: Ist sie das Rauchfass, dann er die Kohle (z. B. Kanon des Joseph auf die Samariterin, 5. Ode), ist sie Kohle, dann er der Weihrauch (z. B. Stavrotheotokon am 21. Oktober). Als Weihrauch wird sie bezeichnet, wenn es um ein Bild ihrer Gebetsfürbitte an seinem Thron geht (z. B. Stichos am 21. November oder im Hymnos akathistos).

9 Ein Kuriosum stellt das Rauchfass in der Kathedrale zu Santiago de Compostela dar. An meterlangen Ketten schwingt es durchs Querhaus und wird durch geschicktes Verlängern und Verkürzen des Pendels in gleichmäßiger Bewegung gehalten. Ursprünglich zur Geruchsverbesserung in der mit weit gewanderten Pilgern besetzten Kirche gedacht, ist es heute mehr Attraktion und wird nicht selten auch als Beispiel für holonome Zwangsbedingungen in der Mechanik verwandt. (Diesen Hinweis verdanke ich Michael Scherer.)

10 Dies allerdings nicht ausnahmslos. So gibt es im 17. und 18. Jahrhundert Dekrete der Ritenkongregation, die die Weihrauchverwendung auch bei sogenannten stillen Messen erlauben; vgl. JUNGMANN I 409 f, Anm. 1.

11 Vgl. EDIL, Register.

12 Vgl. Notitiae 14 (1978) 301 f.

13 Die wohl einzige Ausnahme bildet in der Praxis die Inzensation des Allerheiligsten bei der Elevation in der Messe.

14 Vgl. AEM 236.

15 So z. B. beim Begräbnis und bei der Altarweihe.

16 Vgl. CE 93.

17 Vgl. Notitiae 14 (1978) 302.

18 Vgl. CE 95. Entsprechend CE 92 mag dies auch für die in der Pentekoste sich im Altarraum befindende Osterkerze gelten.

19 Vgl. CE 94.

20 Vgl. CE 92.

21 Vgl. ebd.

22 Vgl. CE 91.

23 Siehe Seite 138 ff und 129 f.

24 Vgl. Maslow 57.

25 Das Motiv der Feierlichkeit muss hier außer Acht bleiben. Es ist sekundär durch die Trienter Rubriken bedingt, die den Weihrauch nur in besonderen Formen der Messe sehen wollen, und hat keinerlei Relevanz für die symbolische Deutung des Weihrauchs.

26 Vgl. Sir 39,14.

27 Eisenhofer/Lechner 84.

28 Thalhofer/Eisenhofer I 389.

29 Eisenhofer/Lechner 84.

30 Vgl. Lechner 114.

31 Vgl. Durand, Rationale IV,31.

32 Thalhofer/Eisenhofer 395, Anm. 1.

33 Vgl. Böcker 193.

34 Vgl. Jes 6,6 f.

35 Vgl. z. B. Amalar, Off I,3,19.

36 Vgl. Atchley 172.

37 Siehe Seite 148 ff.

38 Vgl. Thalhofer/Eisenhofer I 394.

39 Vgl. Dorothea Forstner, Die Welt der christlichen Symbole, Innsbruck [5]1986, 210 (2 Kor 2,14–16).

40 Vgl. Sir 24,15.

41 Vgl. Peter Browe, Die Kommunionandacht in Altertum und Mittelalter, in: JLw 3 (1933) 45–64, hier 55.

42 Eine Deutung, die im Weihrauchweihegebet zu Epiphanie im Benediktionale begegnet.

43 So Symeon von Thessaloniki in seinem Liturgiekommentar (PG 155); vgl. Michael Kunzler, Porta Orientalis. Fünf Ost-West-Versuche über Theologie und Ästhetik der Liturgie, Paderborn 1993, 141 f.

44 *Weihrauch bringen wir dir dar, Christus, unser Gott, als Duft geistlichen Wohlgeruchs. Nimm ihn gnädig an auf deinem himmlischen Altar und sende uns dafür die Gnade deines allheiligen Geistes* (Gebet zur Verhüllung der bereiteten Gaben aus der Chrysostomusliturgie). *Du hast uns, Gott, durch die Vereinigung mit Dir erfreut, und wir bringen Dir den Dankeshymnus dar ... zusammen mit diesem Weihrauch, der zu Dir,*

Gott, aufsteige. Lass es nicht vergeblich sein, sondern schenke uns stattdessen den Wohlgeruch Deines allheiligen Geistes, das makellose und unverlierbare Myron (Danksagung nach der Kommunion aus der Jakobusliturgie; den Hinweis darauf verdanke ich Michael Schneider).

45 Vgl. JUNGMANN II 291.

Abschnitt 4 – Pastoralliturgie

1 Vgl. Wolfgang PFEIFFER (Hg.), Art. Symbol, in: Etymologisches Wörterbuch des Deutschen, Berlin 1989, III 1767.

2 Gertrud / Norbert WEIDINGER, Gesten, Zeichen und Symbole im Gottesdienst, München 1980, 12.

3 Ebd. 16. „Es ist immer ein Stück von der Expressivität der Welt selber, das im ... Symbol mitschwingt" (Werner JETTER, Symbol und Ritual. Anthropologische Elemente im Gottesdienst, Göttingen 1978, 29).

4 Vgl. ebd. 49–51.

5 Vgl. ebd. 30.

6 „Das Innerliche muß sich vielmehr lebendig, mit Wesensnotwendigkeit ins Äußerliche umsetzen" (Romano GUARDINI, Vom Geist der Liturgie, Freiburg/Basel/Wien 1991, 80 f).

7 So Paul TILLICH, zitiert nach WEIDINGER 18.

8 JETTER 74.

9 WEIDINGER 19.

10 Sie macht nicht aus „Offenbarung Offenbartheit" (JETTER 74).

11 JETTER 76.

12 Vgl. ebd. 74.

13 Vgl. WEIDINGER 22 f.

14 KUNZLER 687.

15 Josef PIEPER, Zustimmung zur Welt. Eine Theorie des Festes, München 1963, 52.

16 Vgl. Balthasar FISCHER, Eucharistie als Fest, in: Josef Schreiner (Hg.), Freude am Gottesdienst [FS Plöger], Stuttgart 1983, 43–52.

17 PIEPER 81.

18 Vgl. FISCHER.

19 Vgl. REIFENBERG, Mit allen Sinnen 9.

20 DERS., Duft – Wohlgeruch als gottesdienstliches Symbol. Liturgisch-phänomenologische Aspekte des odoratischen Elements, in: ALw 29 (1987) 321–351, hier 322 f.

21 Vgl. ebd.

22 Vgl. JETTER 76.

23 GUARDINI, Geist der Liturgie 96.

24 Ebd. 89.

25 Vgl. ebd. 92.

26 Ebd. 84.

27 Vgl. z. B. St. WIKANDER, Feuerpriester in Kleinasien und Iran, Lund 1946.

28 Vgl. FORSTNER 76.

29 Vgl. Alois CLOSS, Art. Feuer. I. Religionsgeschichte, in: $LThK^2$ 1960, IV 107.

30 Man denke an die Kathartik und die Lehre vom Fegfeuer.

31 Vgl. A. Walde / J. B. Hofmann, Art. purus, in: Lateinisches etymologisches Wörterbuch, Heidelberg [5]1981, II 390 f und Pfeiffer, Art. pur, II 1342.

32 Vgl. Ex 3,2; 13,21.

33 Siehe Seite 158 f.

34 Vgl. Forstner 78.

35 Vgl. Jes 6,6; Ez 1,13; 2 Sam 22,9.13.

36 Forstner 79.

37 Vgl. Sir 24,4; Lev 16,12 f; Mt 17,5 parr.; Mt 24,30 parr.

38 Vgl. H. Altner, Physiologie des Geruchs, in: R. F. Schmidt (Hg.), Physiologie des Menschen, Berlin u. a. [5]1985, 299–309, hier 308. Es werden hierbei auch bloßliegende Nervenenden in der Nasenschleimhaut gereizt; vgl. Stefan Silbernagl / Agamemnon Despopoulos, Taschenatlas der Physiologie, Stuttgart [4]1991, 296.

39 Vgl. ebd. und Müller, Parfüm 54.

40 Vgl. Müller, Parfüm 127.

41 Knoblich/Schubert, 14.

42 Werner Kroeber-Riel / Ruth Möcks / Bruno Neibecker, Zur Wirkung von Duftstoffen. Erster Untersuchungsbericht für Henkel, Düsseldorf, Saarbrücken 1982; Ruth Möcks, Zur Wirkung von Duftstoffen. Zweiter Untersuchungsbericht für Henkel, Düsseldorf, Saarbrücken 1982, 4 f; dort auch weiterführende Literatur.

43 Alain Corbin, Pesthauch und Blütenduft. Eine Geschichte des Geruchs, Berlin 1986, 15.

44 Reifenberg, Duft 325.

45 Müller, Parfüm 129.

46 Jean-Jacques Rousseau, Émile, Stuttgart 1963, 337.

47 Vgl. Knoblich/Schubert 9.

48 Ebd. 14.

49 Überlegungen hierzu wurden schon seit Jahrhunderten publiziert. Vgl. z. B. J.-N. Hallé, Observations sur les parties volatiles et odorantes des médicaments tirés des substances végétales et animales, in: Histoire et mémoires de la Société Royale de Médicine, Paris 1784/85, 306–318.

50 Vgl. Stead 32 f.

51 Müller, Parfüm 130 f. Zur Therapie mit Weihrauchharz siehe Seite 16.

52 Interessanterweise zählt heute der Geruchssinn (im Unterschied zu optischem und akustischem Sinn) zu den Sekundärsinnen.

53 Vgl. zum Folgenden Ernst Lohmeyer, Vom göttlichen Wohlgeruch, in: Sitzungsberichte der Heidelberger Akademie IX, Heidelberg 1919. Auch die abgedruckten Texte sind von dort übernommen. Vgl. auch Blackman und Russ.

54 Weihrauch wird auch als Gottesschweiß verstanden, der auf die Erde fiel und deshalb belebende Wirkung hat; vgl. Bonnet, RÄRG 615.

55 Vgl. Bonnet, Räucherungen 20–28; Bonnet, RÄRG 624–626.

56 Lohmeyer 5.

57 Vgl. auch die Legende von der Entschlafung Mariens.

58 Lohmeyer 13.

59 Ebd. 21, Anm. 5.

60 Ebd. 22.

61 Ebd.

62 Ebd. 24.

63 Vgl. Sir 24,15.

64 Lohmeyer 28.

65 Vgl. Tob 8,3 f.

66 Lohmeyer 28.

67 Ebd. 30.

68 Vgl. die Besprechung von 2 Kor 2,14 f Seite 40 f.

69 Lohmeyer 33.

70 Vgl. v. a. 1 Joh 2,20.27.

71 Lohmeyer 37.

72 Solches wird z. B. vom hl. Kasimir von Polen und vom hl. Franz von Paola berichtet. – Dass dem Weihrauchduft aus der Außenperspektive missionarische Kräfte zugesprochen werden, zeigen abstruse Einlassungen in der israelischen Zeitung »Makor Rischon«. Das national-religiös ausgerichtete Blatt warf den Benediktinern auf dem Jerusalemer Zionsberg vor, der aus den Fenstern der Abtei dringende Weihrauch habe das Ziel, jüdische Besucher des benachbarten Davidsgrabs zum Christentum zu bekehren. (Diesen Hinweis verdanke ich P. Nikodemus Schnabel OSB.)

73 Vgl. die Einteilung bei Hermann Reifenberg, Fundamentalliturgik. Grundelemente des christlichen Gottesdienstes. Wesen – Gestalt – Vollzug, Klosterneuburg 1978, 174–177.

74 Ders., Duft 347.

75 Ebd.

76 So z. B. *Oramus te ..., ut cereus iste in honorem tui nominis consecratus, ... in odorem suavitatis acceptus ...* (Exsultet Vers 26 in der Einteilung nach Fuchs/Weikmann).

77 Reifenberg, Duft 343–345.

78 Vgl. Reifenberg, Fundamentalliturgik 178.

79 Ebd. 175.

80 Vgl. 2 Kor 2,14.

81 Vgl. Michael Pfeifer, Duftlos? Ist Weihrauch noch ein liturgisches Symbol?, in: GD 27 (1993) 56.

82 Den aufgrund mangelnder Praxis und weniger detaillierter Rubriken zunehmenden Unsicherheiten im Umgang mit Rauchfass und Schiff meinte man zuweilen durch den Rückgriff auf die Rubriken des MR 1570 abhelfen zu müssen; vgl. Stürber.

83 Vgl. GL Nr. 659–661.

84 Siehe Seite 115.

85 Die Bistümer Augsburg (1998, Zisterzienserinnenabtei Oberschönenfeld), Freiburg (2010, St. Jodokus Wiesental) und Würzburg (2012, Jugendhaus Miltenberg) wetteifern um den Weltrekord. Daneben gibt es mehrere andere Exemplare, z. B. Ingelheim (2012).

86 Reifenberg, Fundamentalliturgik 175.

87 Ders., Duft 348.

88 Ebd. 349. Damit sind Kommentare, nicht Kurzpredigten gemeint.

89 Vgl. Pfeifer, Lieber mehr.

90 Vgl. 2 Kor 2,14.

91 Vgl. Eph 5,2; Phil 4,18. Die Einheitsübersetzung 1980 eliminiert den Duftbezug von Phil 4,18, indem sie οσμη ευωδιας mit *angenehme Opfergabe* übersetzt. Trotz aller Berechtigung dieser Übersetzung (vgl. Fuchs/Weikmann 97) kann sie jedoch nicht über das mangelnde Verständnis für die wörtliche Übersetzung *Duft des Wohlgefallens* hinwegtäuschen. Die revidierte Einheitsübersetzung 2016 übersetzt treffend mit *Wohlgeruch*.

92 Unorganisch anmutendes Räuchern führt zu Ablehnung, z. B. „weil es länger dauert".

93 Vgl. SC 10.

94 Im Mittelalter gab es Lesepulte, aus denen (während der Verkündigung) Weihrauch quoll; vgl. Westermann-Angerhausen 39.

95 R. Kopp, Der Altar – wirklich der Mittelpunkt?, in: GD 28 (1994) 128. Brot und Wein bei der Gabenbereitung als Zeichen der Gegenwart Christi in den Armen und Notleidenden zu verstehen und sie deshalb zu inzensieren, schlägt Paul Mascher, Innsbruck, vor.

96 Reifenberg, Duft 349, Anm. 96.

97 Diesen Hinweis verdanke ich Raimund Runggaldier, Innsbruck.

98 In diesem Fall ist es denkbar, die Schale ausnahmsweise auch auf dem Altar zu platzieren. Durch die Zuordnung von Monstranz und Weihrauch sind Assoziationen an ein Naturalopfer auf dem Altar ausgeschlossen.

99 In Griechenland sind zu diesem Zweck kleine Schellen an den Ketten befestigt.

100 Siehe Seite 109 f.

101 Als Beispiel kann die syrische Tradition des Weihrauch-Bußaktes dienen (siehe Seite 99, 148 f und124 f sowie das Material im Anhang).

102 Vgl. die Vorlage im Anhang.

103 Guardini, Geist der Liturgie 89.

104 So warb beispielsweise ein kirchlicher (!) Verlag mit dem Slogan „Wir berichten über alles, was nach Kirche riecht, aber nicht nach Weihrauch stinkt". (Diesen Hinweis verdanke ich Guido Fuchs.)

105 Horace HUMMEL, Weihrauch im lutherischen Gottesdienst, in: Jürgen Diestelmann / Wolfgang Schillhahn (Hg.), Einträchtig lehren [FS Schöne], Groß Oesingen 1997, 215–222, hier 215.

106 Vgl. WA 49, 588–604, 613 f.

107 Die Angaben basieren auf jahrelangen Forschungen von Helmut SCHATZ, erstmals publiziert in: DERS., Der Gebrauch von Weihrauch in den evangelischen Kirchen, in: Glaube und Heimat 40 (1994) 2. November 1994. Die Ergebnisse nebst zahlreichen Fotos überließ Schatz 1997 dem Liturgiewissenschaftlichen Institut der Vereinigten Evangelisch-Lutherischen Kirche Deutschlands in Leipzig, dessen damaliger Leiter das Material aber als zu abwegig für eine Veröffentlichung einstufte. Niederschlag fand es stattdessen in CHRISTOF/HAASS 183–187. Vgl. auch Volkmar WALTHER, Weihrauch – Zeichen des Gebetes, in: Bausteine für die Einheit der Christen 38 (1998) 16–22.

108 Nachweise ließen sich finden für Woltershausen, Sellenstedt, Sehlem, Harbarnsen und die Nikolaikirche in Alfeld; vgl. Paul GRAFF, Geschichte des Kreises Alfeld, Hildesheim 1928. Einzig das Woltershausener Exemplar von 1749 hat sich im Heimatmuseum Alfeld erhalten.

109 Peter ZORN, Dissertatio de Thymiamatis, sive incensi Sacri in Ecclesia Romana et usu et origine, ad illustrationem Apoc. XVIII.13, Duisburg 1736/38.

110 Georg Conrad HORST, Mysteriosophie oder über die Veredlung des protestantischen Gottesdienstes, Frankfurt 1817, hier 773–775; Adolf T. STREWE, Die Liturgie als Handeln und Schauen, Leipzig o. J. (1923), hier 13.

111 Zur ökumenischen Ansgar-Vesper in Hamburg vgl. Wilhelm MICHAELIS, Ansgar-Vesper und Europa, in: Rheinischer Merkur Nr. 8 (24. Februar 1978) 29. Zum Reformationsjubiläum in Uppsala vgl. Jürgen JEZIOROWSKI, 400 Jahre Reformation in Schweden, in: KNA/ÖKI Nr. 37 (8. September 1993) 13 f.

112 Vgl. Dietrich STOLLBERG, Liturgische Praxis. Kleines evangelisches Zeremoniale, Göttingen 1993; Rainer VOLP, Liturgik. Die Kunst, Gott zu feiern, Gütersloh 1992/94.

Anhang III

Verzeichnisse

1 | Abbildungen

2 | Abkürzungen

Die biblischen Schriften wurden in der Regel nach den Loccumer Richtlinien abgekürzt. Titel patristischer bzw. mittelalterlicher Schriften werden im Text oft in Form von „sprechenden“ Abkürzungen genannt; eine Vereinheitlichung fehlt bislang in der Fachwelt.

ACC	Alcuin Club Collections
ACW	Ancient Christian Writers
AEM	Allgemeine Einführung ins Messbuch
AES	Allgemeine Einführung ins Stundengebet
ALw	Archiv für Liturgiewissenschaft
AnBib	Analecta Biblica
AT	Altes Testament
Art.	Artikel
atl.	alttestamentlich
BA	The Biblical Archeologist
BBB	Bonner Biblische Beiträge
BO	Bibliotheca Orientalis
BR	Breviarium Romanum
bzw.	beziehungsweise
CBQ	Catholic Biblical Quarterly
CChrL	Corpus Christianorum, Series Latina
CD	Damaskusschrift (Qumran)
CE	Caeremoniale Episcoporum
ChrG^{g}	Chronistisches Geschichtswerk (Grundschrift)
CSCO	Corpus Scriptorum Christianorum Orientalium
CSEL	Corpus Scriptorum Ecclesiasticorum Latinorum
DH	Denzinger/Hünermann
d. h.	das heißt
Did	Didache
dtr	deuteronomistisch
ebd.	ebenda
EDIL	Kaczynski: Enchiridion Documentorum Instaurationis Liturgicae
EKK	Evangelisch-katholischer Kommentar
EL	Ephemerides Liturgicae
EWNT	Exegetisches Wörterbuch zum Neuen Testament
f (ff)	folgender (folgende)
FAltarw	Die Feier der Altarweihe
FBegr	Die kirchliche Begräbnisfeier
FBuße	Die Feier der Buße
FKirchw	Die Feier der Kirchweihe
FÖlw	Die Feier der Ölweihen
FRLANT	Forschungen zur Religion und Literatur des Alten und Neuen Testaments
GD	Gottesdienst
GL	Gotteslob
HWDA	Bächtold-Stäubli: Handwörterbuch des deutschen Aberglaubens
IKaZ	Internationale katholische Zeitschrift
InstLH	Institutio generalis liturgia horarum
JLH	Jahrbuch für Liturgik und Hymnologie
JLw	Jahrbuch für Liturgiewissenschaft
LH	Liturgia horarum
LQF	Liturgiewissenschaftliche Quellen und Forschungen

LXX	Septuaginta
ManBegr	Die kirchliche Begräbnisfeier – Manuale
ManRit	Manuale Rituum
MB 1975	Meßbuch 1975
MR 1570	Missale Romanum 1570
MR 1970	Missale Romanum 1970
n. Chr.	nach Christus
NPNF	Nicene and Post-Nicene Fathers
NT	Neues Testament
ntl.	neutestamentlich
OBO	Orbis Biblicus et Orientalis
ODed	Ordo dedicationis
ODedA	Ordo dedicationis altaris
ODedE	Ordo dedicationis ecclesiae
OExsequ.	Ordo exsequiarum
OHS	Ordo hebdomadae sanctae
OM	Ordo Missae
OR	Ordo Romanus
PEB	Pastorale Einführung ins Benediktionale
PG	Migne: Patrologia. Series Graeca
PL	Migne: Patrologia. Series Latina
PR	Pontificale Romanum
PTS	Patristische Texte und Studien
RÄRG	Bonnet: Reallexikon der ägyptischen Religionsgeschichte
RB	Regula Benedicti
RECA	Realencyclopaedie des classischen Altertums
Rez.	Rezension
RR	Rituale Romanum
RR Bened.	Rituale Romanum. De Benedictionibus
RS	Ritus servandus
SapSal	Sapientia Salomonis
SC	Sacrosanctum Concilium (Konstitution über die heilige Liturgie)
SChr	Sources Chrétiennes
SyrBar	Syrische Baruch-Apokalypse
TestLev	Testamentum Levi
ThQ	Theologische Quartalschrift
ThWAT	Theologisches Wörterbuch zum Alten Testament
ThWNT	Theologisches Wörterbuch zum Neuen Testament
u. a.	unter anderem
V./VV.	Vers/Verse
v. a.	vor allem
v. Chr.	vor Christus
vgl.	vergleiche
VISN	Werkbuch »Versammelt in seinem Namen«
VitMos	Vita Mosis
VT	Vetus Testamentum
WGF	Werkbuch zur sonntäglichen Wort-Gottes-Feier
WGFds	Deutschschweizerische Bücher zur Wort-Gottes-Feier
WMANT	Wissenschaftliche Monographien zum Alten und Neuen Testament
ZÄS	Zeitschrift für ägyptische Sprache
ZAW	Zeitschrift für alttestamentliche Wissenschaft

3 | Literatur

3.1 Quellentexte

3.1.1 Bibeltexte

Biblia Hebraica Stuttgartensia, Stuttgart ^{3}1987.
Septuaginta, id est Vetus Testamentum graece iuxta LXX interpretes, Stuttgart 1982.
The Greek New Testament, Stuttgart ^{3}1983.
Biblia Sacra iuxta vulgatam versionem, Stuttgart 1983.
Die Bibel. Aus dem Grundtext übersetzt. Revidierte Elberfelder Bibel, Wuppertal 1987.
Die Bibel. Einheitsübersetzung der Heiligen Schrift. Altes und Neues Testament, Aschaffenburg ^{2}1980.
Die Bibel. Einheitsübersetzung der Heiligen Schrift. Gesamtausgabe, Stuttgart 2016.

3.1.2 Liturgische Texte

a) Quelleneditionen westlicher und östlicher Liturgiefamilien

Mabillon, Johannes, Museum italicum seu collectio veterum scriptorum ex bibliothecis italicis, Paris 1724.
Martène, Edmund, De Antiquis Ecclesiae Ritibus, Antwerpen 1763.
Andrieu, Michel, Les Ordines Romani du haut moyen âge [Spicilegium Sacrum Lovaniense 23], Louvain 1948.
Magistretti, Marco, Beroldus sive Ecclesiae Ambrosianae Mediolanensis Kalendarium et Ordines Saec. XII, Mailand 1894 (Reprint: 1968).
Brightman, Frank Edward, Liturgies Eastern and Western Being the Texts Original or Translated of the Principal Liturgies of the Church, Oxford 1896 (Reprint: 1965).
Maltzew, Alexios von, Bitt-, Dank- und Weihegottesdienste der orthodox-Katholischen Kirche des Morgenlandes, Berlin 1897.
Liturgikon. »Messbuch« der byzantinischen Kirche, Recklinghausen 1963.
Heitz, Sergius, Mysterium der Anbetung. Göttliche Liturgie und Stundengebet der Orthodoxen Kirche, Köln 1986.

b) Liturgische Bücher der lateinischen Kirche bis zum II. Vaticanum

Ceremoniale Episcoporum … Rom 1606.
Ceremoniale Episcoporum Sanctae Romanae Ecclesiae … in duos tomos distributum … commentariis auctum a Josepho Catalano, Rom 1750–51.

Benedictionale Constantiense, Konstanz 1781.
Pontificale Romanum Summorum Pontificum jussu editum a Benedicto XIV et Leone XIII pontificibus maximis recognitum et castigatum, Mecheln 1895. (PR)
Manuale Rituum ad usum Dioecesis Herbipolensis a sancta sede apostolica approbatum, Regensburg 1902. (ManRit)
Missale Romanum ex decreto Sacrosancti Concilii Tridentini restitutum S. Pii V pontificis maximi jussu editum aliorum pontificum cura recognitum a Pio X reformatum et Benedicti XV auctoritate vulgatum. Editio XVI juxta Typicam Vaticanam, Regensburg 1933. (MR 1570)
Rituale Romanum Pauli V, pontificis maximi jussu editum aliorumque pontificum cura recognitum atque ad normam codicis iuris canonici accommodatum ssmi. D. N. Pii Papae XII auctoritate ordinatum et auctum. Editio juxta typicam, Mecheln 1953. (RR)
Ordo Hebdomadae Sanctae instauratus. Editio Typica, Vatikan 1956. (OHS 1956)
Missale Romanum ex decreto Sacrosancti Concilii Tridentini restitutum S. Pii V pontificis maximi jussu editum aliorum pontificum cura recognitum a Pio X reformatum et Benedicti XV auctoritate vulgatum. Editio XXVIII juxta Typicam Vaticanam, Regensburg 1957. (MR 1957)

c) Liturgische Bücher der lateinischen Kirche seit dem II. Vaticanum

Missale Romanum ex decreto Ss. Oecumenici Concilii Vaticani II instauratum auctoritate Pauli pp. VI promulgatum. Editio typica, Vatikan 1970. (MR 1970)
Die kirchliche Begräbnisfeier in den katholischen Bistümern des deutschen Sprachgebietes. Herausgegeben im Auftrag der Bischofskonferenzen Deutschlands, Österreichs, der Schweiz und des Bischofs von Luxemburg, Einsiedeln u. a. 1972. (FBegr)
Officium Divinum ex decreto Sacrosancti Oecumenici Concilii Vaticani II instauratum auctoritate Pauli pp. VI promulgatum. Liturgia Horarum iuxta Ritum Romanum. Editio typica, Vatikan 1972. (LH 1972)
Die Feier der Buße. Studienausgabe, Einsiedeln u. a. 1974. (FBuße)
Die Feier der Heiligen Messe. Meßbuch. Für die Bistümer des deutschen Sprachgebietes. Authentische Ausgabe für den liturgischen Gebrauch, herausgegeben im Auftrag der Bischofskonferenzen Deutschlands, Österreichs und der Schweiz und der Bischöfe von Luxemburg, Bozen und Brixen, Einsiedeln u. a. 1975. (MB 1975)
Kommunionspendung und Eucharistieverehrung außerhalb der Messe. Studienausgabe, Einsiedeln u. a. 1976. (Eucharistieverehrung)
Pontificale Romanum ex decreto Ss. Oecumenici Concilii Vaticani II instauratum auctoritate Pauli pp. VI promulgatum. Ordo dedicationis ecclesiae et altaris. Editio typica, Vatikan 1977. (ODed)

Benediktionale. Studienausgabe, Einsiedeln u. a. 1978. (Benediktionale)

Die Feier des Stundengebetes. Stundenbuch. Für die Bistümer des deutschen Sprachgebietes. Authentische Ausgabe für den liturgischen Gebrauch, herausgegeben im Auftrag der Bischofskonferenzen Deutschlands, Österreichs und der Schweiz und der Bischöfe von Luxemburg, Bozen und Brixen, Einsiedeln u. a. 1978 f.

Die Feier der Kirchweihe und Altarweihe. Die Feier der Ölweihen. Studienausgabe, Freiburg 1981. (FKirchw, FAltarw, FÖlw)

Rituale Romanum ex decreto Ss. Oecumenici Concilii Vaticani II instauratum auctoritate Pauli pp. VI promulgatum. De benedictionibus. Editio typica, Vatikan 1984. (RR Bened.)

Die Wortgottesfeier. Der Wortgottesdienst der Gemeinde am Sonntag. Vorsteherbuch für Laien. Herausgegeben vom Liturgischen Institut Zürich im Auftrage der deutschschweizerischen Bischöfe, Freiburg/Schweiz 1997. (WGFs 1997)

Wort-Gottes-Feier. Werkbuch für die Sonn- und Festtage. Herausgegeben von den Liturgischen Instituten Deutschlands und Österreichs im Auftrag der Deutschen Bischofskonferenz, der Österreichischen Bischofskonferenz und des Erzbischofs von Luxemburg, Trier 2004. (WGF)

Feierliche Kommuniongebete für die Wortgottesfeier mit Kommunion. Ergänzungsheft zum Feierbuch »Die Wortgottesfeier«. Herausgegeben vom Liturgischen Institut der deutschsprachigen schweiz in Freiburg im Auftrag der deutschschweizerischen Bischöfe, Freiburg/Schweiz 2007.

Versammelt in Seinem Namen. Tagzeitenliturgie – Wort-Gottes-Feier – Andachten an Wochentagen. Werkbuch. Herausgegeben von den Liturgischen Instituten Deutschlands, Österreichs und der Schweiz im Auftrag der Deutschen Bischofskonferenz, der Österreichischen Bischofskonferenz, der Schweizer Bischofskonferenz und des Erzbischofs von Luxemburg, Trier 2008. (VISN)

Die kirchliche Begräbnisfeier in den Bistümern des deutschen Sprachgebietes. Zweite authentische Ausgabe auf der Grundlage der Editio typica 1969. Freiburg u. a. 2009. (FBegr 2009)

Die kirchliche Begräbnisfeier. Manuale. Herausgegeben von der Deutschen Bischofskonferenz, der Österreichischen Bischofskonferenz und der Schweizer Bischofskonferenz sowie des Bischofs von Bozen-Brixen und des Bischofs von Lüttich, Trier 2012. (ManBegr)

Gotteslob. Katholisches Gebet- und Gesangbuch. Herausgegeben von den (Erz-) Bischöfen Deutschland und Österreichs und dem Bischof von Bozen-Brixen, 2013. (GL)

Die Wort-Gottes-Feier am Sonntag. Herausgegeben vom Liturgischen Institut in Freiburg im Auftrag der Bischöfe der deutschsprachigen Schweiz, Freiburg/ Schweiz 2014. (WGFs 2004)

Gotteslob Dienstebuch, Trier 2015.

3.1.3 Patristische und mittelalterliche Schriftsteller

Acta sincera Sancti Petri: PG 18.

Aetheria, Itinerar: SChr 21.

Amalar von Metz, Liber officialis: Johann Michael HANSSENS, Amalarii Episcopi opera liturgica omnia II [SeT 139], Vatikan 1948.

Ambrosius, De Joseph: CSEL 32.

Ambrosius, Lukaskommentar: CChrL 14.

Ambrosius, Kommentar zu Psalm 118: CSEL 62.

Apostolische Konstitutionen: F. X. FUNK, Didascalia et Constitutiones Apostolorum, Paderborn 1905 f.

Athenagoras, Legatio pro Christianis: PTS 31.

Aurelius Augustinus, Enarrationes in Psalmos: CChrL 38–40.

Barnabasbrief: Klaus WENGST, Didache (Apostellehre), Barnabasbrief, Zweiter Klemensbrief, Schrift an Diognet, Darmstadt 1984.

Basilius, Regula fusius: PG 31.

Bonifatius, Epistula: PG 89.

Johannes Chrysostomus, Johanneskommentar: PG 59.

Johannes Chrysostomus, Matthäuskommentar: PG 58.

Johannes Chrysostomus, Psalmkommentar: PG 55.

Johannes Chrysostomus, Taufkatechesen: FC 6.

Clemens von Alexandrien, Paedagogus: SChr 70, 108, 158, 278, 279.

Clemens von Alexandrien, Stromata: SChr 30, 38.

Commodian, Carmen apologeticum: CChrL 128.

Didache: FC 1.

Dionysios Areopagita, De ecclesiastica hierarchia: PG 3.

Guillielmus Durandus von Mende, Rationale divinorum officiorum, 1459. Benutzte Ausgabe: Venedig 1540.

Ephräm der Syrer, Carmina Nisibenia: CSCO 218 f.

Ephräm der Syrer, Testament: NPNF 13.

Eusebius, Psalmkommentar: PG 23.

Gregor der Große, Epistula: PL 77.

Gregor von Tours, Vitae patrum: PL 71.

Hieronymus, Contra vigilantium: PL 23.

Innozenz III., De sacro altaris mysterio: PL 217.

Irenäus von Lyon, Contra haereses: FC 8.

Justin Philosophus, Apologia: Edgar J. GOODSPEED, Die ältesten Apologeten. Texte mit kurzen Einleitungen, Göttingen 1914.

Nicolas Cabasilas, Sacrae liturgiae interpretatio: PG 150.

(Bernold von Konstanz), Micrologus: PL 151.

Origenes, Contra Celsum: SChr 132, 136, 147, 150.

Origenes, Homilia in Leviticum: PG 12.

Origenes, De Oratione: ACW 19.
Aurelius Prudentius Clemens, Liber cathemerion: CSEL 61.
Rhabanus Maurus, De clericorum institutione: PL 107.
Sicard von Cremona, Mitrale: PL 213.
Symeon von Thessaloniki, Mysterienkommentar: PG 155.
Quintus Septimius Florens Tertullianus, Apologeticum: CChrL 1.
Quintus Septimius Florens Tertullianus, De Corona: CChrL 2.
Quintus Septimius Florens Tertullianus, De Idolatria: CChrL 2.
Quintus Septimius Florens Tertullianus, De Oratione: CChrL 1.
Theodoret von Cyrus, Quaestiones in Exodum: Natalio Fernandez Marcos / Angel Sáenz-Badillos, Theodoreti Cyrensis Quaestiones in Octateuchem, Madrid 1979.

3.1.4 Sonstige Quellen

Die Regel des heiligen Benedikt, Beuron [15]1990.
Bollandus, Johannes, Acta Sanctorum, Antwerpen 1643.
Denzinger, Heinrich / Hünermann, Peter, Enchiridion symbolorum definitionum et declarationum de rebus fidei et morum. Kompendium der Glaubensbekenntnisse und kirchlichen Lehrentscheidungen, Freiburg u. a. [37]1991. (DH)
Kaczynski, Reiner, Enchiridion documentorum instaurationis liturgicae, I (1963–1973), Turin 1976. II (1973–1983), Rom 1988. (EDIL)
Knipfing, John R., The Libelli of the Decian Persecution, in: The Harvard Theological Review 16 (1923) 345–390.
Gaius Plinius Caelius Secundus, Epistulae. Briefe. Auswahl und Übersetzung von Curt Loehning, München 1984. (Text = C. Plinii Secundi Epistularum libri decem, recognovit brevique adnotatione critica instruxit R. A. B. Mynors, Oxoni, e typigrapheo Clarendoniano, Oxford 1963.)
Sidur Sefat Emet. Mit deutscher Übersetzung von Rabbiner Dr. S. Bamberger, Basel 1956–64.

3.2 Sekundärliteratur

Aufgeführt sind Titel, die entweder häufiger zitiert werden oder die von allgemeinem Interesse bei der Beschäftigung mit der Weihrauch-Thematik sind. Für die übrige beigezogene Literatur finden sich die bibliographischen Angaben in den Anmerkungen.

Altner, H., Physiologie des Geruchs, in: R. F. Schmidt (Hg.), Physiologie des Menschen, Berlin u. a. ⁵1985, 299–309.

Ammon, H. P. / Safayhi, H., Mechanism of antiinflammatory actions of curcumine and boswellic acids, in: Journal Ethnopharmacol 38 (1993) 113–119.

Ammon, Hermann, Weihrauch – Anwendung in der westlichen Medizin. Historische Anwendung und neue naturwissenschaftliche Erkenntnisse, Heidelberg 2017.

Andrieu, Michel, Les Ordines Romani du haut moyen âge [Spicilegium Sacrum Lovaniense], Louvain 1931 ff.

Arens, Anton, Die Psalmen im Gottesdienst des Alten Bundes. Eine Untersuchung zur Vorgeschichte des christlichen Psalmengesanges [Trierer Theologische Studien 11], Trier ²1968.

Atchley, Edward Godfrey Cuthbert Frederic, A History of the Use of Incense in Divine Worship [ACC 13], London 1909.

Bächtold-Stäubli, Hanns (Hg.), Handwörterbuch des deutschen Aberglaubens, 1927–42 (Reprint: Berlin 1987). (HWDA)

Bartsch, Elmar, Die Sachbeschwörungen der römischen Liturgie. Eine liturgiegeschichtliche und liturgietheologische Studie [LQF 46], Münster 1967.

Basto/Azenha, Contact Dermatitis Due to Incense, in: Contact Dermatitis 24 (1991) 312–313.

Becker, Hansjakob, Zur Struktur der »Vespertina Synaxis« in der Regula Benedicti, in: ALw 29 (1987) 177–188.

Beek, Gus W. van, Ancient Frankincense-Producing Areas, in: Richard Bowen (Hg.), Archeological Discoveries in South Arabia, Baltimore 1959, 139–142.

Beek, Gus W. van, Francincense and Myrrh, in: BA 23/3 (1960) 70–95.

Beek, Gus W. van, Frankincense and Myrrh in Ancient South Arabia, in: Journal of the American Oriental Society 78 (1958) 141–152.

Bell and Incens During Benediction, in: Ecclesiastical Review 131 (1954) 346.

Birdwood, George, On the Genus Boswellia, in: Transactions of the Linnean Society 27 (1870) 111–148.

Bissig, Hans, Das Churer Rituale 1503–1927. Geschichte der Agende – Feier der Sakramente [Studia Friburgensia 56 NF], Freiburg/Schweiz 1979.

Blackman, Aylward M., The Significance of Incense and Libation in Funerary and Temple Ritual, in: ZÄS 50 (1912) 69–75.

Böcker, Otto, Dämonenfurcht und Dämonenabwehr. Ein Beitrag zur Vorgeschichte der christlichen Taufe, Stuttgart/Berlin/Köln/Mainz 1970.

Bonnet, Hans, Die Bedeutung der Räucherungen im ägyptischen Kult, in: ZÄS 67 (1931) 20–28.

Bonnet, Hans, Reallexikon der ägyptischen Religionsgeschichte, Berlin 1952. (RÄRG)

Bonniwell, William R., A History of the Dominican Liturgy 1215–1945, New York 1945.

Braun, Joseph, Der christliche Altar in seiner geschichtlichen Entwicklung, München 1924.

Browe, Peter, Die Verehrung der Eucharistie im Mittelalter, München 1933.

Burgstaller, Ernst, Rauchnächte in Oberösterreich, in: Oberösterreich 1 (1951) 40–45.

Camacho, Harold S., The Altar of Incense in Hebrews 9:3–4, in: Andrews University Seminary Studies 24 (1986) 5–12.

Capelle, B., Le rite de cinq grains d'encens, in: Questions liturgiques et paroissiales 17 (1932) 1–11.

Carter, H. J., A Description of Frankincense Tree of Arabia with Remarks on the Misplacement of the »Libanophorous Region« in Ptolemy's Geography, in: Journal of the Bombay Branch of the Royal Asiatic Society of Great Britain and Ireland 2 (1848, Reprint: 1969) 380–390.

Caseau, Beatrice Agnes, Εὐωδία. The Use and Meaning of Fragrances in the Ancient World and Their Christianisation (100–900 AD), Princeton University 1994.

Casel, Odo, Die λογικη θυσια der antiken Mystik in christlich-liturgischer Umdeutung, in: JLw 4 (1924) 37–47.

Christof, Klaus / Haass, Renate, Weihrauch. Der Duft des Himmels, Dettelbach 2006.

Clements, Art. קטר QTR, in: ThWAT VII 11.

Connolly, Richard Hugh, The Use of Incense in Roman Liturgy, in: EL 43 (1929) 171–176.

Corbin, Alain, Pesthauch und Blütenduft. Eine Geschichte des Geruchs, Berlin 1986.

Dixon, D. M., The Transplantation of Punt Incense Trees in Egypt, in: Journal of Egyptian Archeology 55 (1969) 55–65.

Doe, Brian, The *WD'B* Formula and the Incense Trade, in: Seminar for Arabian Studies 12 (1979) 40–44.

Dorbath, Benedikt, Die Logik der Christenverfolgungen durch den Römischen Staat, Diss. Würzburg 2016.

Dornisch, Klaus, Die Weihrauchstraße. Ein vergessener Welthandelsweg der Antike, in: Nürnberger Blätter zur Archäologie 10 (1993) 9–30.

Ebbell, Bendix, Die ägyptischen aromatischen Harze der Tempelinschrift von Edfu, in: Acta Orientalia 17 (1939) 89–111.

Ebeling, Erich, Weissagung aus Weihrauch im alten Babylonien, in: Sitzungsberichte der preußischen Akademie 1935, 869–880.

Edelmann, Diana, The Meaning of *QIṬṬĒR*, in: VT 35 (1985) 395–404.

Eham, Markus, Segensbrauchtum an Epiphanie, in: A. Heinz / H. Rennings (Hg.), Heute segnen. Werkbuch zum Benediktionale, Freiburg/Basel/Wien 1987, 177–191.

Einspieler, Klaus, Lobe den Herrn, meine Seele! Handbuch für die Vorbereitung von Morgenlob, Abendlob, Vigil und Komplet, Klagenfurt 2001.

Einspieler, Klaus, Mit dem Gotteslob durch den Tag. Morgenlob und Abendlob feiern, Klagenfurt 2016.

Eisenhofer, Ludwig / Lechner, Joseph, Grundriß der Liturgik des römischen Ritus, Freiburg ^{5}1950.

Eitrem, Samson, Opferritus und Voropfer der Griechen und Römer, Kristiania 1915 (Reprint: Hildesheim/New York 1977).

Emminghaus, Johannes H., Die Messe. Wesen – Gestalt – Vollzug, Klosterneuburg ^{4}1987.

Fattinger, Rudolf, Pastoralchemie, Freiburg 1930.

Fiebig, Hartmut, Weihrauchland. Auf alten Handelswegen von Muskat nach Mokka, München 2010.

Fischer, Balthasar, Eucharis tie als Fest, in: Josef Schreiner (Hg.), Freude am Gottesdienst [FS Plöger], Stuttgart 1983, 43–52.

Forstner, Dorothea, Die Welt der christlichen Symbole, Innsbruck ^{5}1986.

Franz, Adolph, Die kirchlichen Benediktionen im Mittelalter, Freiburg 1909 (Reprint: Graz 1960).

Freudenberger, Rudolf, Das Verhalten der römischen Behörden gegen die Christen im 2. Jahrhundert dargestellt am Brief des Plinius an Trajan und den Reskripten Trajans und Hadrians [Neue Beiträge zur Papyrusforschung und antiken Rechtsgeschichte 52], München 1967.

Fritze, Hans von, Die Rauchopfer bei den Griechen, Berlin 1894.

Fuchs, Guido / Weikmann, Hans Martin, Das Exsultet. Geschichte, Theologie und Gestaltung der österlichen Lichtdanksagung, Regensburg 1992.

Fuchs, Guido, Geweihte Glocken, in: A. Heinz / H. Rennings (Hg.), Heute segnen. Werkbuch zum Benediktionale, Freiburg/Basel/Wien 1987, 367–373.

Fuchs, Guido, Plädoyer für den Weihrauch, in: Liturgie konkret 1/1990.

Fuchs, Guido, Singet Lob und Preis. Stundengebet mit der Gemeinde feiern, Regensburg 1993.

Gamber, Klaus, Sacrificium vespertinum. Lucernarium und eucharistisches Opfer am Abend und ihre Abhängigkeit von den Riten der Juden [Studia patristica et liturgica 12], Regensburg 1983.

Gerhards, Albert / Richter, Reinhold, Neue Vespergottesdienste. Ein Werkbuch, Freiburg/Basel/Wien 1986.

Germer, Renate, Art. Weihrauch, in: Lexikon der Ägyptologie, Wiesbaden 1986, IV 1167–1169.

Gesenius, Wilhelm, Hebräisches und aramäisches Handwörterbuch über das Alte Testament, Berlin [17]1915.

Godbey, Allen H., Incense and poison ordeals in ancient orient, in: The American Journal of Semitic Language and Literature 46 (1930) 217–238.

Graf, Georg, Ein Reformversuch innerhalb der koptischen Kirche im 12. Jh. [Collectanea Hierosolymitana II], Paderborn 1923.

Graf, Georg, Über den Gebrauch des Weihrauchs bei den Kopten, in: Franz Fessler (Hg.), Ehrengabe deutscher Wissenschaft dargeboten von katholischen Gelehrten dem Prinzen Johann Georg von Sachsen, Freiburg 1920, 223–232.

Grohmann, Adolf, Südarabien als Wirtschaftsgebiet, Wien 1922.

Groom, Nigel, Frankincense and Myrrh. A Study of Arabian Incense Trade, London 1981.

Groom, Nigel, The Frankincense Region, in: Proceedings of 10th Seminar, Cambridge 1976.

Guardini, Romano, Vom Geist der Liturgie, Freiburg/Basel/Wien 1991.

Guardini, Romano, Von heiligen Zeichen, Mainz 1992.

Halbey, Oscar, Über das Olibanum, Bern 1898.

Hammerschmidt, E., Das Sündenbekenntnis über den Weihrauch bei den Äthiopiern. Nach einem Manuskript aus dem Nachlaß von S. Euringer bearbeitet und herausgegeben, in: Oriens Christianus 43 (1959) 103–109.

Hanell, Krister, Art. Trankopfer, in: RECA VI A 2137.

Haran, Menahem, Temples and Temple-Service in Ancient Israel. An Inquiry into the Character of Cult Phenomena and the Historical Setting of the Priestly School, Oxford 1978.

Haran, Menahem, The Uses of Incense in the Ancient Israelite Ritual, in: VT 10 (1960) 113–129.

Hartmann, Ph., Repertorium Rituum. Übersichtliche Zusammenstellung der wichtigsten Ritualvorschriften für die priesterlichen Funktionen, Paderborn [13]1916.

Heinz, Andreas, Die Heilige Messe nach dem Ritus der Syrisch-maronitischen Kirche, Trier 1996.

Heinz, Andreas, Rez. Michael Pfeifer, Der Weihrauch, in: ALw 40 (1998) 127–128.

Heitz, Sergius, Mysterium der Anbetung. Göttliche Liturgie und Stundengebet der Orthodoxen Kirche, Köln 1986.

Helmrath, Johannes, Die Inthronisation des Evangelienbuches auf Konzilien, in: Hanns Peter Neuheuser (Hg.), Wort und Buch in der Liturgie, St. Ottilien 1995, 233–279.

Hentschel, Dorothea, Vom Weihrauch, in: Erbe und Auftrag 67 (1991) 214–222.
Hepper, F. Nigel, An Ancient Expedition to Transplant Living Trees, in: Journal of the Royal Horticultural Society 92/10 (1967).
Hepper, F. Nigel, Arabian and African Frankincense Trees, in: Journal of Egyptian Archeology 55 (1969) 66–72.
Hermisson, Hans-Jürgen, Sprache und Ritus im altisraelitischen Kult. Zur »Spiritualisierung« der Kultbegriffe im Alten Testament [WMANT 19], Neukirchen-Vluyn 1965.
Hummel, Horace, Weihrauch im lutherischen Gottesdienst, in: J. Diestelmann / W. Schillhahn (Hg.), Einträchtig lehren [FS Schöne], Groß Oesingen 1997, 215–222.
Houtman, C., On the Function of the Holy Incense (Exodus XXX 34–8) and the Sacred Anointing Oil (Exodus XXX 22–33), in: VT 42 (1992) 458–465.
Hurovitz, Victor, Saltet Incense – Exodus 30,35; Malq– VI 111–113; IX 118–120, in: Bib 68 (1987) 178–194.
Incense in »Nails« in Paschal Candle, in: Ecclesiastical Review 100 (1939) 170.
Incense on Good Friday when small ritual is used, in: Ecclesiastical Review 102 (1940) 535 f.
Janzen, Jörg / Scholz, Fred, Die Weihrauchwirtschaft Dhofars (Sultanat Oman), in: Innsbrucker geographische Studien 5 (1979) 501–541.
Janzen, Jörg, Dhofar – Vom Weihrauchland zum Erdölland, in: Orient 23 (1982) 600–649.
Jetter, Werner, Symbol und Ritual. Anthropologische Elemente im Gottesdienst, Göttingen 1978.
Jungmann, Josef Andreas, Missarum sollemnia. Eine genetische Erklärung der römischen Messe, Wien 1952.
Keel, Othmar, Das Hohelied, Zürich 1986.
Kellermann, Diether, Art. לְבֹנָה lebonah, in: ThWAT IV 454–460.
Kertelge, Karl, Die »reine Opfergabe«. Zum Verständnis des »Opfers« im Neuen Testament, in: Josef Schreiner (Hg.), Freude am Gottesdienst [FS Plöger], Stuttgart 1983.
Kessler, Michael, Zur Frage nach psychotropen Stoffen im Rauch von brennendem Gummiharz der Boswellia sacra, Diss. Basel 1991.
Kirchgäßner, Alfons, Die mächtigen Zeichen, Freiburg 1959.
Klauck, Hans-Josef, Kultische Symbolsprache bei Paulus, in: Josef Schreiner (Hg.), Freude am Gottesdienst [FS Plöger], Stuttgart 1983.
Klauser, Theodor, Der Ursprung der bischöflichen Insignien und Ehrenrechte [Bonner akademische Reden 1], Bonn o. J.
Kluger, Florian, Benediktionen. Studien zu kirchlichen Segensfeiern, Regensburg 2011.
Knoblich, Hans / Schubert, Bernd, Marketing mit Duftstoffen, München 1989.

Kretzenbacher, Leopold, Rauchen und Sprengen, in: Blätter für Heimatkunde 28 (1954) 93–102.
Kunzler, Michael, Porta Orientalis. Fünf Ost-West-Versuche über Theologie und Ästhetik der Liturgie, Paderborn 1993.
Langgärtner, Georg, Der Weihrauch, in: Liturgie konkret 12/1986.
Lechner, Joseph, Liturgik des römischen Ritus, Freiburg [5]1950.
Lengeling, Emil Joseph, Die neue Ordnung der Eucharistiefeier. Allgemeine Einführung in das Römische Messbuch. Endgültiger lateinischer und deutscher Text. Einleitung und Kommentar, Münster 1970.
Lietzmann, Hans, Messe und Herrenmahl. Eine Studie zur Geschichte der Liturgie, Berlin [3]1955.
Löfroth, Göran u. a., Indoor Sources of Mutagenic Aerosol Particulate Matter – Smoking, Cooking and Incense Burning, in: Mutation Research 261 (1991) 21–28.
Lohmeyer, Ernst, Vom göttlichen Wohlgeruch, in: Sitzungsberichte der Heidelberger Akademie IX, Heidelberg 1919.
Löhr, Max, Das Räucheropfer im AT, Halle 1927.
Lohs, Karlheinz / Martinez, Dieter, Olibanum. Die Weihrauch-Droge, in: Naturwissenschaftliche Rundschau 36 (1983) 97–102.
Loret, Victor, Le Résine de Térébinthe (sonter) ches les Anciens Égyptiens [Recherches d'archéologie de philologie et d'histoire 19], Kairo 1949.
Lucas, A., Cosmetics, Perfumes and Incense in Ancient Egypt, in: Journal of Egyptian Archeology 16 (1930) 41–53.
Luz, Ulrich, Das Evangelium nach Matthäus I [EKK I,1], Zürich/Neukirchen-Vluyn 1985.
Martinez, Dieter / Lohs, Karlheinz / Janzen, Jörg, Weihrauch und Myrrhe. Kulturgeschichte und wirtschaftliche Bedeutung. Botanik – Chemie – Medizin, Berlin 1989.
Maslow, Johannes, Die Bedeutung des Weihrauchs in der orthodoxen Kirche, in: Stimme der Orthodoxie (1978/1982) 57–59.
Meyerhof, Max, Der Bazar der Drogen und Wohlgerüche in Kairo, in: Archiv für Wirtschaftsforschung im Orient (1918).
Moussaieff Ariel u. a., Incensole acetate, an incense component, elicits psychoactivity by activating TRPV3 channels in the brain, in: FASEB Journal 2008, 3024–3034.
Müller, Julia, Das H&R Buch Parfüm. Aspekte des Duftes. Geschichte, Herkunft, Entwicklung, Bedeutung, Hamburg 1984.
Müller, Walter W., Alt-Südarabien als Weihrauchland, in: ThQ 149 (1969) 350–368.
Müller, Walter W., Art. Weihrauch, in: RECA Suppl. XV 700–777.
Müller, Walter W., Der Weihrauchhandel der Südaraber in der Antike, in: Werner Daum (Hg.), Die Königin von Saba, Stuttgart 1988, 49–54.

Müller, Walter W., Notes on the Use of Frankincense in South Arabia, in: Proceedings of 9th Seminar (Seminar of arabic studies) 6 (London 1975) 124–136.
Müller, Walter W., Rezension zu: Nielsen, Incense in Ancient Israel, in: BO 44 (1987) 743–750.
Müller, Walter W., Weihrauch in der Antike, in: Deutsche Apotheker-Zeitung 117 (1977) 74.
Müller, Walter W., Zur Herkunft von λιβανος und λιβανωτος, in: Glotta 52 (1974) 53–59.
Neugart, Alfons, Handbuch der Liturgie für Kanzel, Schule und Haus, Einsiedeln ^{2}1933.
Nielsen, Kjeld, Incense in Ancient Israel [VT Supplements 38], 1986.
Ohloff, Günther, Riechstoffe und Geruchssinn. Die molekulare Welt der Düfte, Berlin u. a. 1990.
Pfeifer, Michael, Art. Frankincense (Christianity), in: Encyclopedia of the Bible and its Reception, Berlin 2014.
Pfeifer, Michael, Art. Weihrauch, in: LThK^{3} 2001, X 1024 f.
Pfeifer, Michael, Die Himmlischen Wohlgerüche. Über den Weihrauch und seine betörende Geschichte, in: Antonius-Kalender 82 (2004) 70–79.
Pfeifer, Michael, Duftlos? Ist Weihrauch noch ein liturgisches Symbol?, in: GD 27 (1993) 56.
Pfeifer, Michael, Ein wohlgefälliger Duft für den Herrn. Weihrauchherstellung am Berg Athos, in: Der Christliche Osten 49 (1994) 226–229.
Pfeifer, Michael, Eine Pfarrei ist kein Kloster. Stundengebet in Gemeindekirchen feiern, in: GD 45 (2011) 4–5.
Pfeifer, Michael, Eine Pfarrei ist kein Kloster. Stundengebet in Gemeindekirchen feiern, in: Ordenskorrespondenz 55 (2014) 35–38.
Pfeifer, Michael, Festlich? Die wahre Symbolik des Weihrauchs, in: Ministranten St. Jodokus Wiesenthal (Hg.), Das größte Weihrauchfass der Welt, Waghäusel 2010, 43–46.
Pfeifer, Michael, Gemeindevesper, Aschaffenburg 2010, ^{2}2017.
Pfeifer, Michael, Licht und Weihrauch. Plädoyer für ein gemeindegemäßes Stundengebet, in: GD 36 (2002) 49–51.
Pfeifer, Michael, Lieber mehr als weniger. Ein Plädoyer für deutende Gebete und Einladungen, in: GD 28 (1994) 84.
Pfeifer, Michael, Nur ein festlicher Dekor? Zur wahren Symbolik des Weihrauchs, in: GD 46 (2012) 197–199.
Pfeifer, Michael, Vortrag oder Feier? Fastenpredigt – ein katholischer Predigtgottesdienst, in: GD 45 (2011) 44.
Pfeifer, Michael, Weihrauch ohne Kohle?, in: GD 39 (2005) 126.
Pfeifer, Michael, Wohlgerüche, in: GD 27 (1993) 104. *Dazu:* Holle, Heinrich, Für feine Nasen, in: GD 27 (1993) 68.
Pfeiffer, Wolfgang, Etymologisches Wörterbuch des Deutschen, Berlin 1989.

Pfister, Art. Rauchopfer, in: RECA I A 267–286.
Pieper, Josef, Zustimmung zur Welt. Eine Theorie des Festes, München 1963.
Pirenne, Jacqueline, The Incense Port of Moscha (Khor Rori) in Dhofar, in: Journal of Oman Studies 1 (1975).
Plank, Michael, Sinnesrausch oder Gotteserlebnis. Weihrauch als Droge?, in: Heiliger Dienst 55 (2001) 281–292.
Rabotin, H., Les grains d'encense du cierge pascal. Notes pour l'histoire d'un rite, in: La vie et les arts liturgiques 7 (1921) 221–225.
Rathjens, Carl, Die Weihrauchstraße in Arabien. Die älteste Welthandelsstraße, in: Tribus 2/3 (1952/53) 257–304.
Raunig, Walter, Bernstein, Weihrauch, Seide. Waren und Wege in der antiken Welt, Wien/München 1971.
Reifenberg, Hermann, Duft – Wohlgeruch als gottesdienstliches Symbol. Liturgisch-phänomenologische Aspekte des odoratischen Elements, in: ALw 29 (1987) 321–351.
Reifenberg, Hermann, Fundamentalliturgik. Grundelemente des christlichen Gottesdienstes. Wesen – Gestalt – Vollzug, Klosterneuburg 1978.
Reifenberg, Hermann, Mit allen Sinnen … Gottesdienst in der Vielfalt der menschlichen Ausdrucksformen, Bamberg 1979.
Reifenberg, Hermann, Sakramente, Sakramentalien und Ritualien im Bistum Mainz seit dem Spätmittelalter [LQF 53 f], Münster 1971 f.
Ringseisen, Paul, Morgen- und Abendlob mit der Gemeinde. Geistliche Erschließung, Erfahrungen und Modelle, Freiburg ²1994.
Ringseisen, Paul (Hg.), Morgenlob – Abendlob. Mit der Gemeinde feiern, Planegg 2000.
Ruß, Maria, Der Duft des Weihrauchs, in: Bibel und Kirche 50 (1995) 20–24.
Ryckmans, G., De l'or (?), de l'encens et de la myrrhe, in: Revue Biblique 58 (1951) 372–376.
Schatz, Helmut, Der Gebrauch von Weihrauch in den evangelischen Kirchen, in: Glaube und Heimat 40 (1994) 2. November 1994.
Schmidt, Alfred, Drogen und Drogenhandel im Altertum, Leipzig 1927.
Schopen, Armin, Traditionelle Heilmittel im Jemen, Wiesbaden 1983.
Schulz, Hans-Joachim, Die byzantinische Liturgie. Glaubenszeugnis und Symbolgestalt [Sophia 5], Trier 1980.
Schürmann, H., Neutestamentliche Marginalien zur Frage der Entsakralisierung, in: ders., Ursprung und Gestalt. Erörterungen und Besinnungen zum Neuen Testament, Düsseldorf 1970.
Segelberg, Eric, »Ευχη του θυμιαματος«. Towards the History of a Prayer in the Liturgy of St. James, in: FS Amilka Alivisatos, Athen 1958.

Sigismund, R., Die Aromata in ihrer Bedeutung für Religion, Riten, Gebräuche, Handel und Geographie des Altertums bis zu den ersten Jahrhunderten unserer Zeitrechnung, Leipzig 1884.

Skopp, Gisela / Schmitt, Georg, Führt die Einnahme von indischem Weihrauch zu einem positiven Tetrahydrocannabinolbefund im Blut?, in: Archiv für Kriminologie 229 (2012) 154–163.

Stead, Christine, Aromatherapie. Heilen mit ätherischen Ölen, Düsseldorf ²1989.

Stollberg, Dietrich, Liturgische Praxis. Kleines evangelisches Zeremoniale, Göttingen 1993.

Strack, Wolfram, Kultische Terminologie in ekklesiologischen Kontexten in den Briefen des Paulus [BBB 92], Weinheim 1994.

Stürber, Bernhard, In Vergessenheit geraten. Die Inzensationsriten in der Messe, in: GD 29 (1995) 49–51.

Taft, Robert, The Liturgy of the Hours in East and West. The Origins of the Divine Office and its Meaning for Today, Collegeville 1985.

Taft, Robert, »Thanksgiving for the Light.« Toward a Theology of Vespers, in: ders., Beyond East and West. Problems in Liturgical Unterstanding, Washington 1984, 127–149.

Thalhofer, Valentin / Eisenhofer, Ludwig, Handbuch der katholischen Liturgik, Freiburg ²1912.

Thekeparampil, Jakob, Prayers after incense, in: Parole de l'Orient 6/7 (1976/77) 325–330.

Thekeparampil, Jakob, Weihrauchsymbolik in den syrischen Gebeten des Mittelalters und bei Pseudo-Dionysios, in: Margot Schmidt (Hg.), Typos, Symbol und Allegorie bei den östlichen Vätern und ihre Parallelen im Mittelalter, Regensburg 1982, 131–145.

Thurston, Bonnie Bowman, 2 Corintians 2:14–16a: Christ's Incense, in: Studies in Christian Scholarship 29 (1987) 65–69.

Thyen, Hartwig, Art. ϑυσια, in: EWNT ²1992, II 399–405.

Tubach, Jürgen, Art. Weihrauch. Religionsgeschichtlich, in: TRE 35 (2003) 472–475.

Vértesy, Laszló, Über die neutralen Sesqui- und Triterpene des Weihrauchs, in: Monatshefte für Chemie 98 (1967).

Walther, Volkmar, Weihrauch – Zeichen des Gebetes, in: Bausteine für die Einheit der Christen 38 (1998) 16–22.

Weidinger, Gertrud / Weidinger, Norbert, Gesten, Zeichen und Symbole im Gottesdienst, München 1980.

Weinhold, L., Die Zeit der Räucherungen, in: Tiroler Heimatblätter 24 (1949) 201–207.

Wengst, Klaus, Didache (Apostellehre), Barnabasbrief, Zweiter Klemensbrief, Schrift an Diognet, Darmstadt 1984.

Westermann-Angerhausen, Hiltrud, Mittelalterliche Weihrauchfässer von 800 bis 1500, Petersberg 2014.

Wigand, Karl, Thymiateria, in: Jahrbücher des Vereins von Altertumsfreunden im Rheinlande [Bonner Jahrbücher] 122 (1912).

Willeitner, Joachim, Die Weihrauchstraße, Darmstadt 2013.

Winkler, Gabriele, Über die Kathedralvesper in den verschiedenen Riten des Ostens und Westens, in: ALw 16 (1974) 53–102.

Wissmann, Hermann von, Das Weihrauchland Sa'kalan, Samarum und Mos-cha, Wien 1977.

Witte, Fritz, Thuribulum und Navicula in ihrer geschichtlichen Entwicklung, in: Zeitschrift für christliche Kunst 23 (1910) 101–112, 139–152, 163–174.

Zirbel, Rebekka, Weihrauch-Harz: Einsatz in der integrativen Medizin. Auswahlkriterien für das therapeutisch wirksame Harz und Einnahmekriterien als Grundlage für eine erfolgreiche Therapie, in: OM & Ernährung 136 (2011) F 24.

Zorn, Peter, Dissertatio de Thymiamatis, sive incensi Sacri in Ecclesia Romana et usu et origine, ad illustrationem Apoc. XVIII.13, Duisburg 1736/38.

Zwickel, Wolfgang, Räucherkult und Räuchergeräte. Exegetische und archäologische Studien zum Räucheropfer im Alten Testament [OBO 97], Göttingen 1990.

Altes Testament

Neues Testament

Apokryphen

Elephantine, Qumran, Mischna

Antike Quellen

Apostolische Väter

Kirchenordnungen

Ordines Romani

Patristische und mittelalterliche Autoren

Dokumente zur Liturgie